U0491225

杭州飛来峯摩崖萃珍

杭州西湖风景名胜区灵隐管理处 主编
丁水龙 邵群 编

浙江古籍出版社

图书在版编目(CIP)数据

杭州飞来峰摩崖萃珍 / 杭州西湖风景名胜区灵隐管理处主编；丁水龙，邵群编. -- 杭州：浙江古籍出版社，2024. 10. -- ISBN 978-7-5540-3114-8

Ⅰ. K877.494

中国国家版本馆CIP数据核字第20245S7H59号

杭州飞来峰摩崖萃珍

杭州西湖风景名胜区灵隐管理处 主编

丁水龙 邵群 编

出版发行 浙江古籍出版社
（杭州市环城北路177号 电话：0571-85068295）
网 址 https://zjgj.zjcbcm.com
责任编辑 黄玉洁
责任校对 吴颖胤
责任印务 安梦玥
封面题字 许 力
设计制作 杭州舒卷文化创意有限公司
印 刷 浙江海虹彩色印务有限公司
开 本 889mm×1194mm 1/16
印 张 27.25
字 数 400千字
版 次 2024年10月第1版
印 次 2024年10月第1次印刷
书 号 ISBN 978-7-5540-3114-8
定 价 380.00元

《杭州飞来峰摩崖萃珍》

编辑委员会

序

杭州自古被称为人间天堂，“一半勾留是此湖”，充分表达了西湖对杭州的重要性。以湖为中心，飞来峰似乎有点远；但是，完整的西湖之美其实是湖山之美，这样理解，飞来峰就是西湖的核心。

飞来峰因为独特的地貌特征，赢得“飞来”的称号。这里无石不奇，无树不古，无洞不幽，乾隆皇帝也要打卡，写下“无不奇”的点评。

但自然的山水一定是在与人的交互中成就美名的。因为佛寺云集的原因，这里留下了大量的石窟造像。从五代十国至明朝，保存完整和比较完整的有300多尊。有吴越国时期的西方三圣，有国内最早的大肚弥勒造像，还有开创性的十八罗汉造像，均具有极高的艺术价值。飞来峰造像可谓中国南方石窟艺术的代表作。

寺院建筑和石窟造像构成飞来峰显性的人文景观，飞来峰还有其隐性的人文景观，这些景观体现了飞来峰更丰富和精微的内涵。

20世纪80年代，在一次西湖申遗的会议上我曾提出，西湖文化是精英文化，是士大夫文化，西湖在历史上一直是士大夫的精神家园。这些士大夫也在飞来峰留下了他们的痕迹，这些痕迹，我们可以在历代的典籍中见到，很多是今天我们耳熟能详的诗词。

除了典籍，就是至今保存在这里的300多处摩崖题刻。这些题刻有的标明了景点，有的是畅游后的题咏，有的是简单的留名纪游，有的是虔诚的信徒捐资造像后许下的心愿，还有各时代的“时人”追步“古人”留下的纪念。大部分的题刻篇幅不大，但是我们能在这些题刻里发现许多史籍未载的信息。这些石刻与自然景观、石窟造像、古籍记载交叉互补，共同生成了飞来峰的自然人文景观，这样的生成史，长度超过了1000年。

例如，唐代元和年间，大概1200年前，时任杭州知府的卢元辅在这里刻下《全唐诗》未载的《游天竺寺》诗刻；1000多年后，即将离任的杭州知府薛时雨与一众友人来访，并留下题记。而同游者谭献为此赋诗，序其经过，通过他的《复堂诗》保留下来，让今天的我们看到前人远隔千年的交流，这样的题刻比比皆是。

又如，青林洞内理公岩侧有一方题名，题名者是北宋查应辰和周穜，他们追随祖先的足迹，“后百有四年”，复同游此洞，敬观遗刻。但是我们没有找到他们的祖先留下的刻石，那刻石是存在的吗？谜题未来也许会被揭开。

2021年12月18日，“理想与山水——纪念王安石诞辰一千周年”系列活动第三场在飞来峰举行。这是我第一次登上飞来峰的神尼舍利塔遗址，远眺钱塘江。王安石的《登飞来峰》流传了971年：

飞来山上千寻塔，闻说鸡鸣见日升。

不畏浮云遮望眼，自缘身在最高层。

其诗的意境，我在那一天才豁然得悟。而一群年轻的学者确定《登飞来峰》写的就是杭州飞来峰，也与《后晋冷求等开路记》题刻的重新发现有关。这丰富了西湖景观的内涵，也加深了我对西湖景观的认识。

每当我走过“咫尺西天”的照壁，想随俗走进建于东晋咸和年间、已有1700年历史的灵隐寺时，才发觉这里人头攒动，摩肩接踵。灵隐寺已俨然成为杭州网红打卡地和西湖边的一颗闪亮明珠了。于是，我只能困惑地退回到了飞来峰景区，当我不得不在这数百米长、几十米高的石灰岩形成的无数溶洞中上下腾挪时，思绪开始放松、放飞。此刻，脑中闪现出溶洞中无数的剪影，想起了《韩非子·外储说左上》讲述的“买椟还珠”的故事，“楚人有卖其珠于郑者，为木兰之柜，熏以桂椒，缀以珠玉，饰以玫瑰，辑以羽翠……”飞来峰景区，不就是环抱着灵隐寺这颗珠子的“木兰之柜”吗？

灵隐管理处的工作者，用近5年的时间，对飞来峰景区内的摩崖题刻进行深入调查，依照严谨规范的操作流程进行信息的采集和记录，裒辑了飞来峰景区330余帧的石窟珍影，其中不乏新的发现，已远超阮元在《两浙金石志》中所录的了。这应该是灵隐之幸，西湖之幸！我认为，这册《杭州飞来峰摩崖萃珍》就是飞来峰这一“木兰之柜”中充溢的“桂椒”之香、“珠玉”之艳、“玫瑰”之丽、“羽翠”之美了。当然，既然是“买椟还珠”，飞来峰景区需“买”而入，然灵隐寺还得去，这珠子可舍不得还呢！

是为序。

王其煌

2024年盛暑

前言

“西湖天下景，游者无愚贤。”杭州西湖美景誉满古今，无数文人墨客徘徊留连于此，让一首首诗歌、一帧帧翰墨、一段段佳话散落于西湖群山之间，其中最受雅士们钟情的，当数位于西湖西侧的飞来峰。

飞来峰是一座海拔168米的石灰岩山峰，与周围群山石英砂岩不同的山体性质，使得“飞来”一名更为形象。飞来峰山石嶙峋，洞壑密布，古树参天，溪水奔流，自古便是奇山秀景的代表，南宋时更受到皇家的偏爱，将其作为园林叠山的写仿蓝本，素有“西湖第一山林”之称。且此地人文历史底蕴深厚，佛教文化源远流长，是一座辉映于西湖山水间的千年瑰宝，特别是全山的摩崖题刻，是整个杭州乃至江南一带摩崖题刻最为集中的区域，跨越多个朝代的历史内涵，嵌入飞来峰的自然景观中，与飞来峰造像共同构成了飞来峰独特的人文景观。

飞来峰现存摩崖题刻330余处，其中刻于天宝六载（747）的“唐源少良等题名”是目前为止西湖摩崖题刻中年代最早的一处，距今近1300年，是杭州西湖地区见诸文献的最早摩崖题刻，后又于北宋、南宋、元时期被三次覆刻，具有极为重要的历史文化价值，2023年被国家文物局列入《第一批古代名碑名刻文物名录》。飞来峰的人文历史与佛教发展息息相关，据北宋晏殊《舆地志》记载：晋咸和元年（326），印度僧人慧理云游至杭州，并在飞来峰驻锡造梵刹，为杭州佛教之滥觞。唐代，灵隐寺与天竺寺已声名远播，“楼观沧海日，门对浙江潮。桂子月中落，天香云外飘……”，诗人宋之问的诗句引发无数文人墨客对灵隐的向往。元和年间，杭州刺史卢元辅游飞来峰并留下诗刻——《游天竺寺》，描述了天竺寺外美景及“寻桂子”的活动；白居易在杭州任职期间，曾多次前往灵隐游览，以《冷泉亭记》盛赞飞来峰美景。此外，唐萧悦等在天竺寺的题名，见证了白居易与萧悦惺惺相惜和至诚的友谊，揭示了唐代文人至纯的气节，其同样被国家文物局列入《第一批古代名碑名刻文物名录》。

五代十国时期，杭州为吴越国都城，吴越国三代五王奉行保境安民的国策，使得人民生活幸福安定。公元978年，吴越国纳土归宋。禅宗和净土宗在两浙地区广泛流行，飞来峰青林洞、玉乳洞中的罗汉造像多为在这之后所造。通过造像记可知，多数捐造者为平民，他们通过造像的方式缅怀逝去的亲人并祈求保佑自身。至北宋，范仲淹、苏颂、苏轼等人曾先后于杭州为官，他们在为民解忧、处理政务之余至飞来峰游览并留下题刻，寄情山水，抒发心中以天下为己任之大志；苏轼还曾以在同一块匾额上题字的方式遥寄前贤白居易。元朝奉藏传佛教为国教，以杨琏真迦为代表的藏传佛教僧人在飞来峰广泛开龛造像，形成了糅合藏传佛教艺术风格及汉式艺术风格的造像，彰显出中华文明突出的连续性和包容性。特别是元代"大元国杭州佛国山石像赞"，为元代统治者将飞来峰有规划地开凿成杭州佛国山提供了历史佐证。明清时，随着金石学的兴盛，寻石访碑之风蔚然。元代的周伯琦曾作《理公岩记》并雕刻于飞来峰青林洞中。为追随前人脚步，寻觅历史脉络，历代文人相继探访，经明代郎瑛、叶彬，清代钱松、胡震等人的努力，终将这段文脉传承至今。民国时，飞来峰更是享誉中外，成为文人学者必访之地。吴昌硕、康有为、林尔嘉等人曾先后游览飞来峰并留题于此，共赏飞来峰文化积淀。这些摩崖题刻集中于飞来峰，组成了飞来峰独特的文化现象，弥补了纸质资料的不足，拓宽了人们对飞来峰固有的认识，使飞来峰的历史内涵变得更为丰富和多元，成为当代人了解、研究杭州乃至中国历史的重要实证。

2024年8月，习近平总书记对加强文化和自然遗产保护传承利用工作作出重要指示："要持续加强文化和自然遗产传承、利用工作，使其在新时代焕发新活力、绽放新光彩，更好满足人民群众的美好生活需求。"为贯彻落实习近平总书记的指示精神，助力中华优秀传统文化的传承发扬，进一步厘清飞来峰这座宝藏山所蕴含的历史文化内涵，《杭州飞来峰摩崖萃珍》应运而生。

本书汇集了飞来峰已经发现的330余处摩崖题刻，是目前为止有关飞来峰摩崖题刻最为全面系统的一次收录，展示了飞来峰自唐代以来的摩崖题刻，为飞来峰造像及历史背景提供了实物佐证，同时也为不可移动文物的保护及第四次全国文物普查工作积累了丰富的资料。此外，本书还对题刻内容进行了详细释读，对涉及人物生平及书法风格进行介绍和评析，便于专家、学者和喜爱飞来峰的大众能更加深入地了解这些题刻所反映出的时代背景及其背后的故事。

由于摩崖暴露于天地之间，石刻文字历经时间的侵蚀，变得模糊不清，辨识不易，加之工作者水平有限，释读中差错在所难免；同样，受限于文献检索能力的不足，所作的人物、事迹等的考证也或多或少存在错误；对于文字信息缺失很多的题刻，我们依据环境、字口、书风等因素进行断代，肯定也会产生误判。这些是本书存在的局限性，一并请专家、读者批评指正。

石虽冰冷，文字遗迹，有情有义；历经风霜，安然无悔，千载独立。金石有声，不考不鸣，《杭州飞来峰摩崖萃珍》是以为言。

凡例

一、本书解说文字部分主要由释文、述略内容构成。

二、本书以时代为序编排，共分为唐宋、元、明清、民国及附录五个板块，板块中以具体时间早晚进行编排。无明确纪年的据断代结论分置于各自年代版块之末。

三、题刻命名以"时代＋题刻中提及人物排名第一位者+等（若多人）＋题名/题记"的原则命名。同一人不同位置题刻加上位置名以示区别；同一人同一位置题刻在命名后加序数区别；无人名信息的题刻，以时代+题刻位置或内容主题的原则命名。

四、释文采用通行繁体字，专名保留异体字。缺失或不可识别文字用虚缺号（□）表示，难以明确字数的部分以省略号（……）表示；以"/"作为分行符号；对于推断或者依文献补足的文字，在文字外套虚缺符。如：[留]。

五、述略部分主要由题刻所在位置、字体、行数、题刻尺寸数据等内容组成。题刻尺寸数据主要记录题刻字径、横、纵等尺寸信息。

六、题刻测量标准为：有字龛者以字龛的横、纵数据为准；无字龛者以修整壁面尺寸数据为准；既无字龛又未经修整者，以刻字部分尺寸数据为准。字径不等者，测量最大字径及最小字径，以"××－××厘米"描述。

目录

贰 | 元

叁｜明·清

肆｜民国

宣和四年三月十一日
俞俟同遊
李閎 王頎 修
饒亮 景商 彥

咸淳丁卯七月廿八日
曹似道以歲事禱上竺
面謁……元鼎俞
昕張……紹……庭從
子德……侍……而不……
廖……中

……元之……字九年
……月望日同遊

……貳年歲丁卯十月望

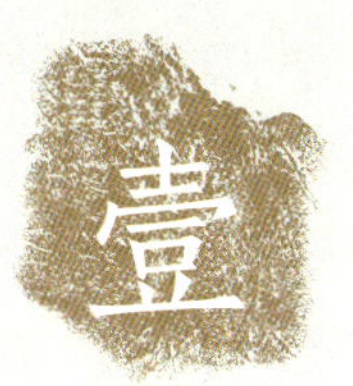

唐·宋

唐 源少良等题名

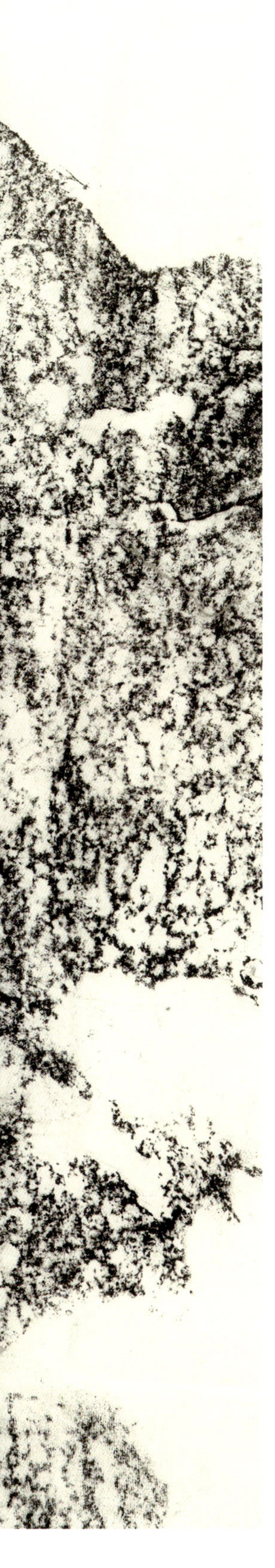

释文：

监察御史源少良、/陝縣尉陽陵、此郡/太守張守信，天寶/六載正月廿三日同/遊。

述略：

在飞来峰后山。楷书，5行，字径约3厘米。著录于《两浙金石志》《续修云林寺志》等。

天宝六载，公元747年。是时，张守信任杭州刺史。

源少良，生卒年不详。官至司勋员外郎、监察御史。源少良之父源匡赞官国子祭酒，源少良之兄为源伯良、源幼良。《玉芝堂谈荟》记载："（开元）十一年（723）进士三十一人，状元源少良。"

张守信，生卒年不详，天宝六年至七年（747—748）任杭州太守。《会稽掇英总集》："张守信，天宝七年自杭州刺史授（越州都督），十五年致仕。"《读书杂识》引《唐会稽太守题名记》："天宝七年，自杭州刺史授越州都督。"

此刻为飞来峰区域已知著录有纪年之最早者。

以残存字体来看，该书法延续二王风尚，用笔雄浑，有李北海笔意。

唐 王澹等题名

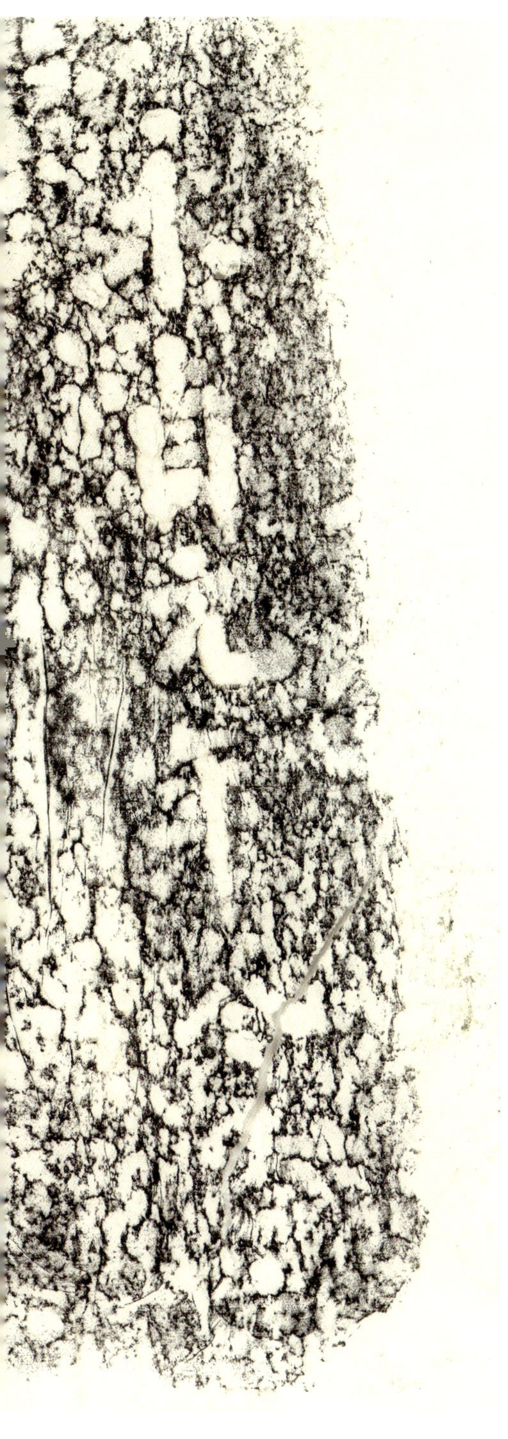

释文:

節度判官侍御/史内供奉賜緋/魚袋王澹，/前右驍衛兵曹/参軍崔珙，/永貞元年冬季。

述略:

在下天竺。左行，楷书，正书，6行，字径约6厘米，整龛横纵64厘米×45厘米。著录于《武林访碑录》《两浙金石志》等。

永贞元年，公元805年。

王澹，时任镇海军节度判官，元和二年（807）十月，镇海军节度使李琦叛乱，王澹为乱兵所杀。

崔珙，博陵安平（今属河北）人，历官岭南节度使、检校工部尚书、户部侍郎、刑部尚书、银青光禄大夫、尚书左仆射等，终凤翔陇州节度使。《旧唐书》有传。

此题名有典型的中晚唐楷书风格，与颜真卿书法俱为时风。

唐 卢元辅诗刻

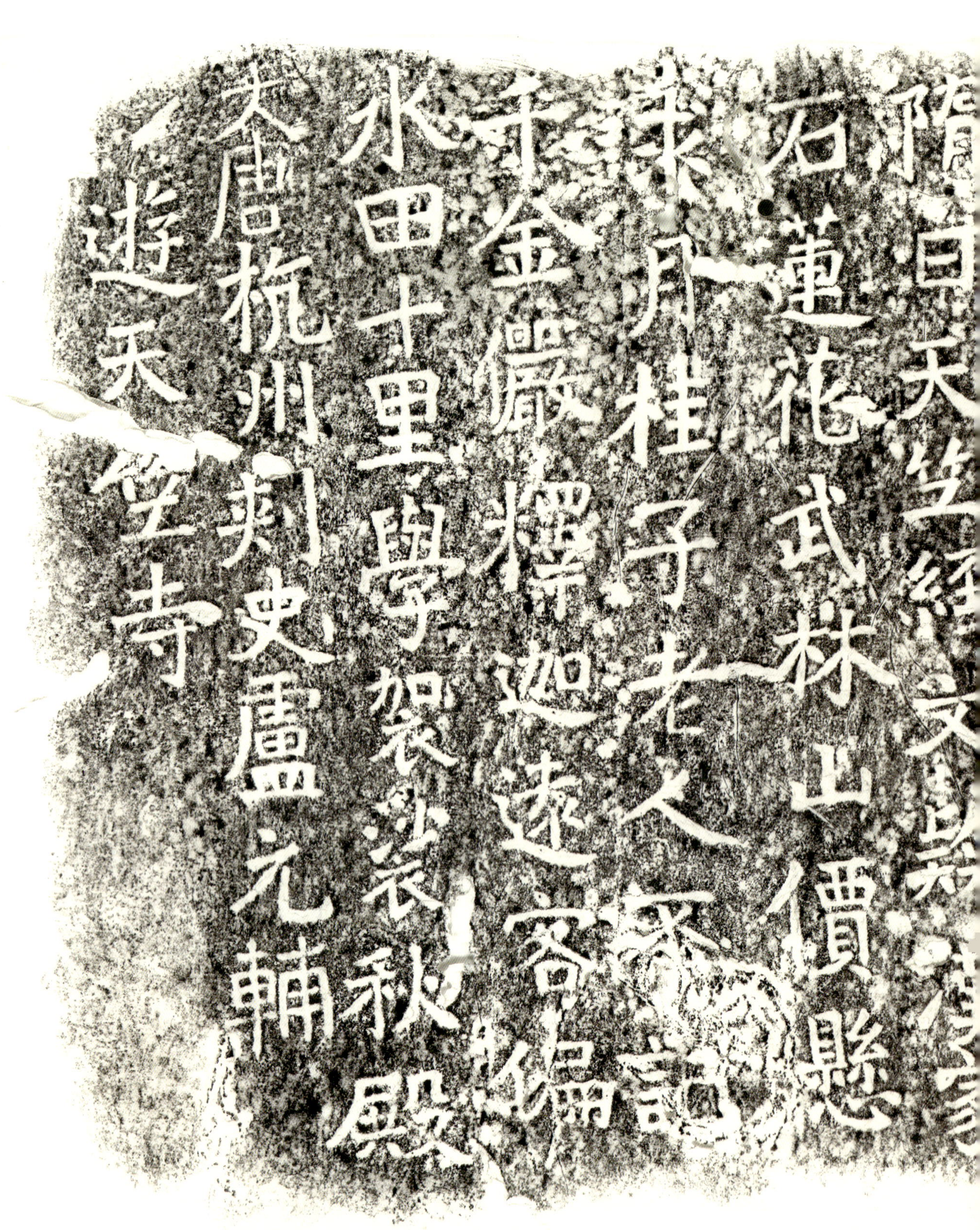

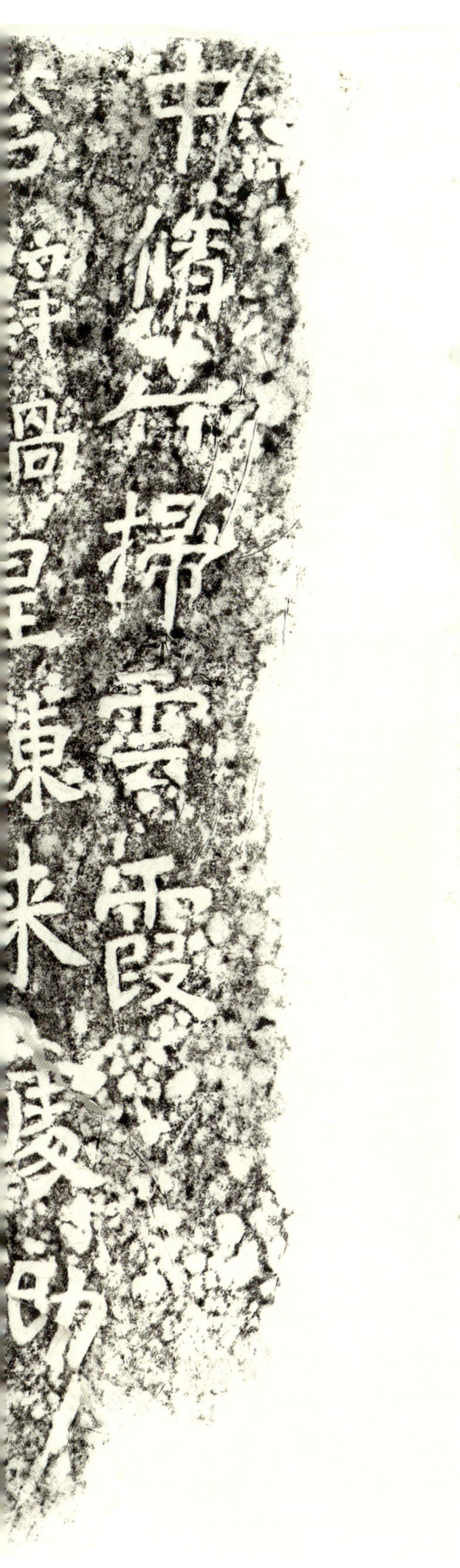

释文:

遊天竺寺。/大唐杭州刺史盧元輔。/水田十里學袈裟，秋殿/千金儼釋迦。遠客偏/求月桂子，老人不記/石蓮花。武林山價懸/隋日，天竺經文隸漢家。/苔壁媧皇鍊來處，泐/中脩竹掃雲霞。

述略:

在神尼舍利塔遗址。左行，楷书，正书，9行，字径约7厘米，整龛横纵76厘米×67厘米。著录于《两浙金石志》《续修云林寺志》等。

元和八年至十年，公元813—815年。是时，卢元辅任杭州刺史。

卢元辅（774—829），字子望，滑州灵昌（今河南滑县）人。唐朝宰相卢杞之子。《旧唐书》:“子元辅，字子望，少以清行闻于时。进士擢第，授崇文馆校书郎……元辅自祖至曾，以名节著于史册。元辅简洁贞方，绰继门风，历践清贯，人亦不以父之丑行为累，人士归美。大和三年八月卒，时年五十六。”

该诗刻有明显颜字风格，结字中宫紧凑，线条饱满沉着；又兼带刻工凿刻之痕，有北碑趣味。或认为最后一行为后人补刻，经细审当为原刻无疑。

唐 萧悦等题名

释文：

前太常寺奉/禮郎蕭悦、/前太常寺奉/禮郎王亘。

述略：

在下天竺。左行，楷书，正书，4行，字径约5厘米，整龛横纵33厘米×36厘米。著录于《武林金石录》《武林石刻记》《武林访碑录》《两浙金石志》《续修云林寺志》等。

推测为长庆年间事，公元821—824年。

萧悦，兰陵（今山东临沂）人，官协律郎、奉礼郎。唐穆宗长庆二年（822），白居易任杭州刺史，与萧悦相识，时萧悦已经60余岁。萧悦画竹，颇负盛名，白居易在《画竹歌并引》中说：“协律郎萧悦画墨竹，举时无伦。萧亦甚自秘重，有终岁求其一竿一枝而不得者。”张彦远《历代名画记》载：“萧悦，协律郎，工竹，一色，有雅趣。”《宣和画谱》称其：“唯喜画竹，深得竹之生意，名擅当世。”

王亘，待考。

此题名为典型颜体，结字紧凑，用笔厚实，有庙堂气。

唐 乌重儒题名

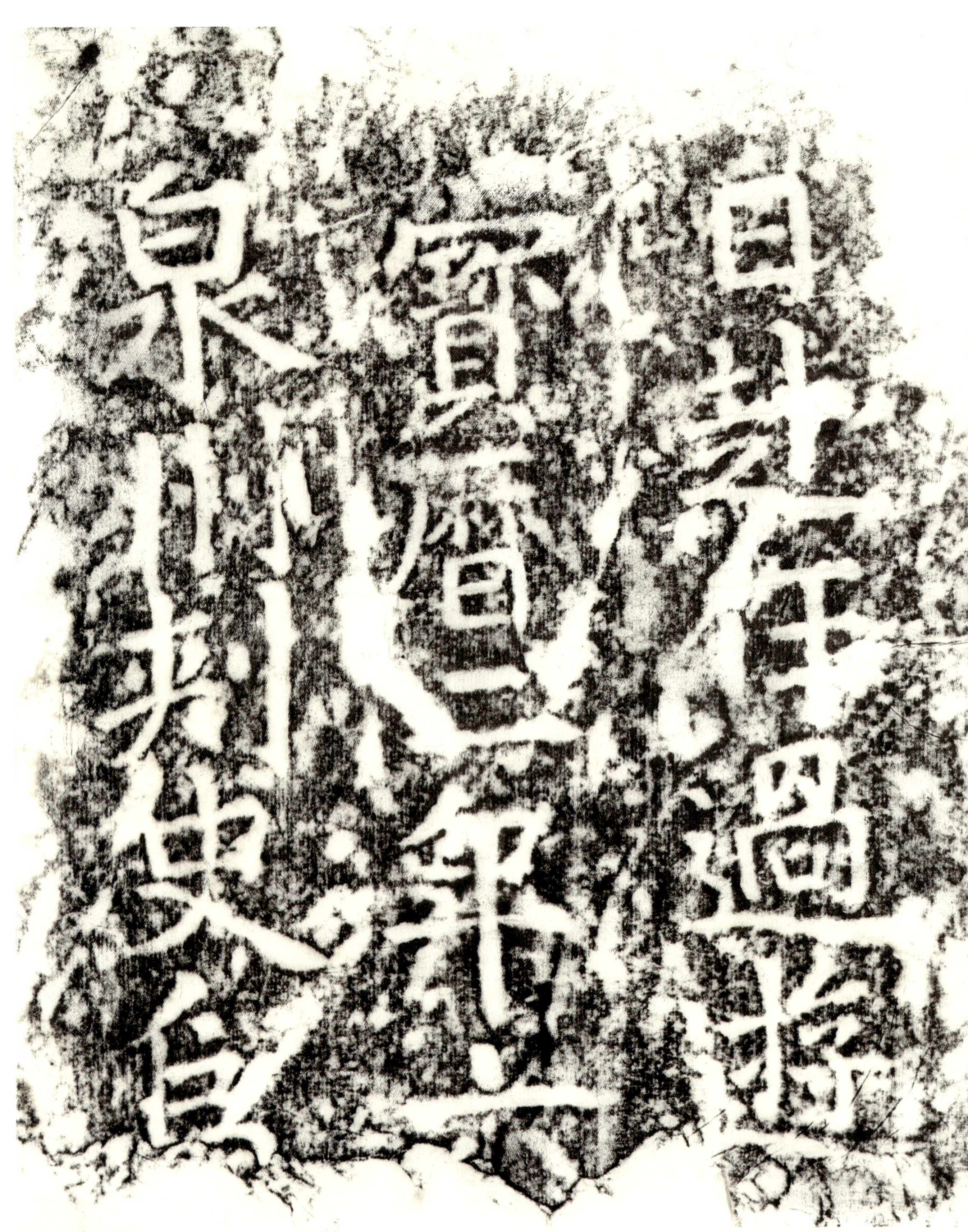

释文：

泉州刺史烏重儒，/寶曆二年六月十八/日赴任過遊此寺。

述略：

在龙泓洞口。左行，楷书，3行，字径约6厘米。著录于《武林金石录》《武林石刻记》《武林访碑录》《两浙金石志》《续修云林寺志》等。

宝历二年，公元826年。

乌重儒，生卒年不详。元稹《授薛昌族王府长史等制》云："前宁州刺史薛昌族、前泌州刺史乌重儒等，皆勋阀之子孙，并良能之牧守。"洪颐煊《平津读碑记》云："《新唐书·宰相世系表》乌氏有重胤、重元，而无重儒，当是其疏远也。"乌重儒或为唐宪宗时期名将乌重胤之族兄弟。

此题名布局疏朗，笔画飘逸，时风明显。

后晋 冷求等开路记

释文：

天福四年己亥歲五/月二十五日，開此路/上山，作基址，竪造觀/音殿宇。都勾當興國/中直都隊將冷求、都/軍頭李安記。

述略：

在飞来峰后山。楷书，6行，字径约3厘米。著录于《武林金石录》《武林石刻记》《武林访碑录》《两浙金石志》《续修云林寺志》等。

天福四年，公元939年。

《续修云林寺志》记载："《释氏纪录》云：'天福己亥，僧道翊于山间见光华，往视之，得奇香木，命良工刻成观世音菩萨像。钱王常梦白衣人求葺其居，遂建天竺观音看经院。'又《十国春秋·文穆王世家》载：'天福四年，僧道翊得奇木于前涧，斫为观世音法身，王命建天竺道场。'据二书所载，天竺之奉观音，始于五代，此记即兴建时开路作也。"

此开路记为典型的欧阳询风格。结字峻峭，纵向取势，行列严谨，如排兵布阵。为五代官方刻石之标准体。

后周　滕紹宗造像记

释文：

當山清信弟子滕紹宗□□。/右紹宗敬捨净財，於石室内，鐫/造弥陀世尊、觀音、勢至。伏/爲自身，恐有多劫冤愆，今/生故悞。伏願獲不斷之勝/因，滌累劫之債濫。時廣/順元年，歲次辛亥四月三日/鐫記。

述略：

在青林洞。左行，楷书，8行，字径约2厘米，整龛横纵19厘米×20厘米。著录于《武林金石录》《武林访碑录》《两浙金石志》《续修云林寺志》等。

广顺元年，公元951年。

吴越 周钦造像记

释文：

上直都管軍都頭弟子周欽。/右欽謹發虔心捨净財，□西山靈鷲/禪院，製造彌陀石佛一軀。所申意者，/爲先亡考九郎，亡妣魏氏、龔氏，亡三兄追/薦净識，資□□□承泰，亡侄女，□□娘□□娘□□娘、/亡姪承訓、亡新婦秦二娘、亡孫子□□□/願早生净土，各得超升，離苦解脱，生/前罪業，藉此雲銷，没後冤□，□/□解釋。其功德今已相息周圓，恒/與□□□，永充供養。/時己未建隆元年三月十九日記。

述略：

在青林洞。楷书，11行，行字不等，字径2厘米，又覆刻篆书“皇帝”二字于上，毁去数字。著录于《武林金石录》《武林访碑录》《两浙金石志》《续修云林寺志》等。

建隆元年，公元960年。

此刻“皇帝”二字，当是吴越纳土归宋后补刻，篆书与孔庙《宋理宗御书圣贤赞》碑额极类。

宋 郝浚等题名

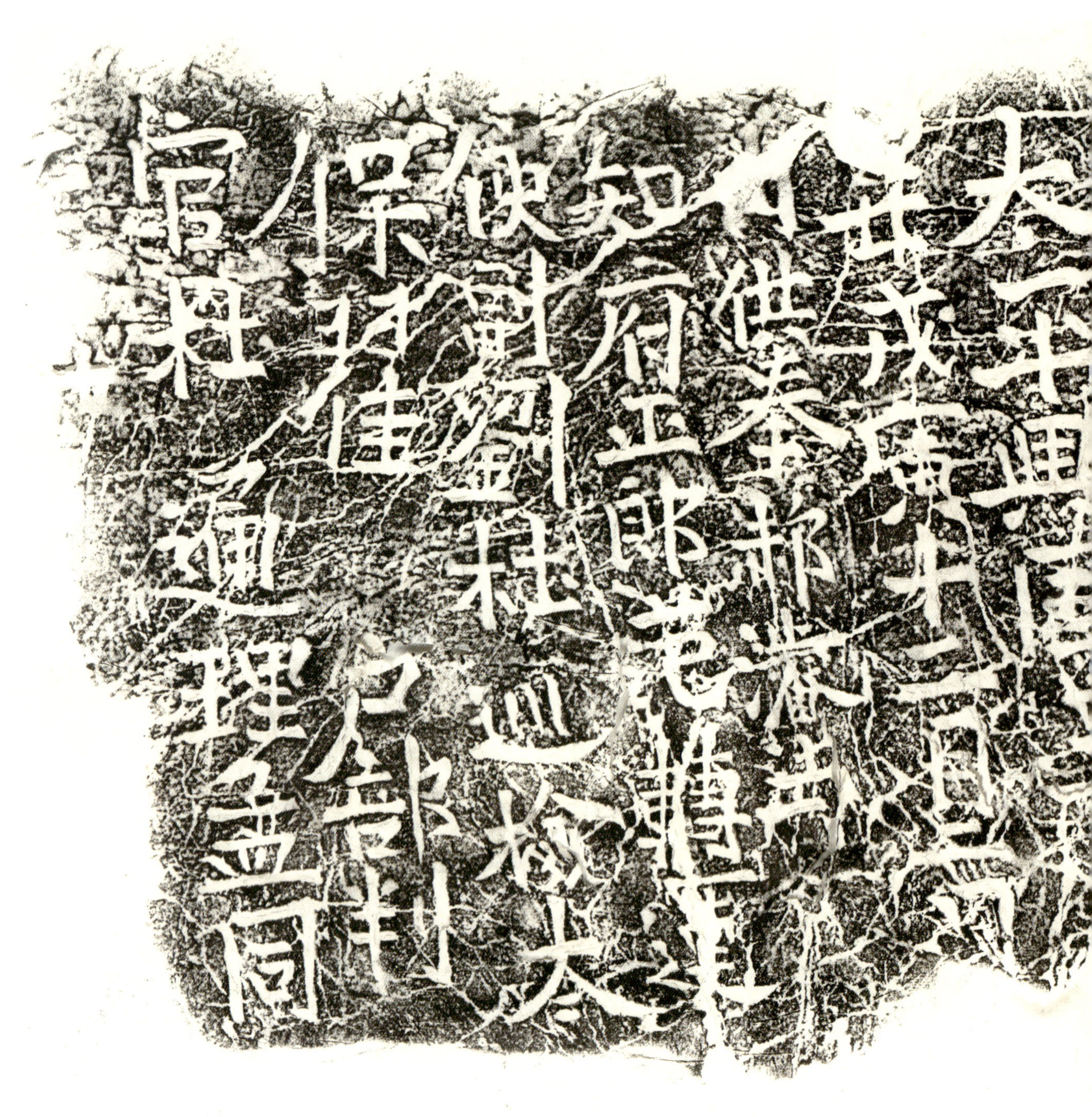

释文：

太平興國三/年戊寅十二月二日，/内供奉郝濬，与/知府正郎范，轉運/使副劉、杜，巡檢太/保翟，户部判/官杜，通理孟，同/至此。

述略：

在青林洞。楷书，8行，字径约5厘米。著录于《武林石刻记》《两浙金石志》《续修云林寺志》《竹崦盦金石目录》等。

太平兴国三年十二月二日，公元979年1月3日。

范旻（936—981），字贵参，大名府宗城（今河北清河）人，宰相范质之子，十岁能属文。太平兴国初，召为工部郎中。钱俶献地后，以范旻为吏部考功郎中，权知两浙诸州军事。《宋史》有传，《咸淳临安志》有载。

北宋太平兴国三年（978），吴越国王钱俶到汴京朝觐宋帝，被扣留。钱俶决定纳土归宋。宋朝廷派出的接收官员包括郝浚、范旻等人，他们于当年十二月游览灵鹫寺理公岩并在此题刻。

宋 王昭远等题名

释文：

太平興國三年十二/月四日，與節推王昭遠、/錢塘尉閻吉、/殿前承旨程道符/記。

述略：

在青林洞。楷书，4行，字径约5厘米，无字龛。《两浙金石志》卷五记载："在灵隐飞来峰摩崖，正书四行，字径一寸余。县尉阎吉，旧志俱未载。"

太平兴国三年十二月四日，公元979年1月5日。

节度推官王昭远、钱塘县尉阎吉，待考。

程道符，北宋初年任巡检，《宋史》曾提及其宣谕一事。

此题名有清代僧人释六舟拓本，藏于台北傅斯年图书馆。

宋 胡□题名

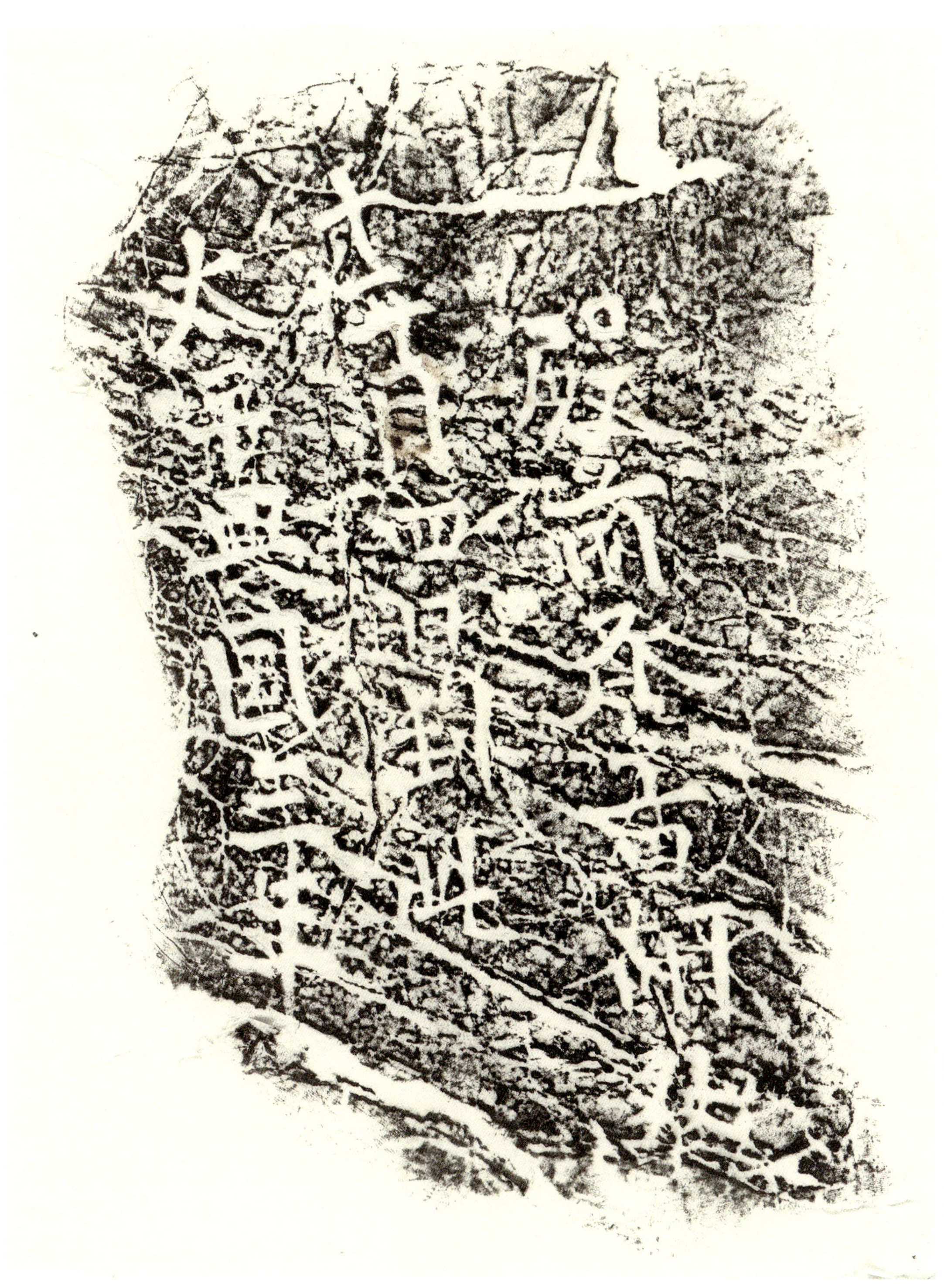

释文：

太平興國三年/十二月四日到此，/殿前承旨胡□。

述略：

在青林洞。楷书，3行，左行，字径约3厘米。未见著录。

太平兴国三年十二月四日，公元979年1月5日。

宋 刘观察判官题名

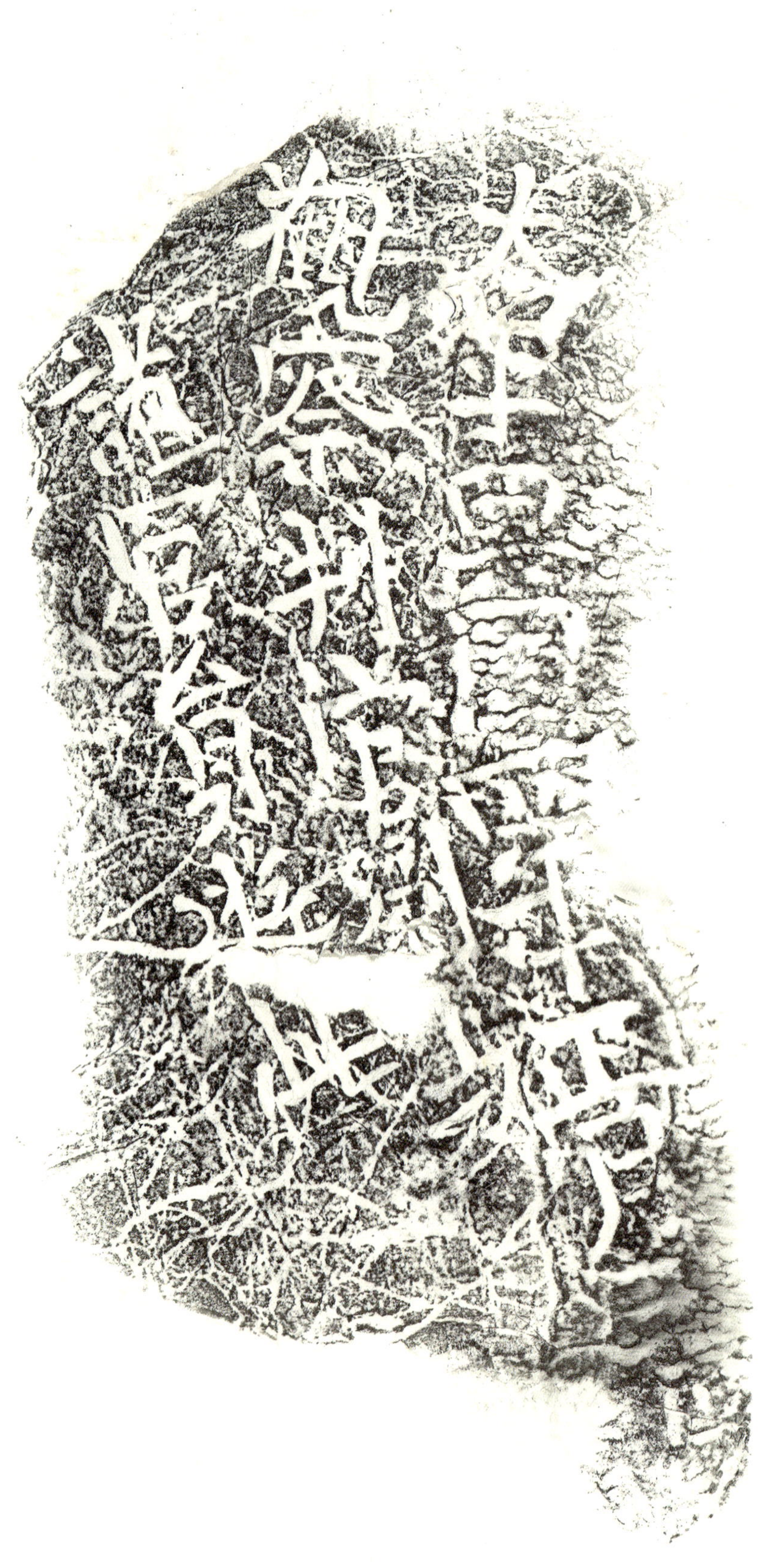

释文:

太平興國四年正月三日，/觀察判官劉與/諸官員遊此。

述略:

在青林洞。楷书，3行，字径约5厘米。著录于《两浙金石志》。

太平兴国四年，公元979年。

宋 继恩题刻

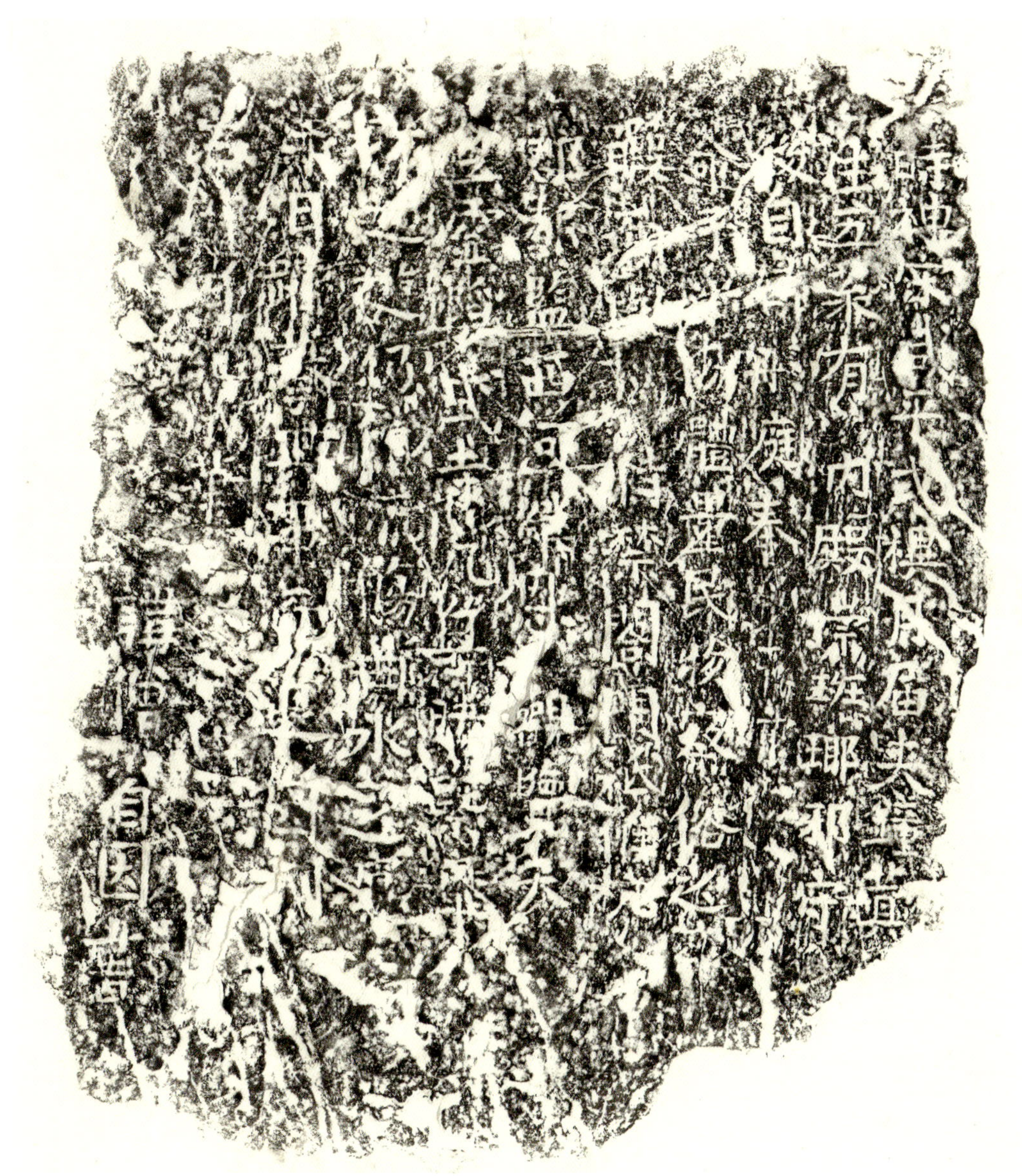

释文:

時神宋咸平弍祼，月届夾鐘，蓂/生五葉。有内殿崇班、瑯邪守，/後自□彤庭，奉/命于浙。協體量民物，察俗之/暇，而與□侍禁閤門祗候、杭/郡都監、西河繼恩，觀覽天/竺、靈隱弍寺，凡粤勝概靡/不遍遊，仍續流觴曲水之宴。/永日躋攀，興尽而退。因刊/石壁，用纪歲華。/講僧自因書。

述略:

在青林洞外。楷书，11行，字径约3厘米，整龛横纵36厘米×44厘米。著录于《武林访碑录》《两浙金石志》等。

咸平二年，公元999年。

《两浙金石志》释为“维恩”，今据原刻修订为“继”。

北宋咸平二年，京官继恩奉敕察访两浙民情，公务之暇，游览灵隐、天竺二寺。

咸平造像

在青林洞，是飞来峰最早开凿的佛像群。北宋前期，杭州的信众们在灵鹫寺僧人的组织下，于青林洞内开凿多龛小型罗汉造像。这些造像或单独一尊，或几尊成龛，单体尺寸多在19—27厘米之间。其中，洞内目前设有编号的有7龛罗汉造像群（分别为第七龛、八龛、十二龛、十四龛、十九龛、二十龛、二十一龛），共93尊，可辨造像记65方。从造像记来看，大多数造像的称谓为“罗汉一身”或“一身”，其中有部分还使用了“第几身罗汉尊者”或“罗汉第几尊者”等称谓。而功德主绝大多数自称“清信弟子”或“弟子”，其中女性弟子甚多。另外，在众多造像者中，还有来自杭州本地龙兴寺的比丘。以刊刻时间为限，主要集中在宋真宗咸平三年至六年（1000—1003），故此次编纂中，统称上述造像记为“咸平造像记”。

宋 沈德昇造像记

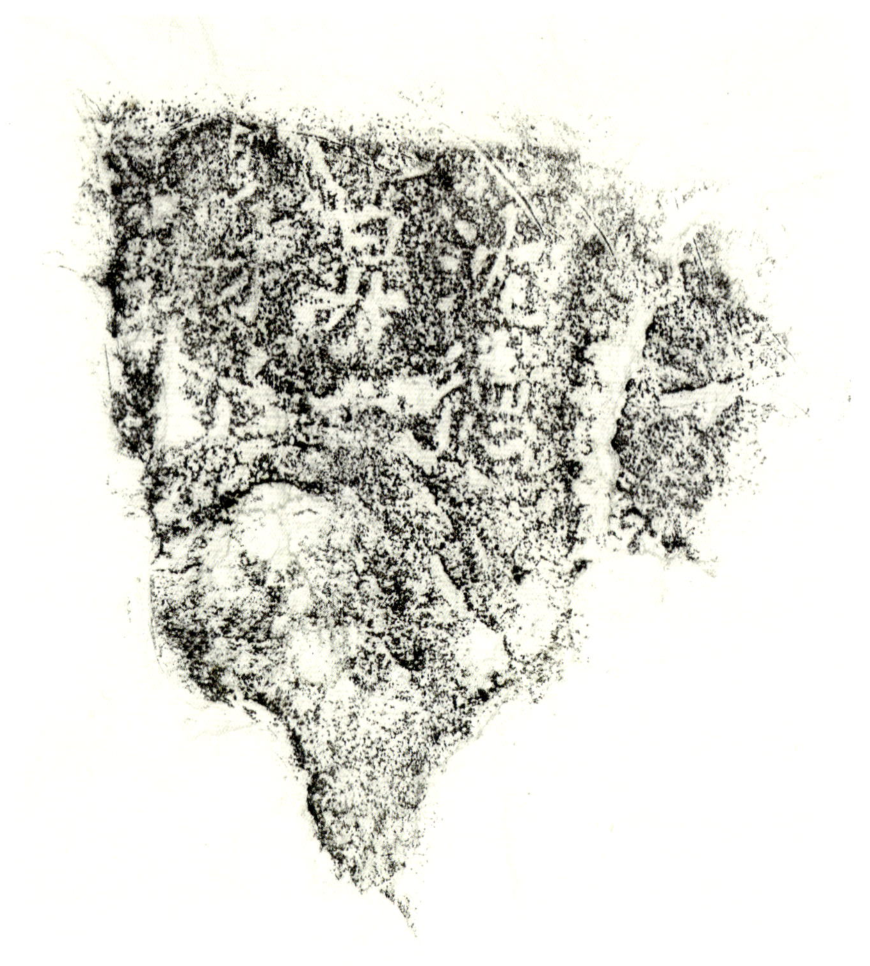

释文：

沈德/昇一/身。

述略：

在第七龛第一尊罗汉像正下方。高12厘米，宽9厘米，字径1.5厘米。

宋 沈晖造像记

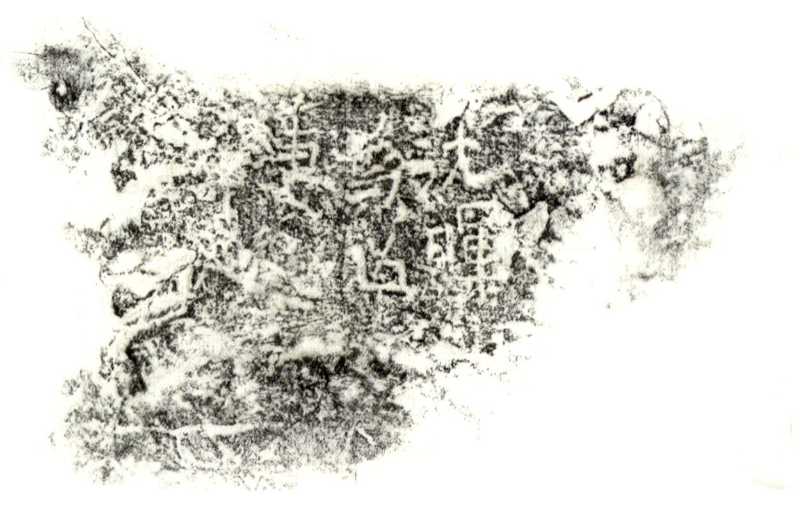

释文：

沈暉/爲亡/妻。

述略：

在第七龛第五尊持如意罗汉像下方。高12厘米，宽10厘米，字径1.5厘米。

宋 花胜造像记

释文:

花胜爲/亡妻謝/一娘子。

述略:

在第七龛第七尊伏虎罗汉像右下方。高11厘米，宽10厘米，字径1.5厘米。

宋 王延保造像记

释文:

王延保/一身。

述略:

在第七龛第十尊降龙罗汉像左侧。高12厘米，宽9厘米，字径1.5厘米。

宋 吕承惠造像记

释文：

吕承/惠一/身，陳/二娘……

述略：

在第八龛第一尊罗汉像正下方。高11厘米，宽7厘米，字1.5厘米。

宋 周仁绍造像记

释文：

周仁紹/一身爲沈/一娘。

述略：

在第八龛第二尊造像正下方。高8厘米，宽8厘米，字径1.5厘米。

宋 陈行造像记一

释文：

弟子陳行诚捨净/財造彌陀佛壹身，/伏爲四三友，永充供養。/咸平□年□月日。

述略：

在第十二龛第一尊罗汉像正下方。高16厘米，宽10厘米，字径1.5厘米。

宋 陈行造像记二

释文：

弟子陳行/尊奉爲/母親魏/氏一娘造/釋迦佛/一身，永充/供養。

述略：

在第十二龛第二尊罗汉像正下方。高7厘米，宽15厘米，字径1.5厘米。

宋 □二娘造像记

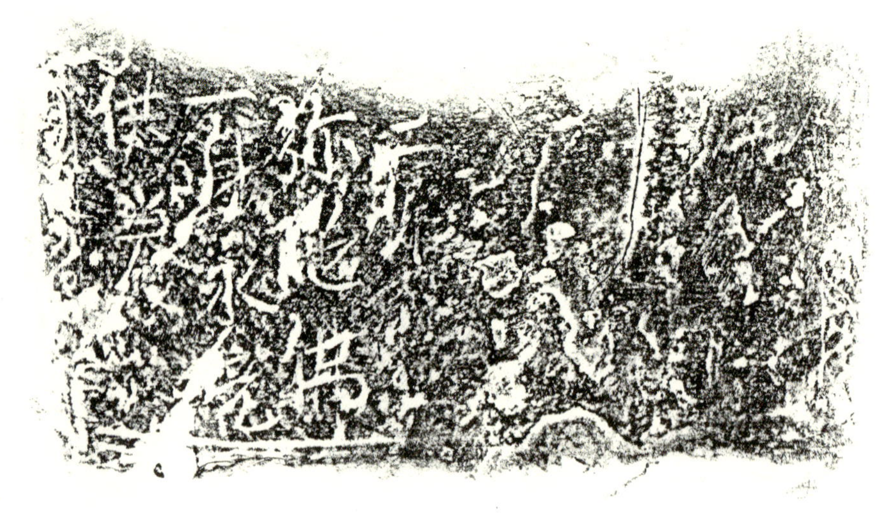

释文：

□二娘/彌陀佛/一身，永充/供養。

述略：

在第十二龛第三尊罗汉像正下方。高7厘米，宽14厘米，字径1.5厘米。

宋 唐仁纪造像记

释文：

弟子唐仁紀/爲母親□□/十六娘造彌陀/佛一身，永充供養。

述略：

在第十二龛第四尊罗汉像正下方。高9厘米，宽8厘米，字径1厘米。

宋 高□荣造像记

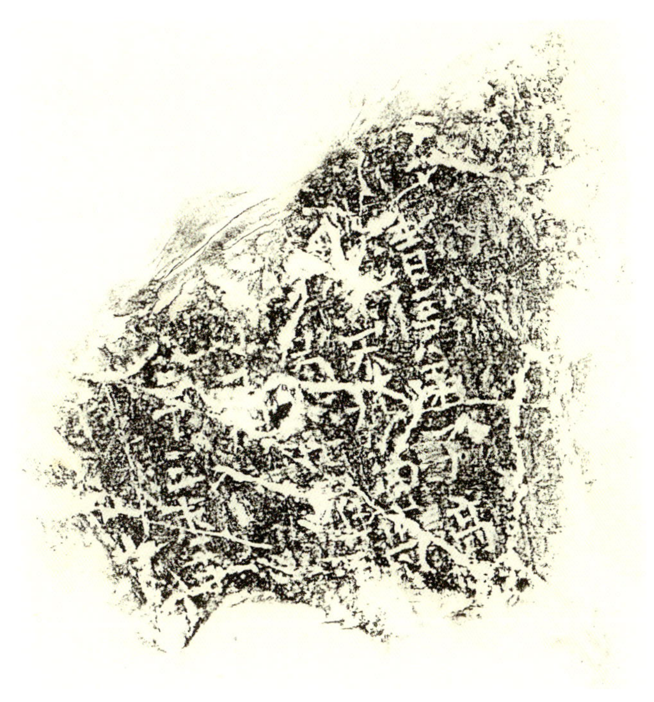

释文：

清信弟子高/□榮捨净財/□□羅漢/□□/咸平三年□□。

述略：

在第十四龛第三十八尊罗汉像右上方。高1厘米3，宽11厘米，字径1厘米。

宋 □一娘造像记

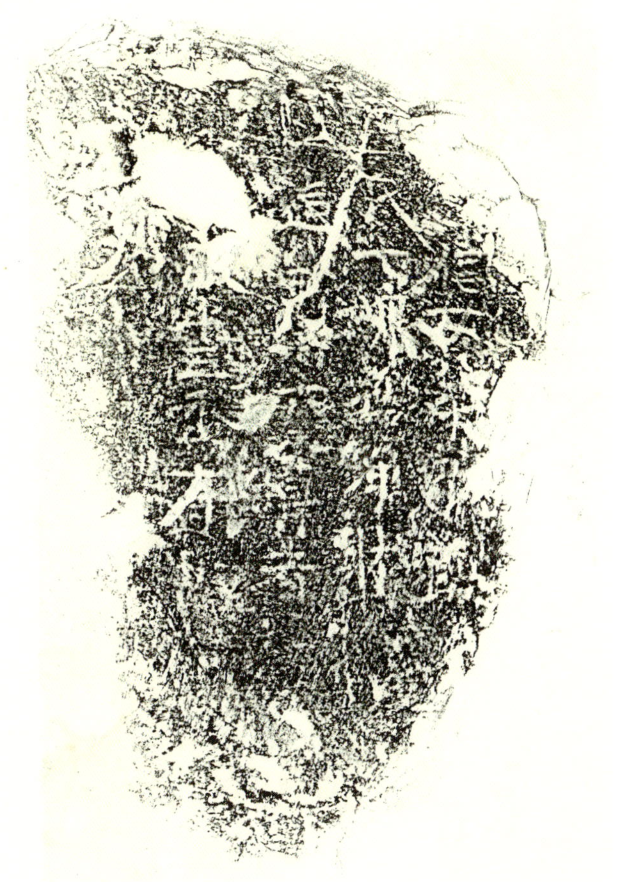

释文：

清信女弟子□/□氏一娘捨净財/造第六尊者。/咸平三年十月日。

述略：

在第十四龛第五十四尊罗汉像左下方。高15厘米，宽10厘米，字径1.5厘米。

宋 汤用造像记

释文：

弟子湯用捨净/財造第十二身/羅漢，資薦/亡考、亡妣生界。/咸平四年三月日。

述略：

在第十四龛第四十三尊造像右下方。高12厘米，宽11厘米，字径1.5厘米。

宋 佚名造像记一

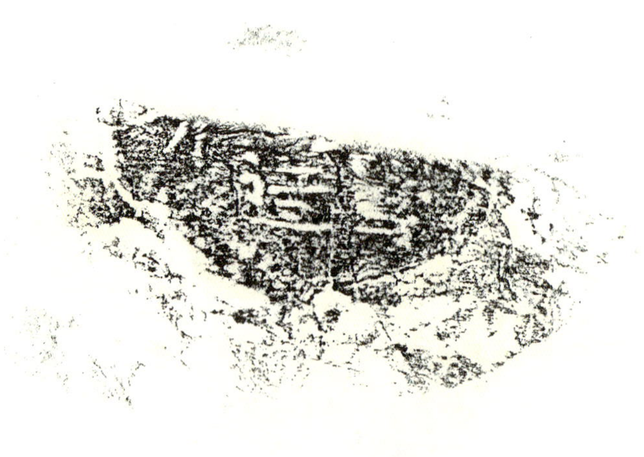

释文：

□/造。

述略：

在第十四龛第十三尊罗汉像正下方。高3厘米，宽7厘米，字径1厘米。

宋 赵□□造像记

释文：

□□□子趙/□□造羅/漢一身。/咸平四年十月日。

述略：

在第十四龛第二尊罗汉像正下方。高8厘米，宽13厘米，字径1.5厘米。

宋 沈九娘造像记

释文：

女弟子沈/九娘造羅/漢一身。/咸平四年十月日。

述略：

在第十四龛第三尊罗汉像正下方。高8厘米，宽13厘米，字径1.5厘米。

宋 洪二娘造像记

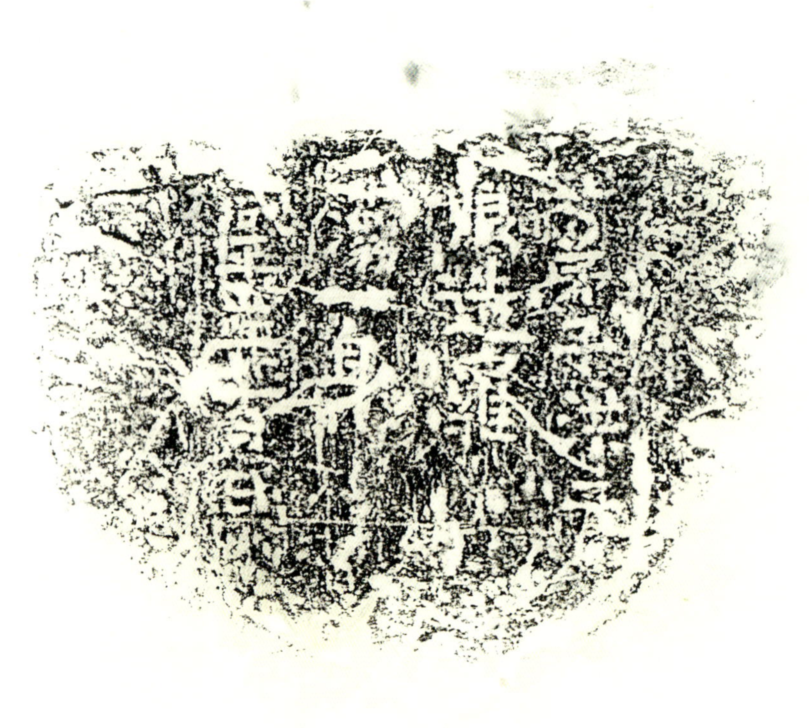

释文：

女弟子洪二/娘造羅/漢一身。/咸平四年十月日。

述略：

在第十四龛第四尊罗汉像正下方。高9厘米，宽12厘米，字径1.5厘米。

宋 吕七娘造像记

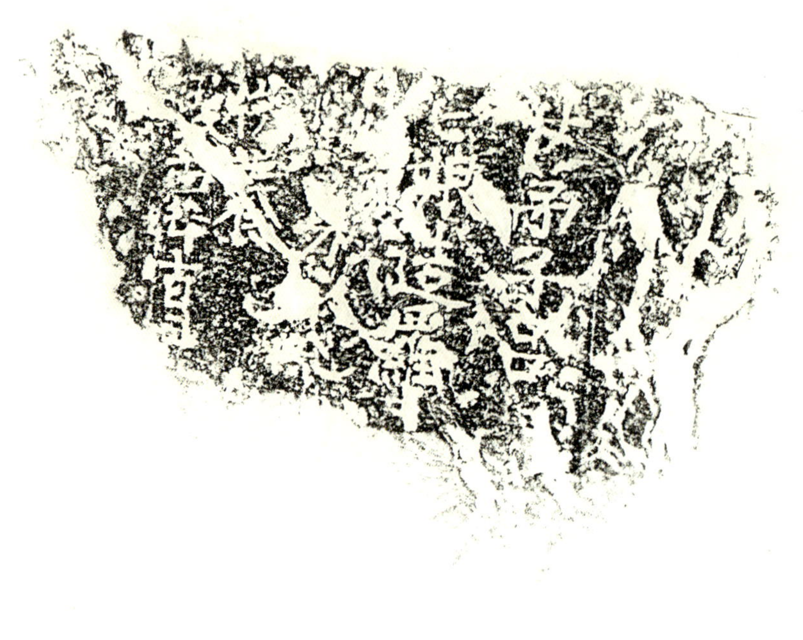

释文：

女弟子吕/七娘造羅/漢一身，永充/供養。/咸平四年十月日。

述略：

在第十四龛第七尊罗汉像正下方。高8厘米，宽12厘米，字径1.5厘米。

宋 梵芝题名一

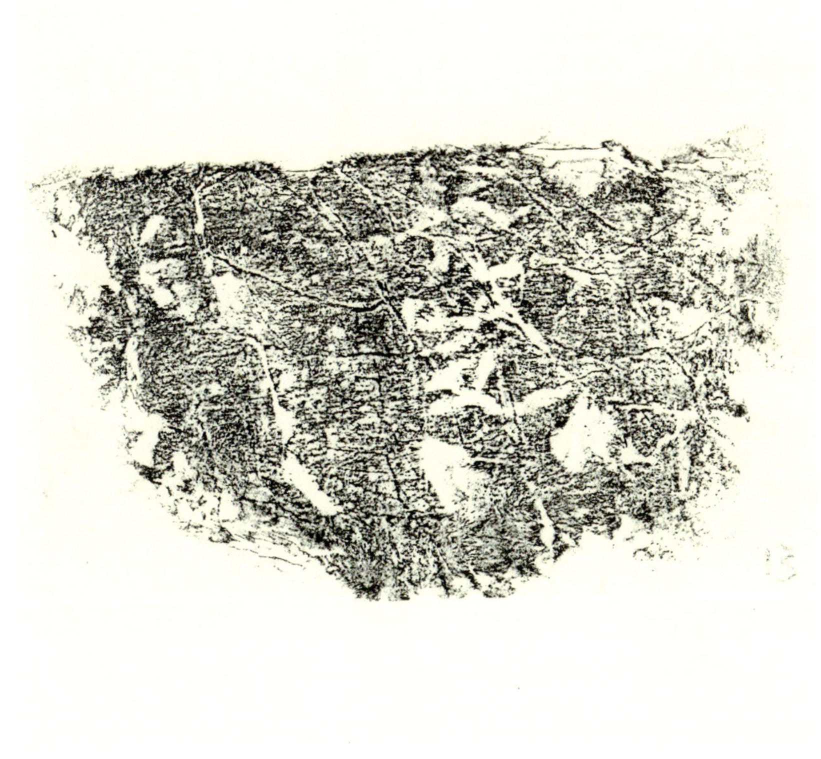

释文：

梵芝。

述略：

在第十四龛第十尊罗汉像正下方。高7厘米，宽12厘米，字径 2 厘米。

宋 梵芝题名二

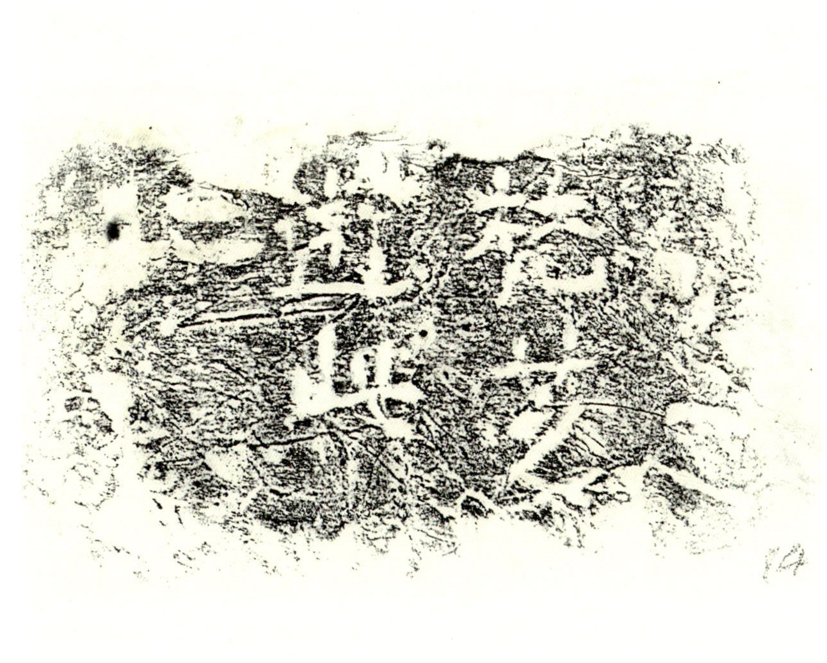

释文：

梵芝遊此。

述略：

在第十四龛第十一尊罗汉像正下方。高 7厘米，宽 11厘米，字径 2 厘米。

宋 张旺造像记

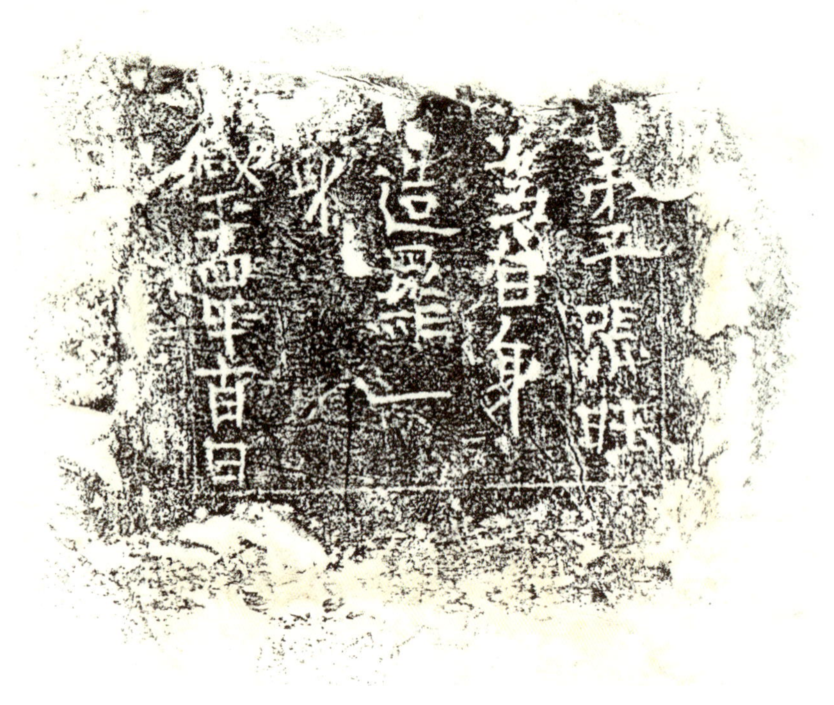

释文:

弟子张旺/爲自身/造羅一/身。/咸平四年十月日。

述略:

在第十四龛第十四尊罗汉像正下方。高8厘米，宽9厘米，字径1厘米。

宋 樊仁厚造像记

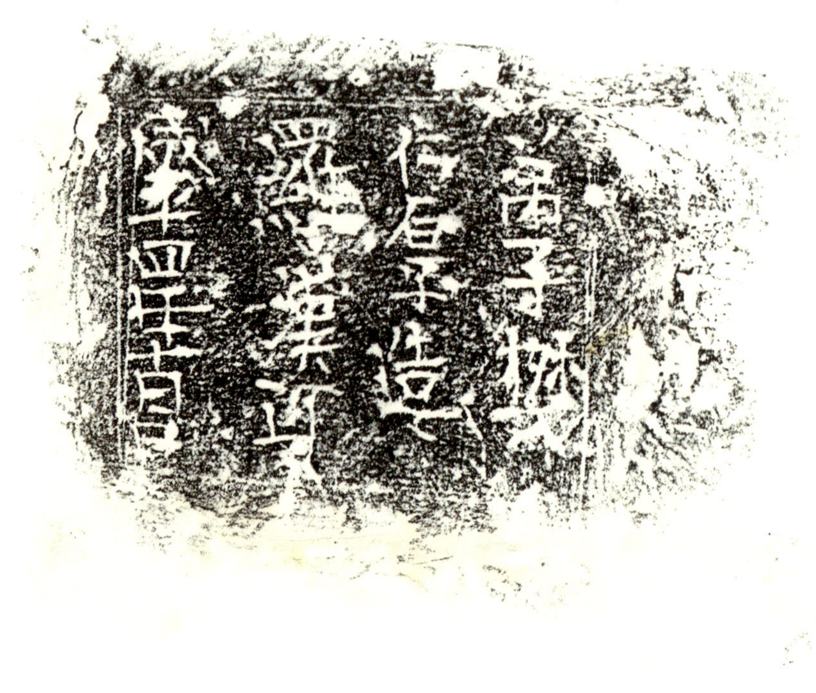

释文:

弟子樊/仁厚造/羅漢一身。/咸平四年十月日。

述略:

在第十四龛第十五尊罗汉像正下方。高7厘米，宽9厘米，字径1.5厘米。《两浙金石志》著录。

 胡一娘造像记

释文：

女弟子胡/一娘造羅/漢一身爲/四恩三有。

述略：

在第十四龛第十六尊罗汉像正下方。高6厘米，宽11厘米，字径1.5厘米。

宋 陶延保造像记

释文：

弟子陶延/保造羅漢/一身奉爲/四恩三有。

述略：

在第十四龛第十七尊罗汉像正下方。高8厘米，宽9厘米，字径1厘米。

宋 喻朗造像记

释文：

弟子喻朗爲/母親朱四娘/造羅漢/一身。

述略：

在第十四龛第十八尊罗汉像正下方。高8厘米，宽7厘米，字径1厘米。

宋 钱简□□造像记

释文：

弟子錢/簡□□/造羅漢/一身。

述略：

在第十四龛第二十一尊罗汉像右侧。高12厘米，宽9厘米，字径1.5厘米。

宋 储匡赞造像记一

释文：

弟子储匡/赞爲亡考/七郎、亡妣范/一娘子造羅/漢一身。/咸平四年十月日。

述略：

在第十四龛造像第二十二尊罗汉像正下方。高9厘米，宽14厘米，字径1.5厘米。

宋 佚名造像记二

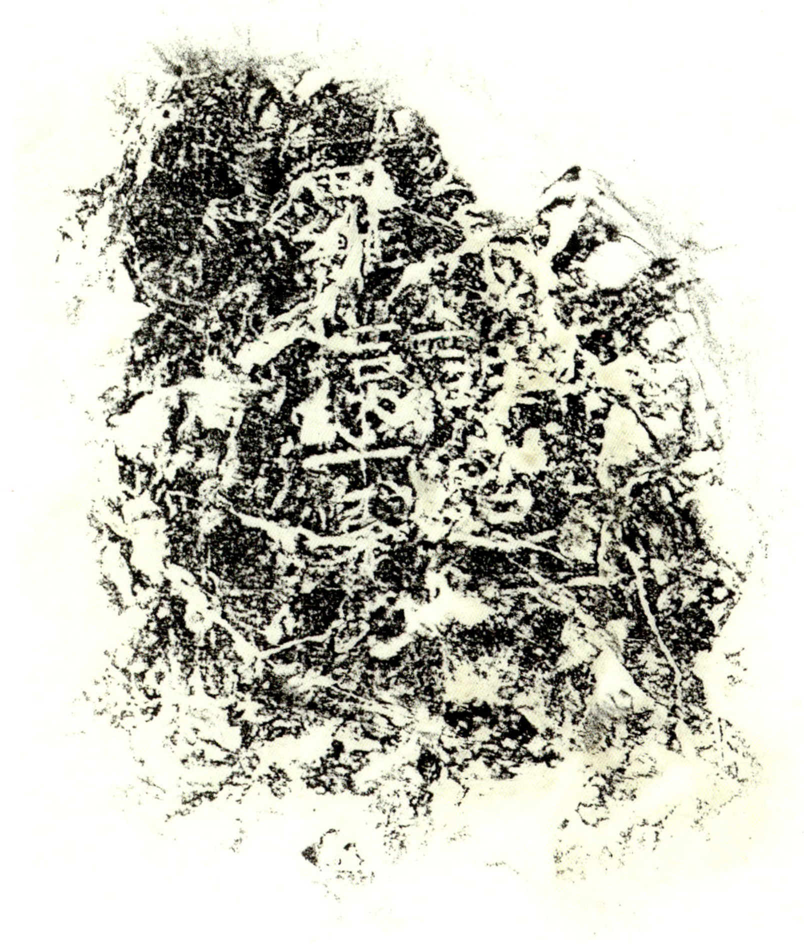

释文：

□□誠造/羅漢一身。

述略：

在第十四龛造像第二十三尊罗汉像右侧。高11厘米，宽9厘米，字径1.5厘米。

宋 储匡赞造像记二

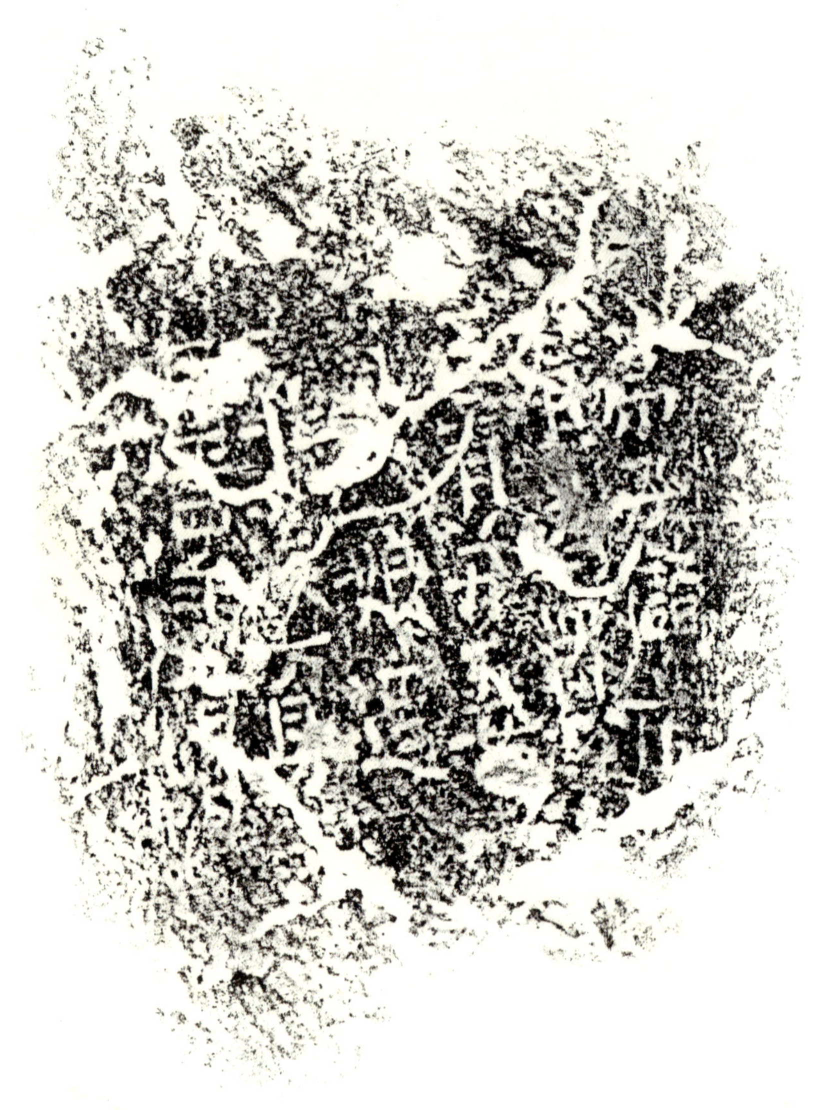

释文：

弟子储匡/賛爲四恩/三有并妻/□一娘造/羅漢一身。/咸平四年九月日。

述略：

在第十四龛造像第二十四尊罗汉像右侧。高11厘米，宽10厘米，字径1.5厘米。

宋 □一娘造像记

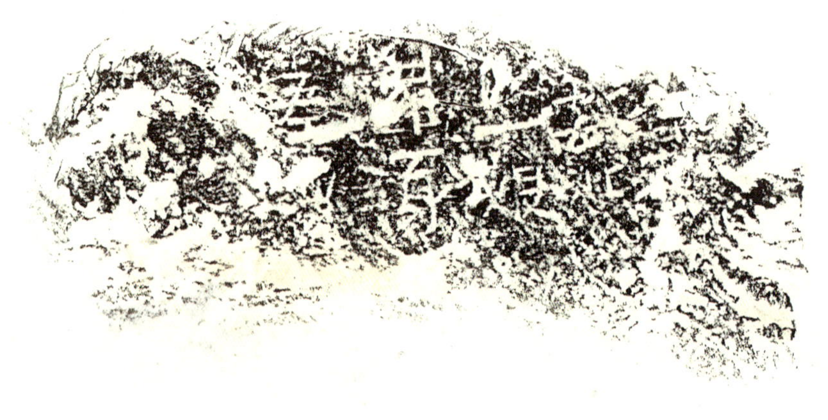

释文：

亡妣/□一娘/羅一身/养□……

述略：

在第十四龛第二十五尊罗汉像右侧。高5厘米，宽12厘米，字径1.5厘米。

宋 储匡赞造像记三

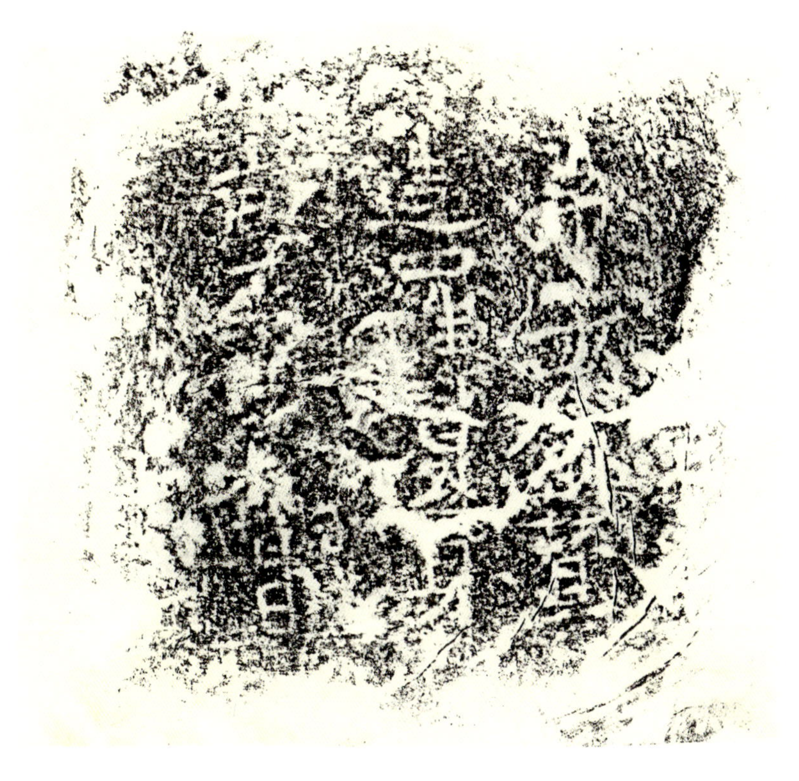

释文：

弟子儲匡贊/造羅漢一身。/咸平□□六月日。

述略：

在第十四龛第三十尊罗汉像右侧。高8厘米，宽9厘米，字径1.5厘米。

宋 庄五娘造像记

释文：

女弟子莊氏/五娘爲亡考/莊五郎亡妣/沈四娘刻羅/漢一身。/咸平五年五月。

述略：

在第十四龛第三十一尊罗汉像右上方。高10厘米，宽9厘米，字径1.5厘米。

宋 李□典造像记

释文：

弟子李□/典爲亡妣□/氏一娘刻/羅漢一身。/咸平五年六月日。

述略：

在第十四龛造像第三十二尊罗汉像正下方。高9厘米，宽10厘米，字径1.5厘米。

宋 □□达造像记

释文：

弟子□□/達爲亡□/□□亡妣/□□造羅漢/一身。

述略：

在第十四龛第三十四尊罗汉像正下方。高8厘米，宽8厘米，字径1.5厘米。

宋 □文举造像记

释文：

清信弟子□文舉/爲亡考八郎造/羅漢第十尊。/咸平三□□□。

述略：

在第十四龛第四十四尊罗汉像正下方。高16厘米，宽12厘米，字径1.5厘米。

宋 董匡赞造像记一

释文：

清信弟子董匡/贊捨净財 /造大阿羅漢/第一身。/咸平二年五月日。

述略：

在第十四龛造像第四十七尊罗汉像正上方。高7厘米，宽9厘米，字径1厘米。

宋 周延庆造像记

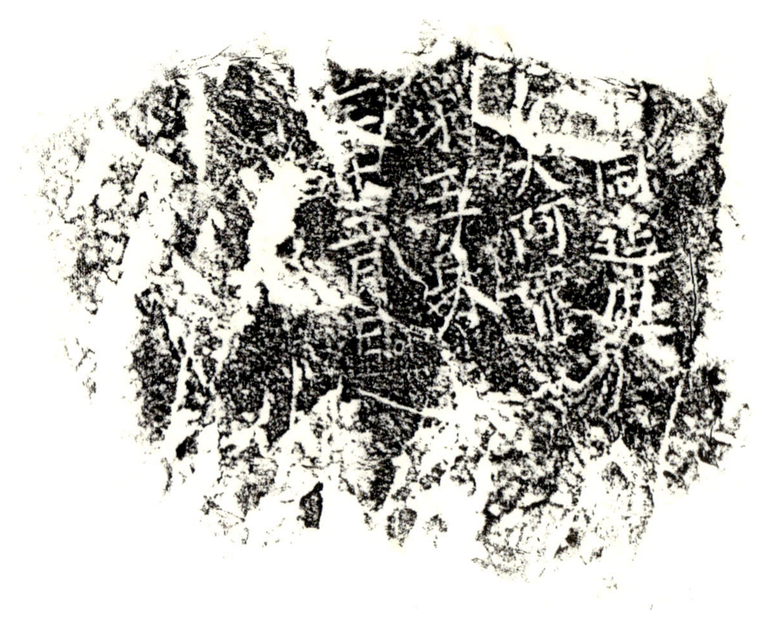

释文:

周延慶/造/大阿羅漢/弟五身。/咸平三年五月日。

述略:

在第十四龛造像第四十九尊罗汉像正下方。高8厘米，宽10厘米，字径1.5厘米。

宋 董匡赞造像记二

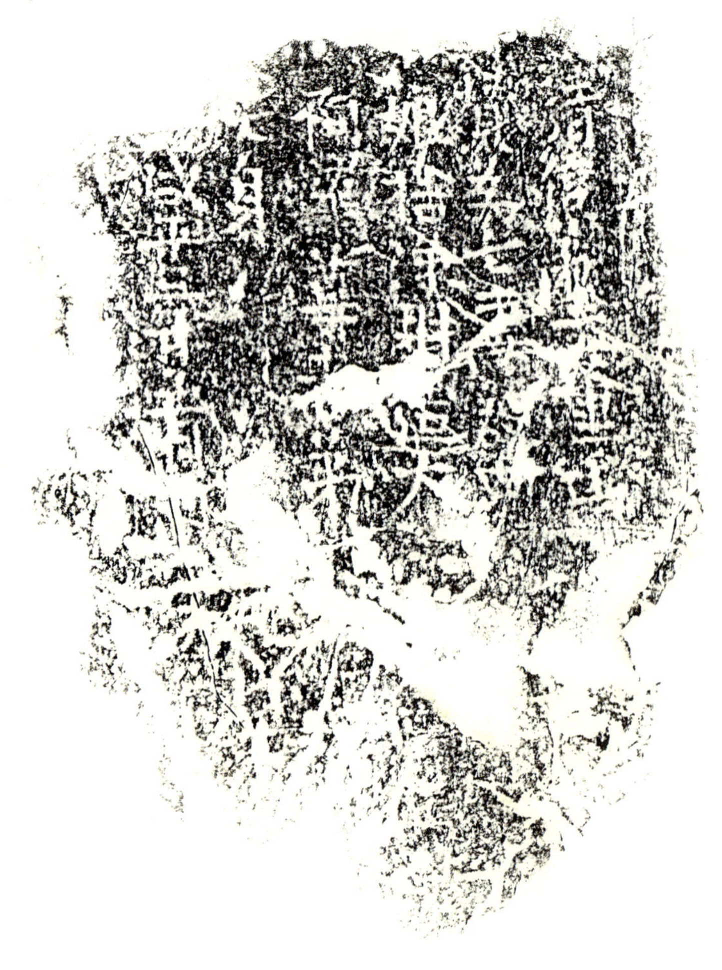

释文:

清信弟子董匡/贊爲亡妻□四/娘拾净財造大/阿羅尊者弟/七身。/咸平三年五月日。

述略:

在第十四龛第五十一尊罗汉像左下方。高13厘米，宽11厘米，字径1.5厘米。

宋 □□三月日造像记

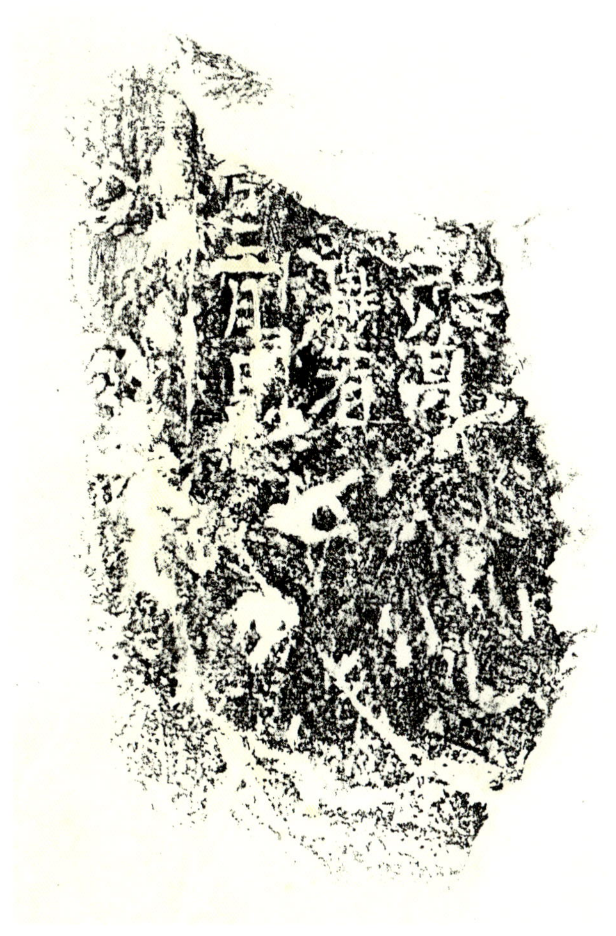

释文：

□□八身/□□尊者/□□年三月日。

述略：

在第十四龛造像第五十五尊罗汉像右下方。高12厘米，宽7厘米，字径1厘米。

宋 弟子□□造像记

释文：

弟子□/□造羅漢□/身。/咸平四年五月日。

述略：

在第二十龛造像第六尊罗汉像下方。高9厘米，宽9厘米，字径1.5厘米。

宋 戴赞造像记

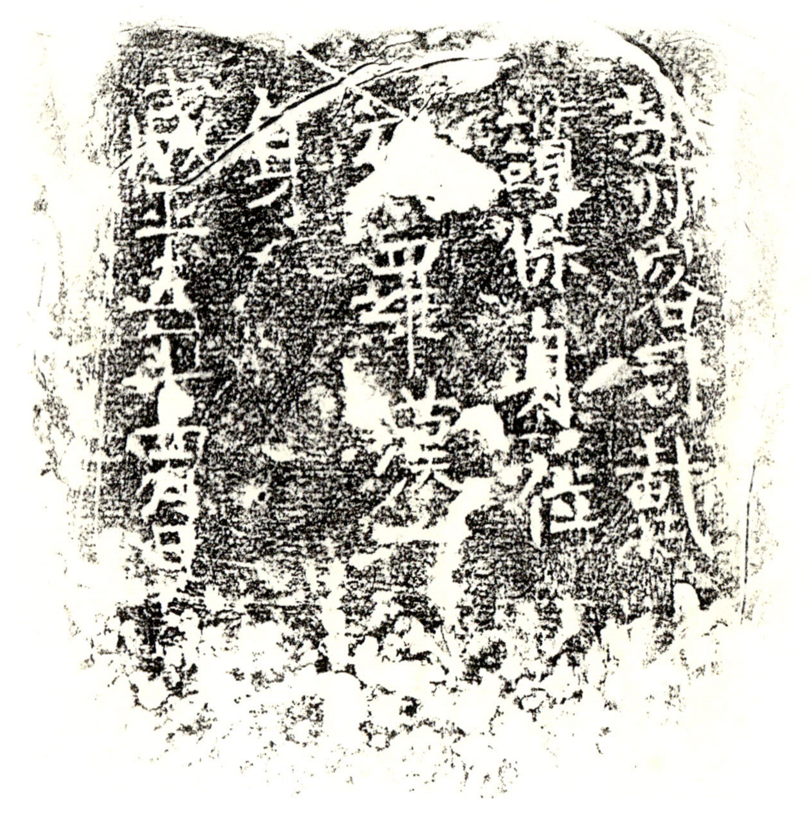

释文：

越州客司戴/讚保身位/刻羅漢一/身。/咸平五年四月日。

述略：

在第二十龛造像第一尊罗汉像下方。高9厘米，宽8厘米，字径1厘米。

宋 龙兴寺比丘造像记

释文：

龍興寺比/□□興造。

述略：

在第二十龛造像第二尊罗汉像下方。高7厘米，宽6厘米，字径1.5厘米。

宋 吴胜造像记

释文：

弟子吴/勝造羅/漢一身。

述略：

在第二十一龛第一尊罗汉像左下方。高6厘米，宽8厘米，字径1厘米。

宋 吕旺造像记

释文：

弟子吕旺/造羅漢/一身。

述略：

在第二十一龛第二尊罗汉像左下方。高11厘米，宽9厘米，字径1.5厘米。

宋 朱文粲造像记

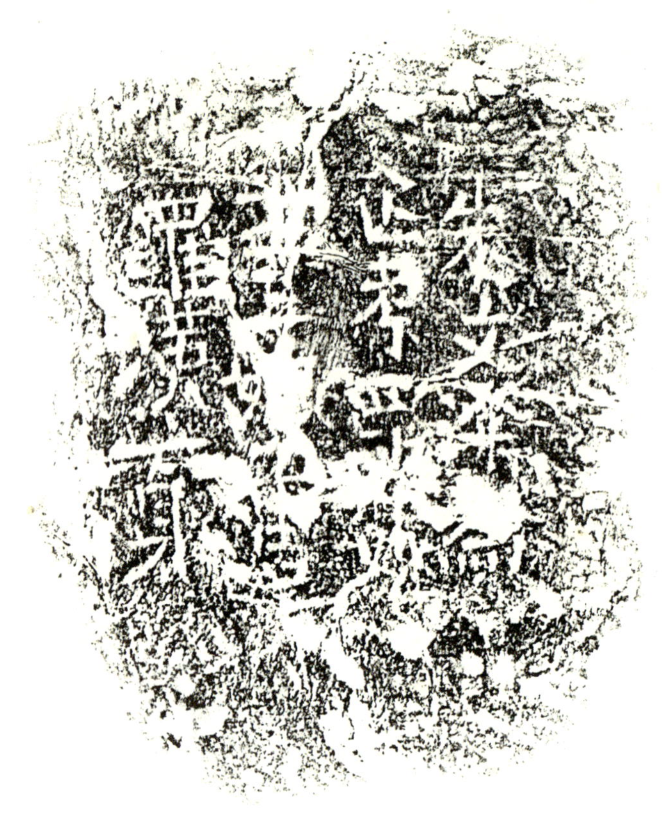

释文：

朱文粲爲/亡考四郎妣/□二娘子造/羅漢一身。

述略：

在第二十一龛第三尊交手罗汉像右上方。高10厘米，宽7厘米，字径1.5厘米。

宋 汪仁礼造像记一

释文：

汪仁禮爲/母亲伊七娘/子造羅漢一身。

述略：

在第二十一龛第四尊罗汉像右上方。高9厘米，宽10厘米，字径1.5厘米。

宋 汪仁礼造像记二

释文：

弟子汪仁/禮造羅漢/一身。

述略：

在第二十一龛第五尊罗汉像右上方。高10厘米，宽9厘米，字径1.5厘米。

宋 保□造像记

释文：

弟子□□/保□□□/造□□□/身□□。

述略：

在第二十一龛造像第八尊罗汉像左下方。高5厘米，宽7厘米，字径1.5厘米。

宋 慈光院造像记

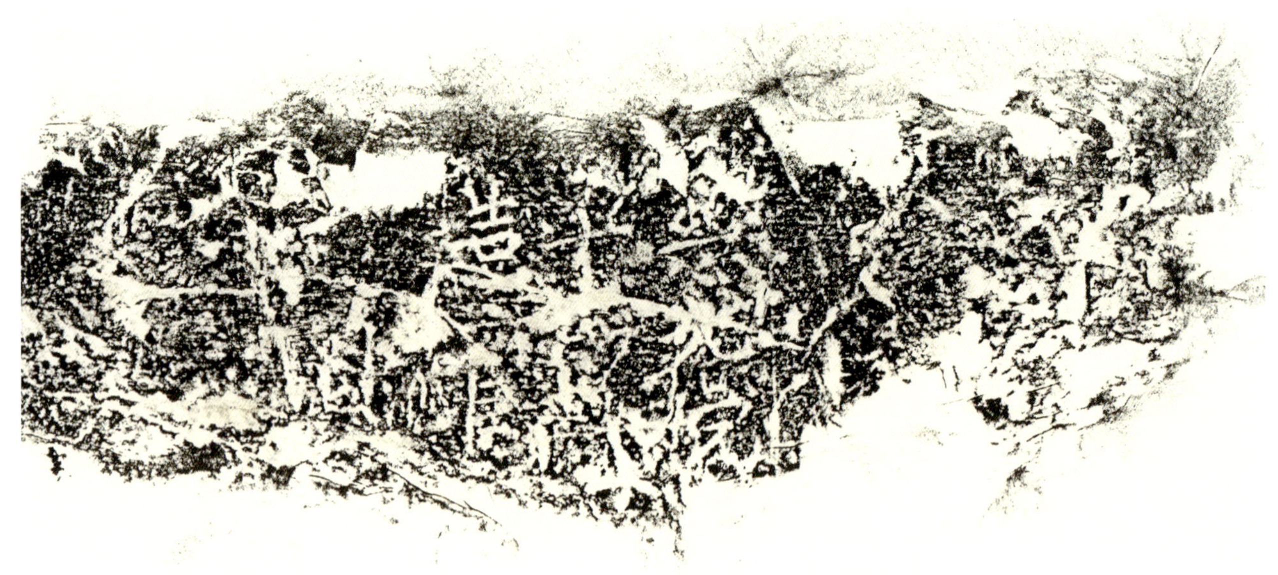

释文：

慈光院/十□□/造羅□/一身。

述略：

在第二十一龛第九尊罗汉像右下方。高5厘米，宽7厘米，字径1.5厘米。

宋 周延纪造像记

释文：

弟子周延/紀捨净財造大/阿羅漢尊者。/咸平三年五月日。

述略：

在第十四龛第四十六尊罗汉像下方。高7.5厘米，宽7.5厘米，字径1厘米。

宋 戴仁雅造像记

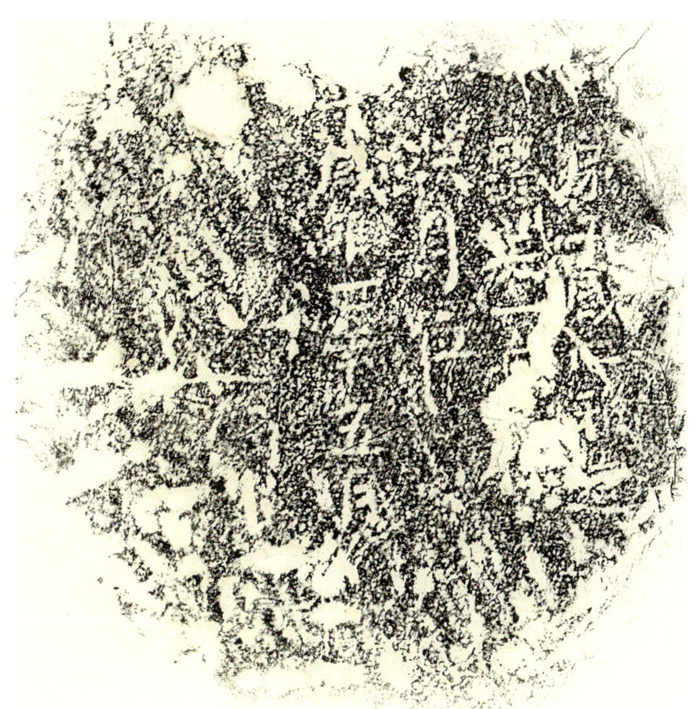

释文：

弟子戴仁雅造/羅漢一身以/保身位。/咸平四年五月。

述略：

在第十四龛第一尊罗汉像下方。高11厘米，宽11厘米，字径1.5厘米。

宋 储匡赞造像记四

释文：

弟子儲匡贊/爲亡父□□/郎亡母□娘/造羅漢一身。/咸平□□□□。

述略：

在第十四龛造像正下方。高3厘米，宽7厘米，字径1厘米。

宋 唐仁造像记

释文：

弟子唐仁/□□造羅/漢一身/保身位。

述略：

在第十四龛造像正下方。高12厘米，宽9厘米，字径1.5厘米。

宋 吴□□造像记

释文：

清信弟子吴□/□捨□□/造大阿□□/尊者第一身。/□平三年二月日

述略：

在第十四龛造像正下方。高9厘米，宽14厘米，字径1.5厘米。

宋 张文昌等题名

释文：

皇宋景德三年正月二十二日，/前錢唐知縣光禄寺丞張文昌、/前越州蕭山尉郝知白、吴山寓居羽人馮德之、餘杭山人盛升，同遊謝太守翻/經遺跡，刊石立記。

述略：

在飞来峰后山。楷书，6行，字径约3厘米。著录于《武林石刻记》《两浙金石志》《续修云林寺志》等。

景德三年，公元1006年。

冯德之，河南人，字几道。北宋高道。奉旨住持余杭洞霄宫，祥符初年，宋真宗命冯德之修校秘阁道书，后参编《云笈七签》。

宋 章得象等题名

释文：

屯田外郎章得象/□□殿承吴□□/前會稽知事□□/前天台□□王□/□□□□章丘□。/大中祥符六年春……

述略：

在飞来峰后山。磨泐太甚，左行，约7行，残存字径6厘米。未见记载。

大中祥符六年，公元1013年。

章得象（978—1048），字希言，建州浦城（今属福建）人。北宋政治家、诗人。咸平五年（1002）进士，宝元元年（1038）入阁为相。谥号文简，著有《章文简诗集》，已佚。《全宋诗》录有其诗。

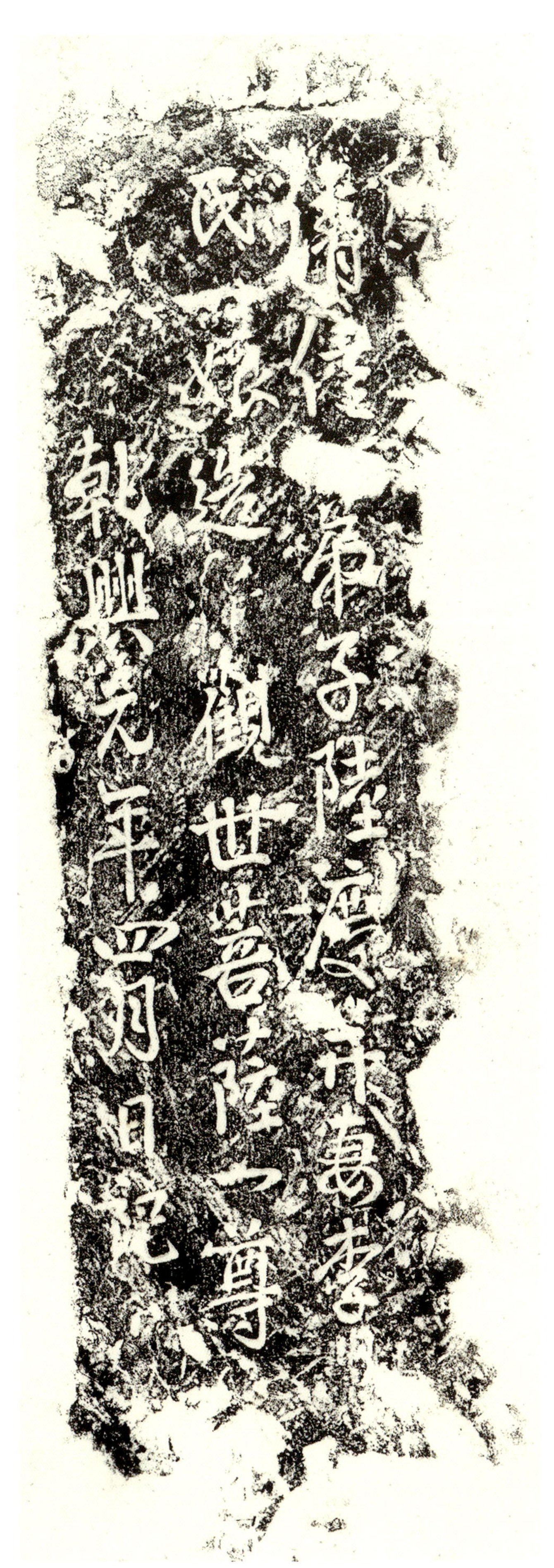

宋 陆庆造像记

释文:

清信弟子陸慶并妻李/氏一娘，造觀世菩薩一尊。/乾興元年四月日記。

述略:

在青林洞口。行书，正文2行，款字1行，字径约3厘米，整龛横纵11厘米×36厘米。《两浙金石志》卷五记载："在射旭洞口摩崖，行书三行，字径一寸。文书'观世菩萨'，《西湖志》直作'观音'字。"

乾兴元年，公元1022年。

此题记为北宋初年行草书摩崖，书体尚有唐风，为宋代颜字流行之前常见写法。其书风法度严谨，用笔自如，结字整饬。

宋 胡承德佛会图造像记

述略：

在青林洞口。楷书，3行，字径约5厘米，整龛横纵25厘米×29厘米。著录于《武林金石录》《武林石刻记》《武林访碑录》《两浙金石志》《续修云林寺志》等。

乾兴元年，公元1022年。

释文：

弟子胡承德，伏爲四恩三有，命石工鐫/盧舍那佛會一十七身，所期來往觀瞻，/同生净土。時大宋乾興元年四月日記。

宋 胡承德下生弥勒造像记

释文:

胡承德并合家/眷屬同發心，刊/下生彌勒尊佛，/親近三身記。

述略:

在青林洞。隶书，4行，字径约4厘米，整龛横纵26厘米×30厘米。其中花押“胡”字径约5厘米，花押字径约4厘米。著录于《两浙金石志》。

此题名为北宋初期隶书，书风以唐隶为本，用笔姿态明显，线条生动，结字散淡，主体笔画凸显，与汉隶有明显差别。花押为目前摩崖题刻中最早一处。

宋 李谘等题名

释文：

李諮、劉楚、/鄭向、史温、/錢仙芝、黄禇。/天聖戊辰中秋/前一日遊此。

述略：

在青林洞。左行，楷书，字径约12厘米。未见著录。

天圣戊辰，即天圣六年，公元1028年。

李谘（982—1036），江西新余人。真宗年间进士，天圣六年至七年（1028—1029）知杭州，兴办州学。《宋史》有传。

刘楚，真宗时主判三司开拆司、陕西转运使。

郑向（976—1038），字公明，大中祥符三年（1010）进士，天圣中，累迁两浙转运使。景祐中，以龙图阁直学士知杭州。周敦颐之舅。

史温，咸平中进士。历官闽清知县、知封州，天圣中为虞部员外郎。著有《钓矶立谈》。

钱仙芝，咸平元年（998）知临海县，景祐中以秘阁校理知歙州。钱惟演从侄。

黄补，建州建安（今福建建瓯）人。大中祥符元年（1008）进士。杨亿妹婿。

宋 # 杨从简造像记

释文：

清信弟子楊從簡捨净財，造/六祖第一身。/天聖四年二月日立。

述略：

在玉乳洞。楷书，3行，行字不等，字径约2厘米。覆刻“瞿爵”二字于上，楷书，字径八分。

天圣四年，公元1026年。

宋 马氏一娘造像记

释文:

清信女弟子馬氏一娘捨净/財，造六祖像二身。/天聖四年二月日。

述略:

在玉乳洞。楷书，3行，行字不等，字径约2厘米。覆刻“吴纶”二字，字径八分。末行后又刻“茆兴道”三字，字径一寸。

天圣四年，公元1026年。

宋 叶清臣青林洞题名

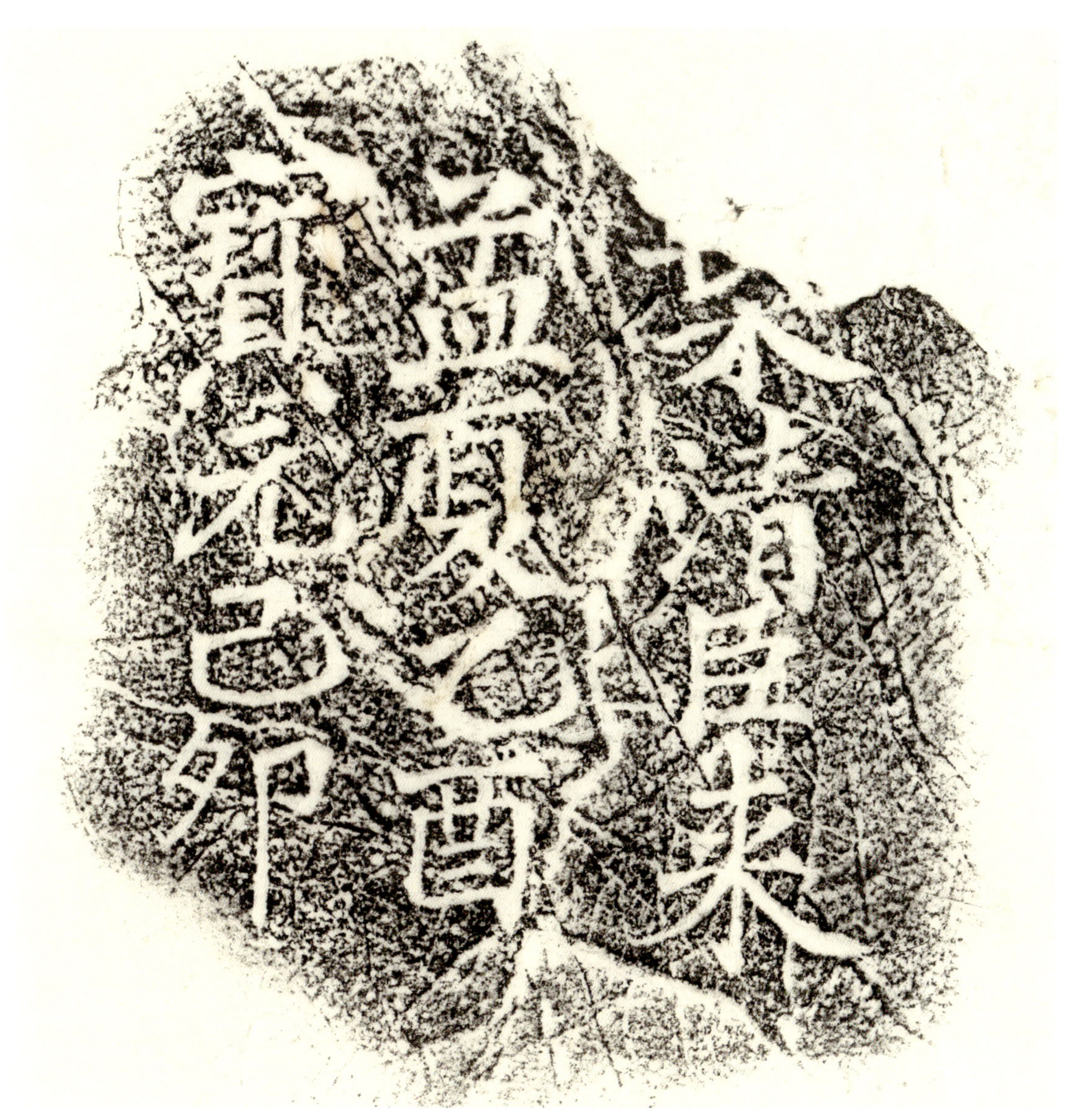

释文:

寶元己卯/孟夏乙酉，/葉清臣來。

述略:

在青林洞孙觉题名右侧。左行，楷书，3行，字径约5厘米。

宝元己卯，即宝元二年，公元1039年。

叶清臣（1000—1049），字道卿，长洲（今江苏苏州）人。北宋名臣、文学家，著有《述煮茶小品》等。时任两浙路转运副使。《宋史》有传：“叶清臣，字道卿，苏州长洲人。天圣二年，举进士……宋进士以策擢高第，自清臣始。授太常寺奉礼郎、签书苏州观察判官事。还，为光禄寺丞、集贤校理，通判太平州、知秀州。入判三司户部勾院，改盐铁判官。”

宋 叶清臣等下天竺题名

释文:

轉運副使葉清臣來，/寶元己卯孟夏乙酉。/蒙叟過筆，羲叟/捧硯，仙叟侍書。

述略:

在下天竺。楷书，正文2行，字径约6厘米；款字2行，字径约4厘米；整龛横纵30厘米×58厘米。

宝元己卯，公元1039年。

叶蒙叟、叶羲叟、叶仙叟，均为叶清臣的子侄辈。

宋 张奎等题名

释文：

太常寺太祝張奎/拱微，太常寺太祝/張覲經臣，進士何文/安肅之，康定辛巳暮/夏十日同遊，謹記。

述略：

在飞来峰后山。楷书，5行，字径约8厘米。著录于《武林金石录》《武林石刻记》《武林访碑录》《两浙金石志》《续修云林寺志》等。

康定辛巳，即康定二年，公元1041年。

张奎，字拱微。其父张若谷曾先后任提举诸司库务、权判大理寺，进枢密直学士，后“改龙图阁学士，徙杭州”。王安石的妹妹王文淑十四岁嫁与张奎为妻。王安石有诗《送张拱微出都》。

张覲，熙宁中，历户部判官、司封郎中、荆湖南路副转运使、广南西路转运使。司马光有诗《送张寺丞覲知富顺监》。

何文安，其人待考。北宋诗人李彭有《别何肃之》一首传世。

宋 李公谨等题名

释文:

李公謹唐卿、/楊洎損之，慶/曆六年七月/十二日來。

述略:

在飞来峰顶。左行，楷书，4行，字径约8厘米，整龛横纵39厘米×47厘米。著录于《武林金石录》《武林访碑录》《两浙金石志》和《续修云林寺志》。

庆历六年，公元1046年。

李公谨，仁宗时为太子中舍，庆历中为司门员外郎。

杨洎，杨大雅长子，欧阳修内兄。

此题名以唐楷颜柳二公做底，笔画开张，线条饱满，骨体敦厚，为宋代楷书之精品。

钱德范等题名

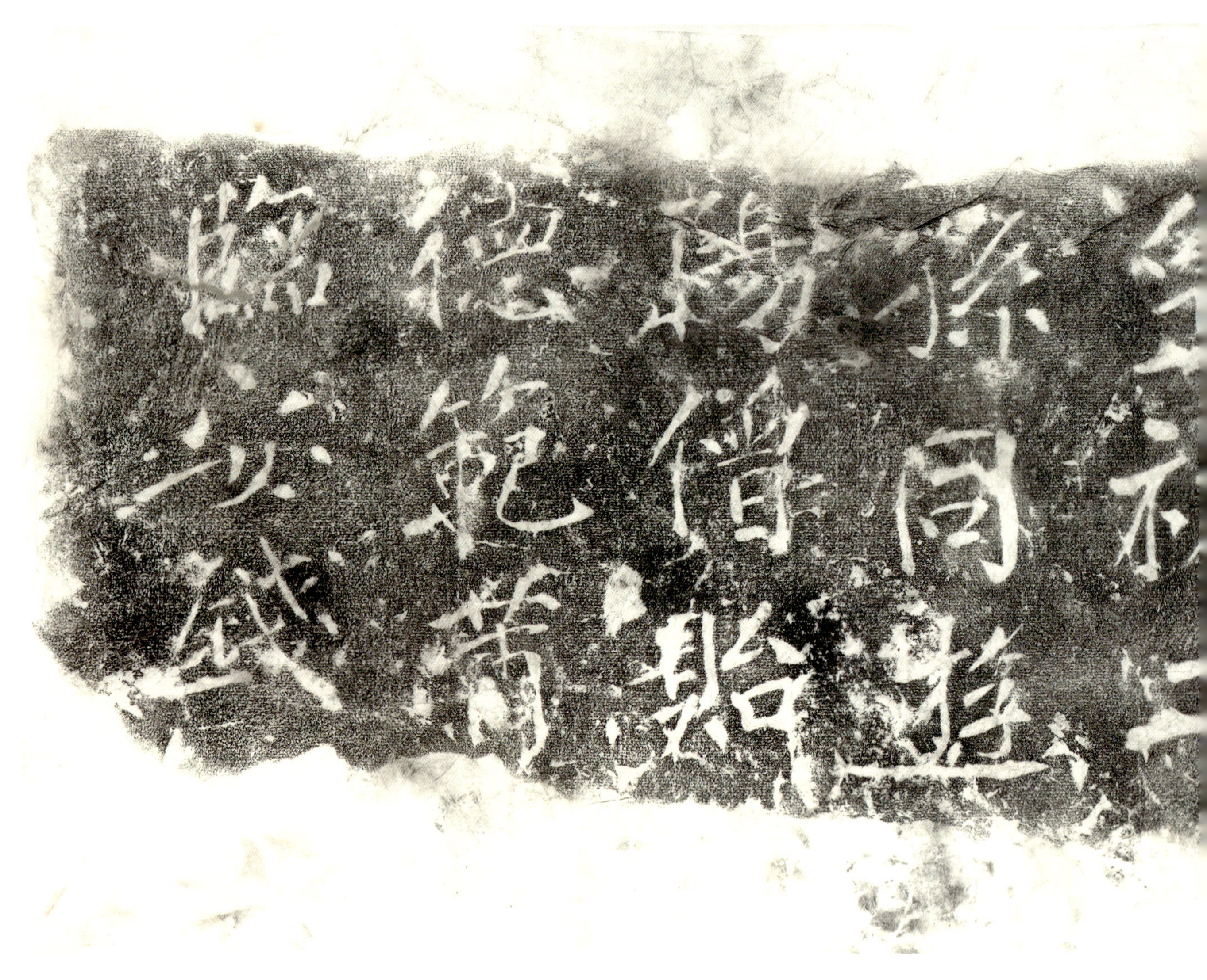

释文:

臨安錢/德範、莆/陽僧貽/孫同遊，/皇祐二/年六月/一日。

述略：

在青林洞理公床。左行，楷书，7行，字径约6厘米。著录于《武林金石录》《武林石刻记》《武林访碑录》和《续修云林寺志》。

皇祐二年，公元1050年。

此题名兼收褚遂良、颜真卿书法之特点，温婉秀美，雄浑庄重。

宋 郎洁等题名

释文：

郎潔、鄭/獬、邵奝。/甲午四月乙亥。

述略：

在青林洞顶。左行，楷书，3行，字径约4厘米。

甲午，即至和元年，公元1054年。

郎洁，曾官都官员外郎，嘉祐五年（1060）知临江郡。父郎简，景德四年（1007）进士，官至刑部侍郎，晚年侨居杭州。

郑獬（1022—1072），字毅夫，安州安陆（今属湖北）人。皇祐五年（1053）状元及第，时以翰林侍读学士、户部郎中知杭州。

邵奝，据苏颂《送邵奝员外尉长洲》，可知曾任长洲尉。

宋 沈辽等青林洞题名

释文:

癸卯重午与/王伯虎來，二/弟邀、遒偕/行。沈遼題。

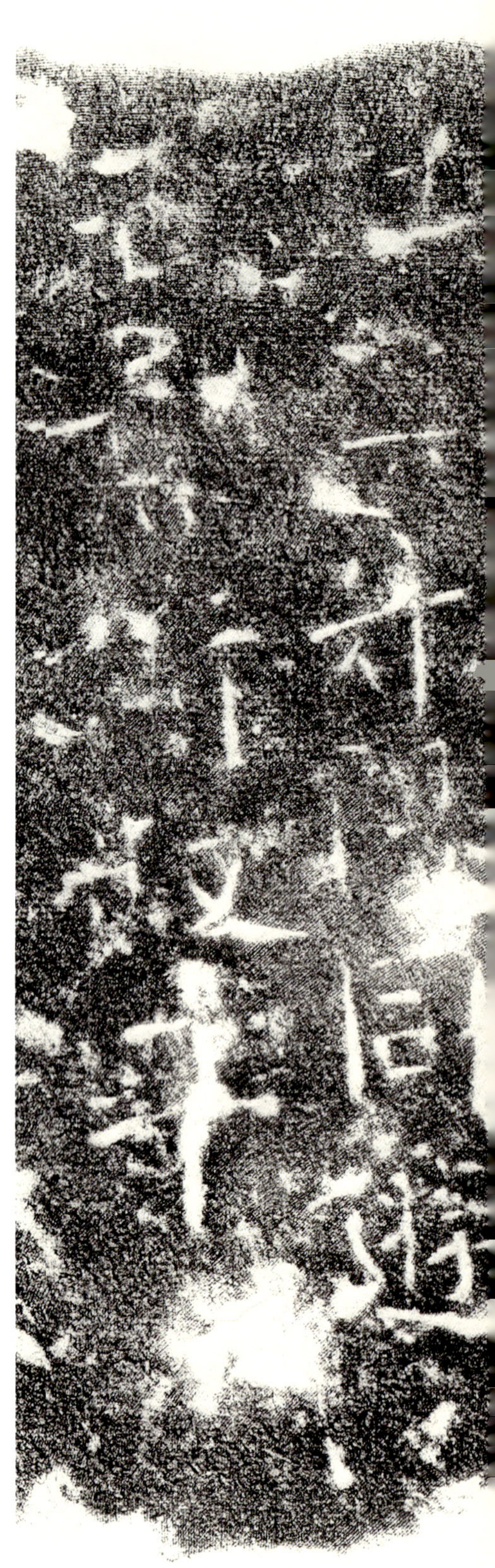

述略:

在青林洞理公床。楷书，4行，字径约4厘米。著录于《两浙金石志》。

癸卯，即嘉祐八年，公元1063年。

沈辽（1032—1085），字睿达，钱塘（今浙江杭州）人，北宋著名书法家。常与曾巩、苏轼、黄庭坚诗词唱酬，王安石、曾布都曾向其求教书法之道。

王伯虎，字炳之，福清（今属福建）人。嘉祐四年（1059）进士，授建州司理参军。

该题名为楷书，苍劲古朴，用笔多波折，结体极外拓。沈辽兼学诸家，长于楷行，当时与米芾齐名，为当世书家中之佼佼者。

宋 沈辽等下天竺题名

释文：

沈睿達、善述、素道，与/王炳之来，癸卯重午。

述略：

在飞来峰后山。楷书，2行，字径约5厘米。著录于《武林金石录》《武林石刻记》《武林访碑录》《两浙金石志》《续修云林寺志》等。

癸卯，公元1063年。

沈睿达即沈辽，善述、素道当为沈辽弟遘、逌的表字。前则青林洞题名中，有癸卯端午纪年，人物与此则相同，故此题名应刻于同时。

宋 李谷等题名

释文：

治平甲辰五月十/日，趙郡李谷容之/遊。男侑奉命謹題。

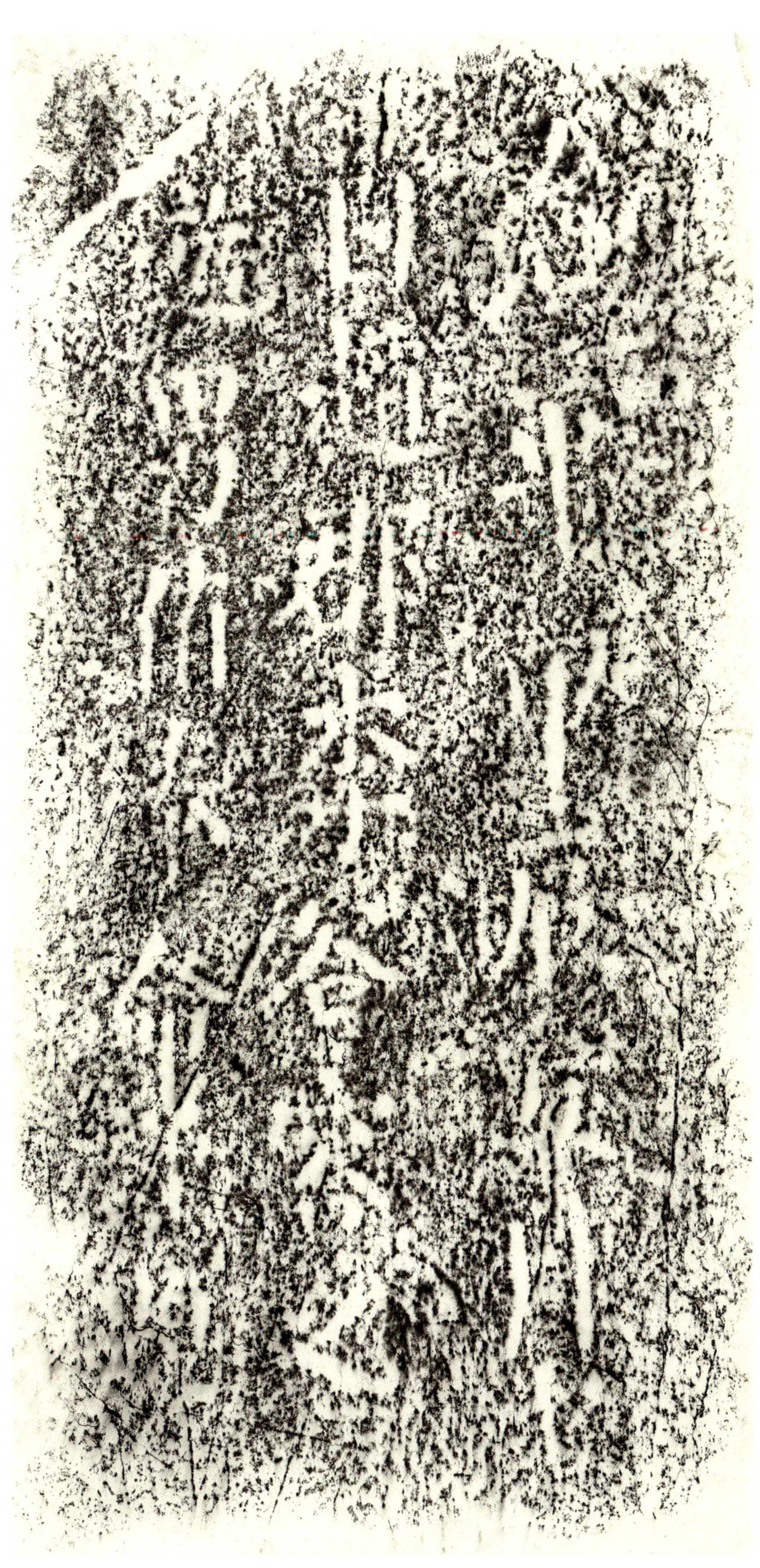

述略：

在神尼舍利塔遗址。楷书，3行，字径约3厘米，整龛横纵24厘米×47厘米。著录于《武林访碑录》《续修云林寺志》《两浙金石志》。

治平甲辰，即治平元年，公元1064年。

李谷，生平待考。

宋 孙觉等题名

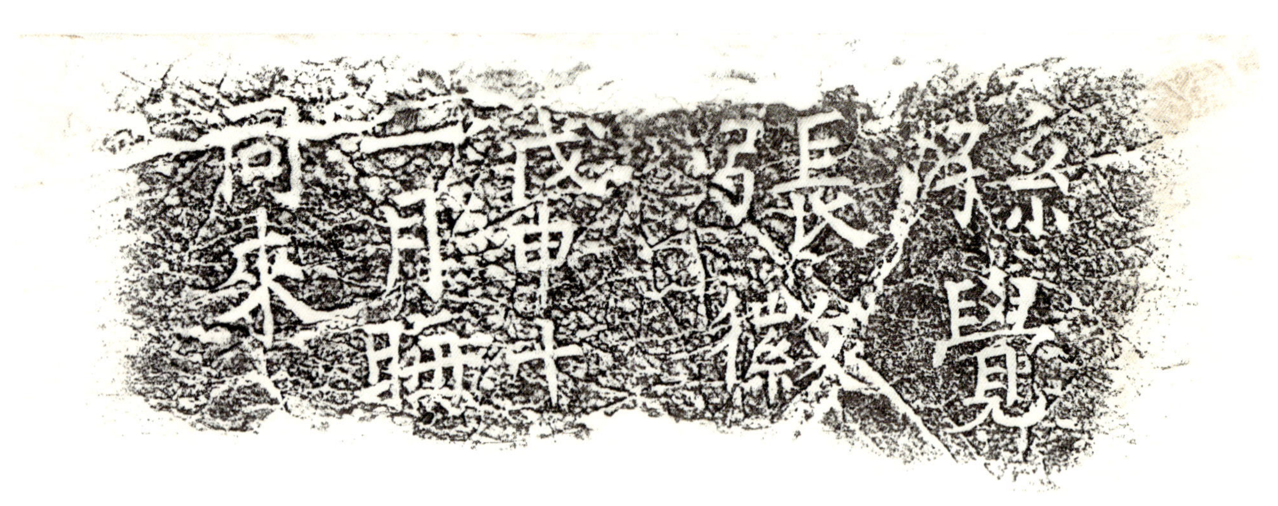

释文：

孫覺、/張徽，/戊申十/一月晦/同來。

述略：

在青林洞。楷书，正文2行，字径约7厘米，年款3行，字径约4厘米；无字龛，横纵42厘米×14厘米。《两浙金石志》卷六载："在龙泓洞摩崖，正书二行，字径二寸；款字正书三行，字径一寸。"《武林金石记》卷八记载："孙觉、张徽，戊申十一月晦同来，右摩崖纵七寸。"

戊申，即熙宁元年，公元1068年。

孙觉（1028—1090），字莘老，高邮（今属江苏）人。他是胡瑗、陈襄的学生，是苏轼、王安石、苏颂、曾巩的好友，是黄庭坚的岳父，是秦观、陆佃、王令的老师。历秘书省少监、谏议大夫、给事中、吏部侍郎、御史中丞，授龙图阁学士，提举醴泉观。

张徽，字伯常，陈留（今河南开封）人。宝元元年（1038）进士，与司马光同年。司马光有《奉和大夫同年张兄会南园诗》，下注"张徽，字伯常"。《宋诗纪事》录其诗两首。

宋 郑獬等题名一

释文:

安陸鄭獬毅夫、/晋昌唐詔彦範、/平原鞠真卿德/濟、建安章惇子/厚、南舒汪輔之/正夫，熙寧三年/正月壬子遊靈/隐、天竺，上翻經/臺，遂至蓮花峰。

述略:

在莲花峰顶。楷书，9行，行6字，字径约6厘米，整龛横纵70厘米×49厘米。未见著录。

熙宁三年，公元1070年。

唐诏，浙江杭州人。曾任太常寺太祝。至和二年（1055）知衢州，嘉祐三年（1058）改知复州，嘉祐六年（1061）任盐铁司权发遣盐铁公事。熙宁五年（1072）以尚书司封员外郎自潭州移苏州。父唐肃。

鞠真卿，字颜叔，嘉祐中任润州知州，治平元年（1064）任两浙提点刑狱，时任两浙路官员。

汪辅之，字正夫，宣州人，皇祐进士，时任杭州官员。

章惇（1035—1105），字子厚，号大涤翁，建州浦城（今属福建）人。时任编修三司条例官，直接参与制定新法，是改革派核心人物。元祐八年（1093）拜相执政，全面重启新法，对元祐党人大加清算。对外则连胜西夏吐蕃，开疆拓土，是北宋名臣。

宋 郑獬等题名二

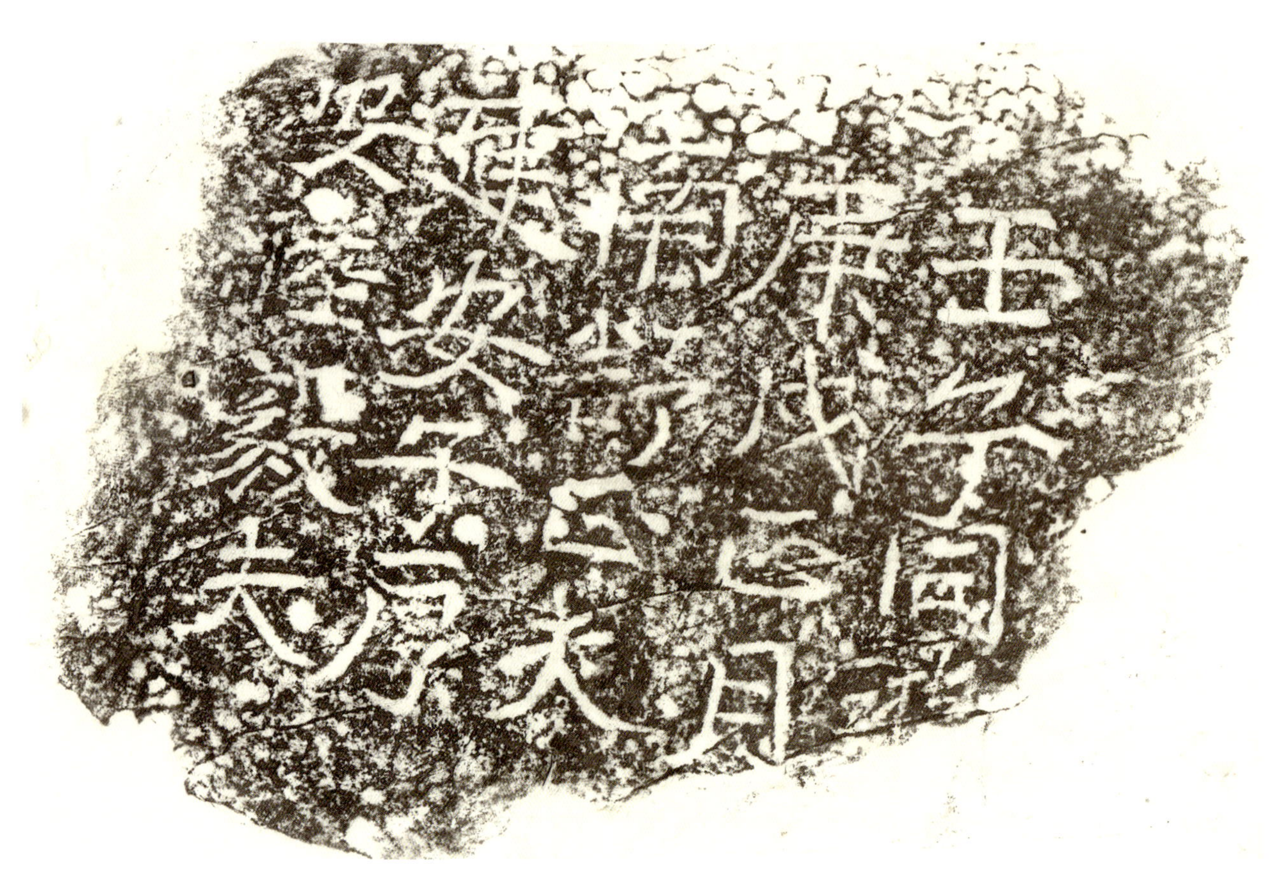

释文：

安陸毅夫、/建安子厚、/南舒正夫，/庚戌正月/壬子同遊。

述略：

在莲花峰顶。左行，楷书，5行，字径约4厘米，整龛横纵28厘米×19厘米。未见著录。

庚戌，即熙宁三年，公元1070年。

该题名与前题名为同日所刻，由前刻题名五人中的郑獬、章惇、汪辅之三人再次题名。

宋 沈立等题名

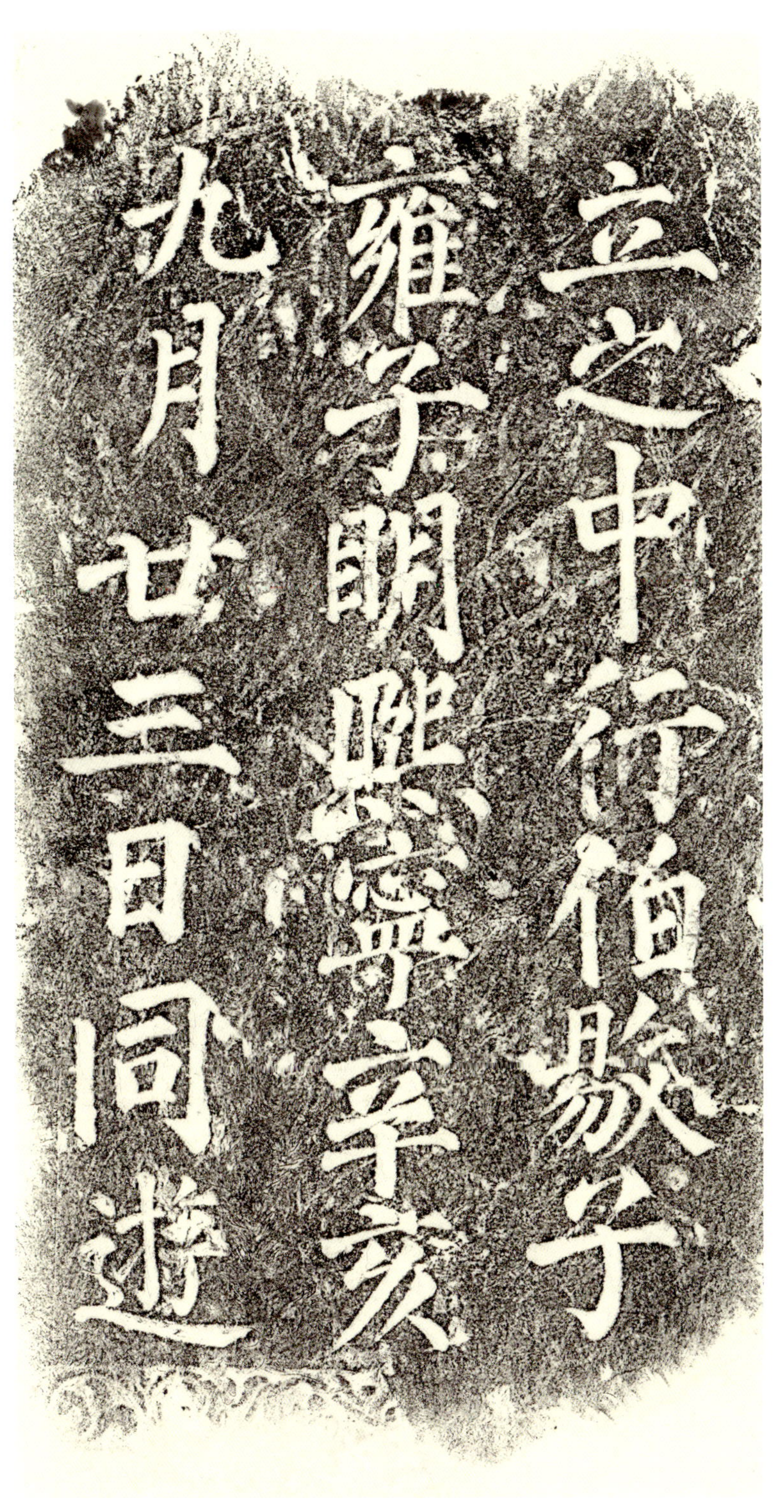

释文：

立之、中行、伯歔、子/雍、子明，熙寧辛亥/九月廿三日同遊。

述略：

在青林洞口。楷书，3行，字径约7厘米，整龛横纵33厘米×60厘米。著录于《两浙金石志》。

熙宁辛亥，即熙宁四年，公元1071年。

沈立（1007—1078），字立之，和州历阳（今安徽和县）人，水利学家、藏书家，著有《河防通议》。时任杭州知州。《宋史》有传。熙宁四年，苏轼任杭州通判，是沈立的副手，时尚在赴任途中。

伯歔，即两浙路转运使王廷老，苏辙姻亲，与苏轼多有交往。

陈睦，字和叔，一字子雍。福建莆田人。宋代词人。嘉祐六年（1061）榜眼及第。熙宁四年，以秘阁校理除浙西提点刑狱兼常平、免役、水利、农田事。累迁史馆修撰，判尚书刑部。

子明，即两浙路转运副使张靓。

中行待考。

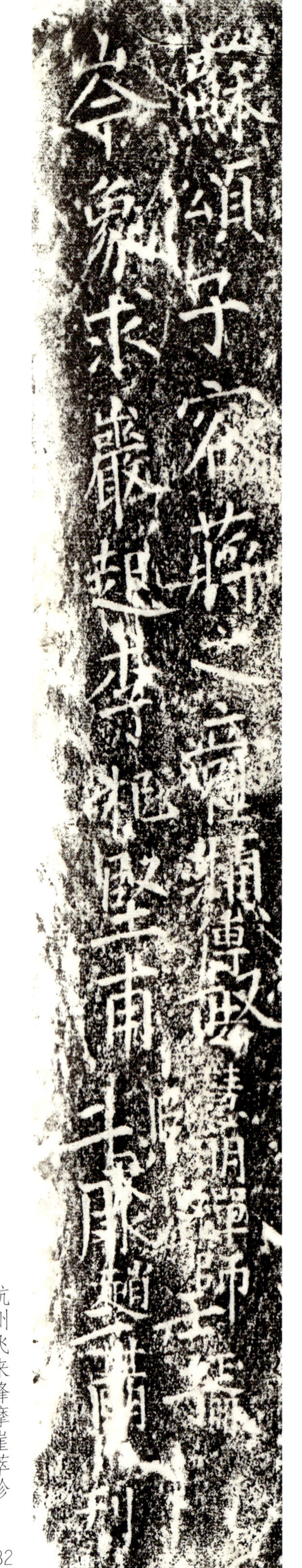

宋 苏颂等龙泓洞题名一

释文:

蘇頌子容、蔣之奇穎叔、/岑象求巖起、李杞堅甫。/熙寧壬子/二月二日刊。

述略:

在龙泓洞。楷书，字径约3厘米；款字2行，字径约2厘米；整龛横纵38厘米×49厘米。《两浙金石志》卷六载："在龙泓洞摩崖，正书二行，字径一寸。……此题在五年……"

熙宁壬子，即熙宁五年，公元1072年。

苏颂（1020—1101），字子容，泉州（今属福建）人。北宋宰相，天文学家、天文机械制造家和药物学家。被李约瑟称为"中国古代和中世纪最伟大的博物学家和科学家之一"。熙宁壬子，苏颂时任杭州知州。

蒋之奇（1031—1104），字颖叔，一作颍叔。常州宜兴（今属江苏）人，嘉祐二年（1057）进士。徽宗即位，知枢密院事。崇宁元年（1102）出知杭州。蒋之奇亦有诗名，《宋史》有传。

岑象求，字岩起，梓州（今四川三台）人。宋徽宗即位后，除宝文阁待制，知郓州，未几以疾致仕。岑象求与苏轼交好，与苏辙有姻亲关系。崇宁三年（1104）被列入"元祐奸党"名籍，遭受"身后之祸"。著有《吉凶影响录》十卷，惜已佚。

李杞，字坚甫，《宋史·食货志》载："始遣三司干当公事李杞入蜀，经画买茶，于秦凤熙河博马。"与苏轼过从甚密，有诗词唱和。

宋 苏颂等香林洞题名

释文:

蘇頌子容、/蔣之奇穎叔、/岑象求巖起、/李杞堅甫。/壬子二月二日。

述略:

在香林洞。左行，楷书，4行，字径约7厘米；款字1行，字径约4厘米。未见著录。

壬子，即熙宁五年，公元1072年。

宋 晁端彦香林洞题名

释文：

晁端彦侍/親游天竺，/熙寧七年/十一月四日。

述略：

在香林洞。左行，楷书，4行，字径约11厘米。著录于《武林访碑录》《两浙金石志》。

熙宁七年，公元1074年。

晁端彦（1035—1095），字美叔，澶州清丰（今河南濮阳）人，北宋文学家。仁宗嘉祐进士，与苏轼同榜，交好。神宗熙宁四年（1071）权开封府推官，徙两浙路。元祐元年（1086）以司勋郎中为贺辽国正旦使，后又为江淮荆浙等路发运使。晁氏为文学世家，北宋名门，数度游宦浙江。

宋 晁端彦冷泉溪题名

释文：

晁端彦侍/親來遊。熙寧七/年仲冬。

述略：

在冷泉溪侧。左行，楷书，3行，字径约10厘米。

熙宁七年，公元1074年。

宋 晁端彦青林洞题名

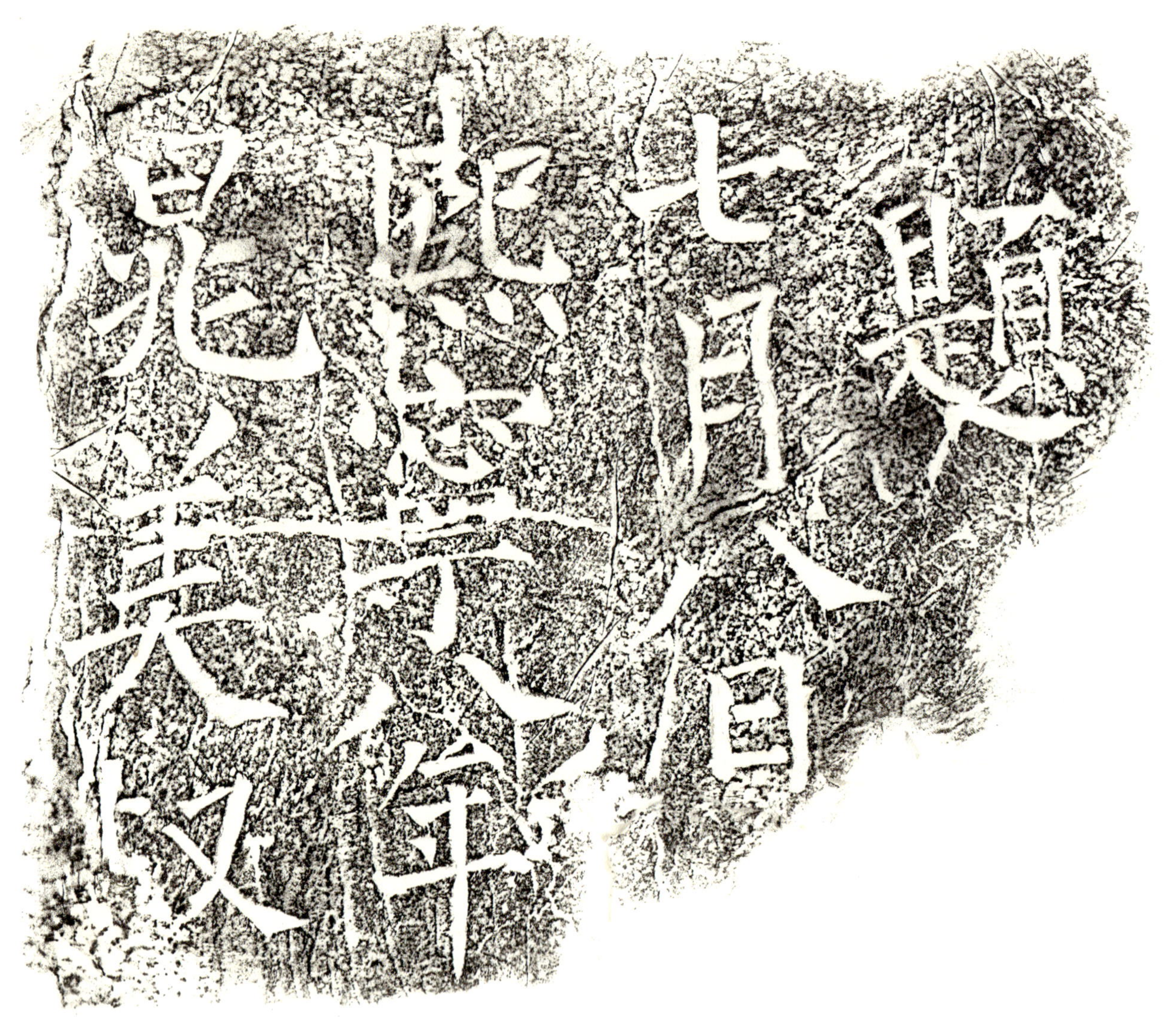

释文：

晁美叔。/熙寧八年/七月八日/題。

述略：

在青林洞。左行，楷书，4行，字径约8厘米。著录于《武林金石录》《武林访碑录》《两浙金石志》。

熙宁八年，公元1075年。

该题名用笔劲挺刚健，结体多取纵长势，字势纵逸，部分字有微微欹侧，内敛外拓，灵活自如。

宋 晁端彦玉乳洞题名

释文:

晁美叔游。

述略:

在玉乳洞顶。左行，楷书，横列，字径13厘米。部分为方豪榜题所覆。

宋 鲁元翰等题名

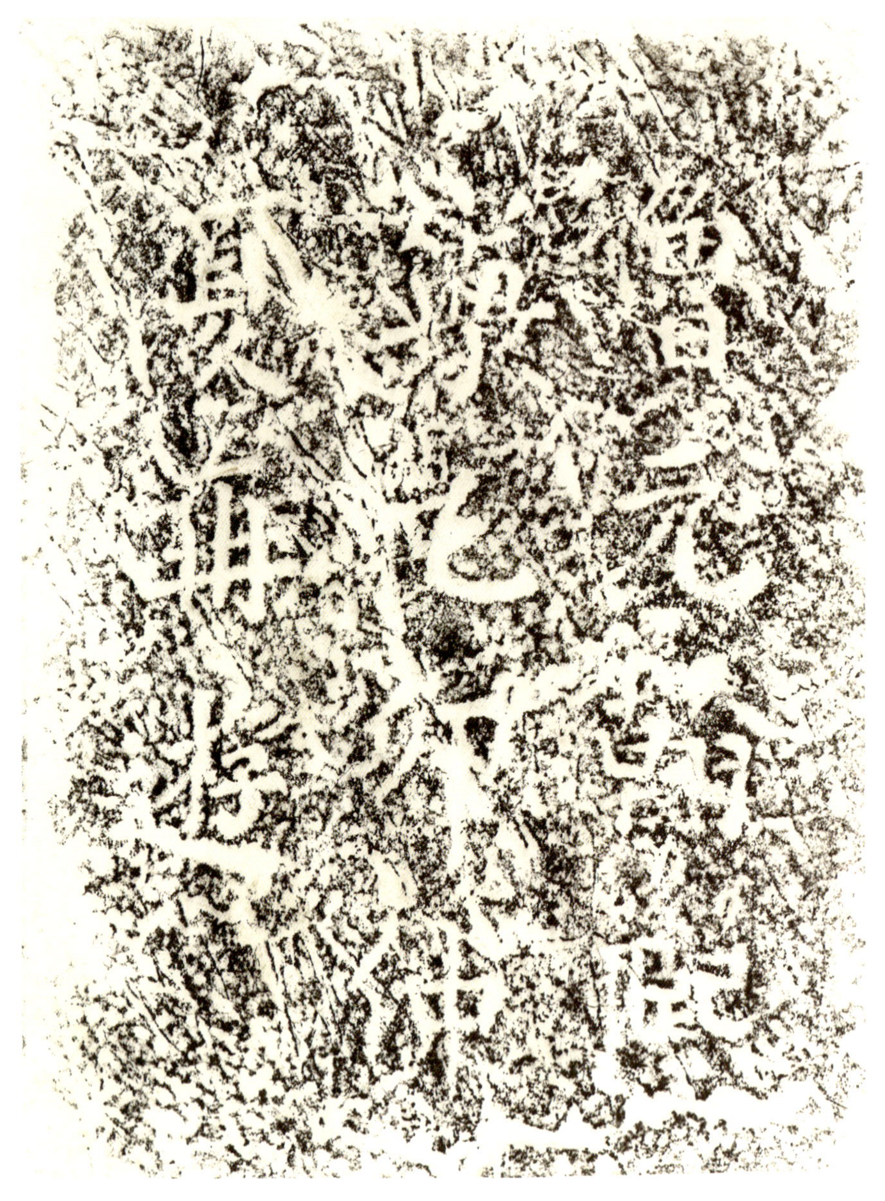

释文：

鲁元翰熙/寧乙卯仲/夏再遊。

述略：

在香林洞口。楷书，3行，字径约6厘米，整龛横纵28厘米×37厘米。未见著录。

鲁有开，字元翰，亳州谯（今属安徽）人。历知韦城、确山、金州、卫州等地。熙宁中任杭州通判，官至中大夫。鲁宗道从子。

熙宁乙卯，即熙宁八年，公元1075年。

宋 苏颂等青林洞题名

释文:

子容、濟翁、彦聖、潜夫、潜叔、元卿、平叔、守道，熙寧丙辰八/月癸巳，自净慈、南屏、下天竺过靈鷲，遂遊靈隱而歸。

述略:

在青林洞口。楷书，2行，字径约5厘米，整龛横纵21厘米×138厘米。著录于《两浙金石志》。

熙宁丙辰，即熙宁九年，公元1076年。

陈恺（1035—1100），字济翁，婺州永康（今属浙江）人。治平四年（1067）进士。同年五月在丽水南明山高阳洞有题名。

胡宗炎，字彦圣，常州晋陵（今江苏常州）人。治平二年（1065）进士，历国子大宗正丞、开封府推官、考功吏部郎中等官。胡宿子。

姚原道（1019—1081），字彦圣，庆历二年（1042）进士。曾任勾当广西经略司公事，以尚书都官郎中通判杭州，元丰二年（1079）知吉州。二“彦圣”不知孰是，存疑待考。

曹潜夫，江苏宜兴人，生平不详。曾卖地与苏轼，成语“买田阳羡”即指此事。

余人待考。

宋 苏颂等玉乳洞题名

释文：

子容、道甫、復魯、常叔、/彥由、立之、况之，熙寧/丙辰九月望日同遊。

述略：

在玉乳洞。楷书，3行，字径约5厘米。未见著录。

熙宁丙辰，公元1076年。

梁焘（1034—1097），字况之，郓州须城（今山东东平）人。嘉祐四年（1059）进士，历任集贤校理、明州通判、尚书左丞等职。与刘挚、王岩叟、刘安世被称为朔党，后坐元祐党籍。《宋史》有传。

宋 苏颂等冷泉溪题名

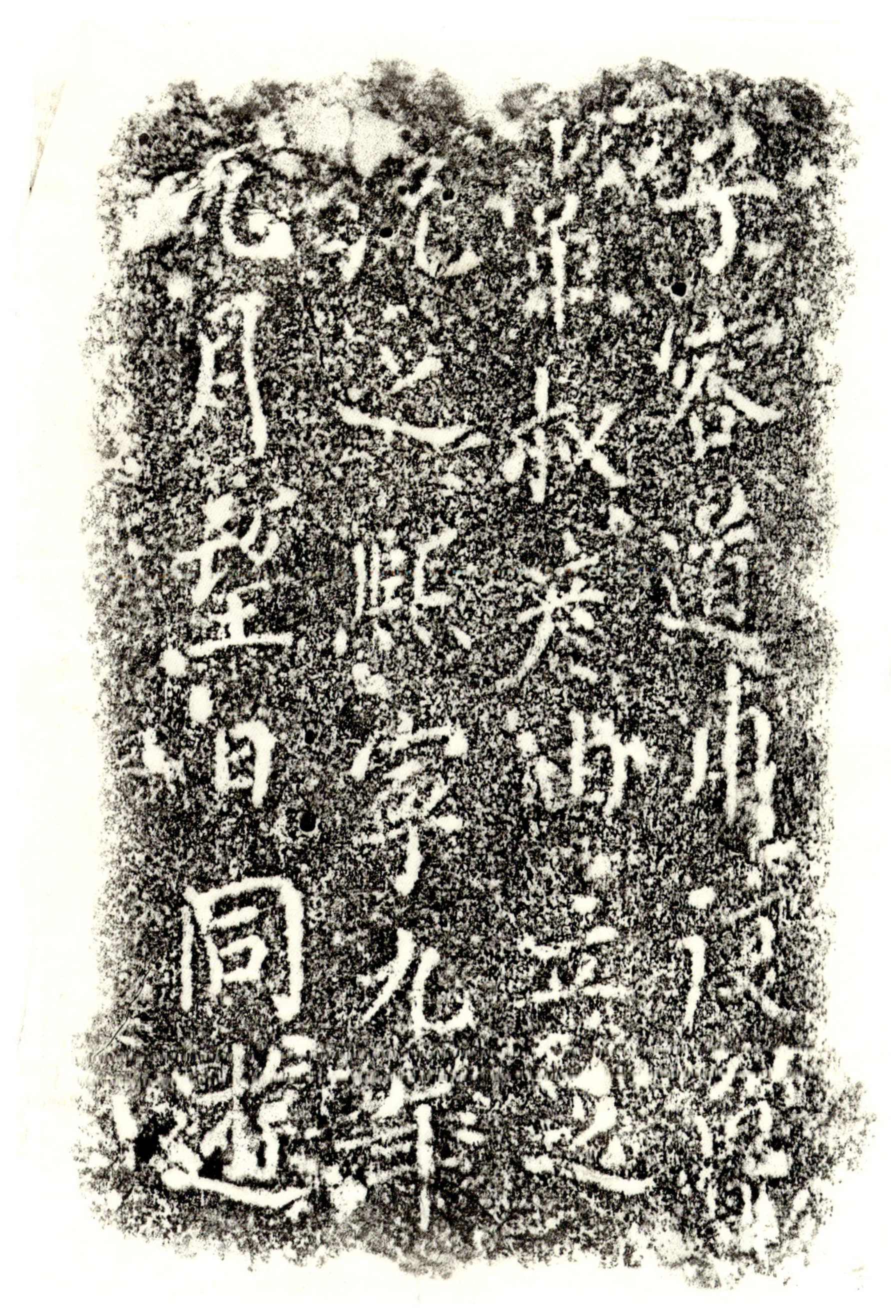

释文：

子容、道甫、復魯、/常叔、彦由、立之、/况之，熙寧九年/九月望日同遊。

述略：

在冷泉溪侧。行书，4行，行6字，字径约5厘米。

熙宁九年，公元1076年。

宋 苏颂等龙泓洞题名二

释文：

蘇子容、李端臣、/蘇浩然、彭知權、/蘇及之、曹潛夫，/熙寧丁巳六/月初九日遊。

述略：

在龙泓洞口。楷书，正文3行，字径约5厘米；款字2行，字径约4厘米。著录于《武林金石录》《武林访碑录》《两浙金石志》《续修云林寺志》等。

熙宁丁巳，即熙宁十年，公元1077年。

苏子容，即苏颂，时任杭州知州，即将回京任职，五月时后任知州赵抃已至。苏颂应是与赵抃办理完移交手续后，与同事、好友最后一次游览灵隐飞来峰时留题。

苏及之，字浩然，号支离居士。曾任秘书校理，为当时著名墨工。苏舜元子。

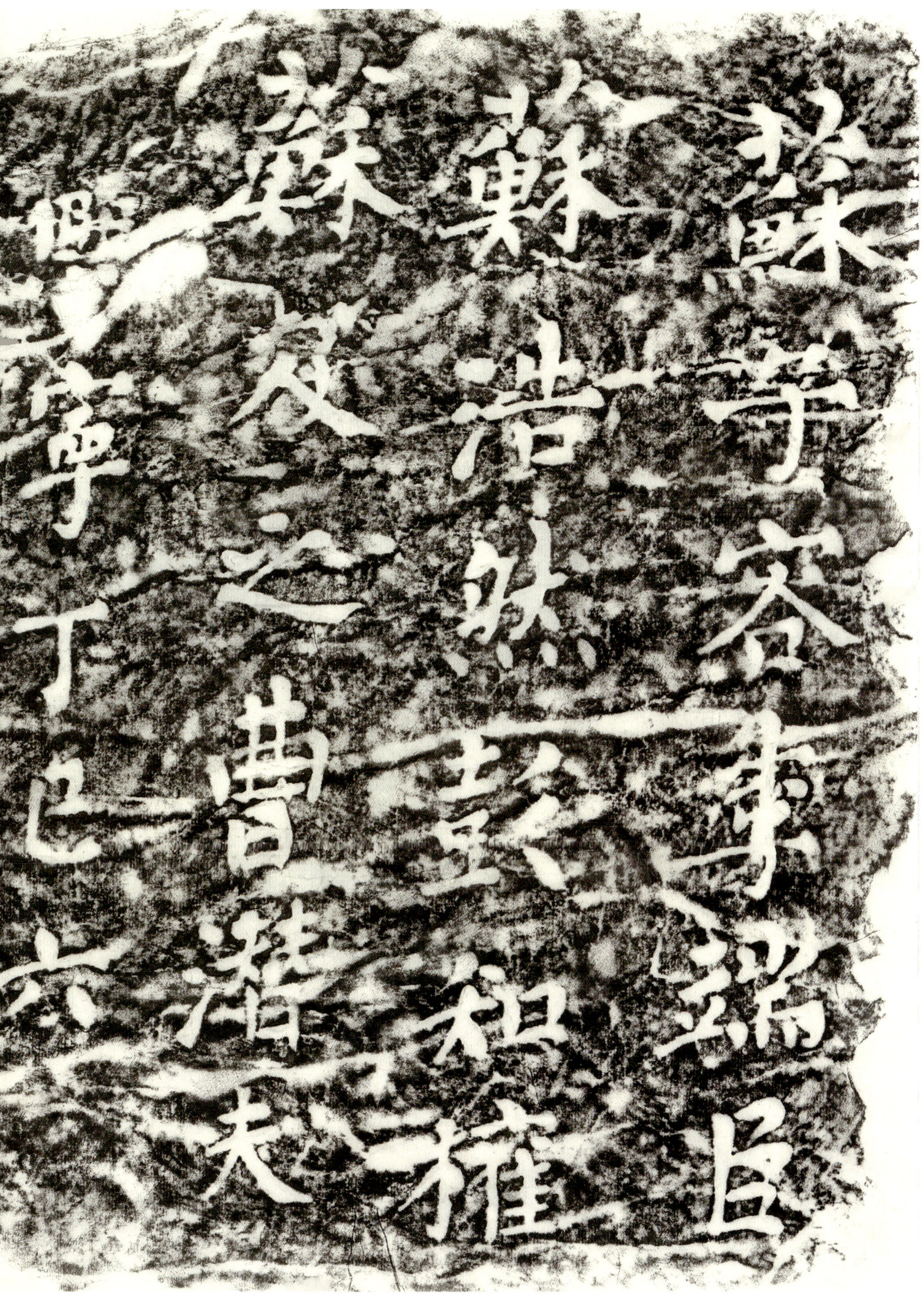

高荷题名

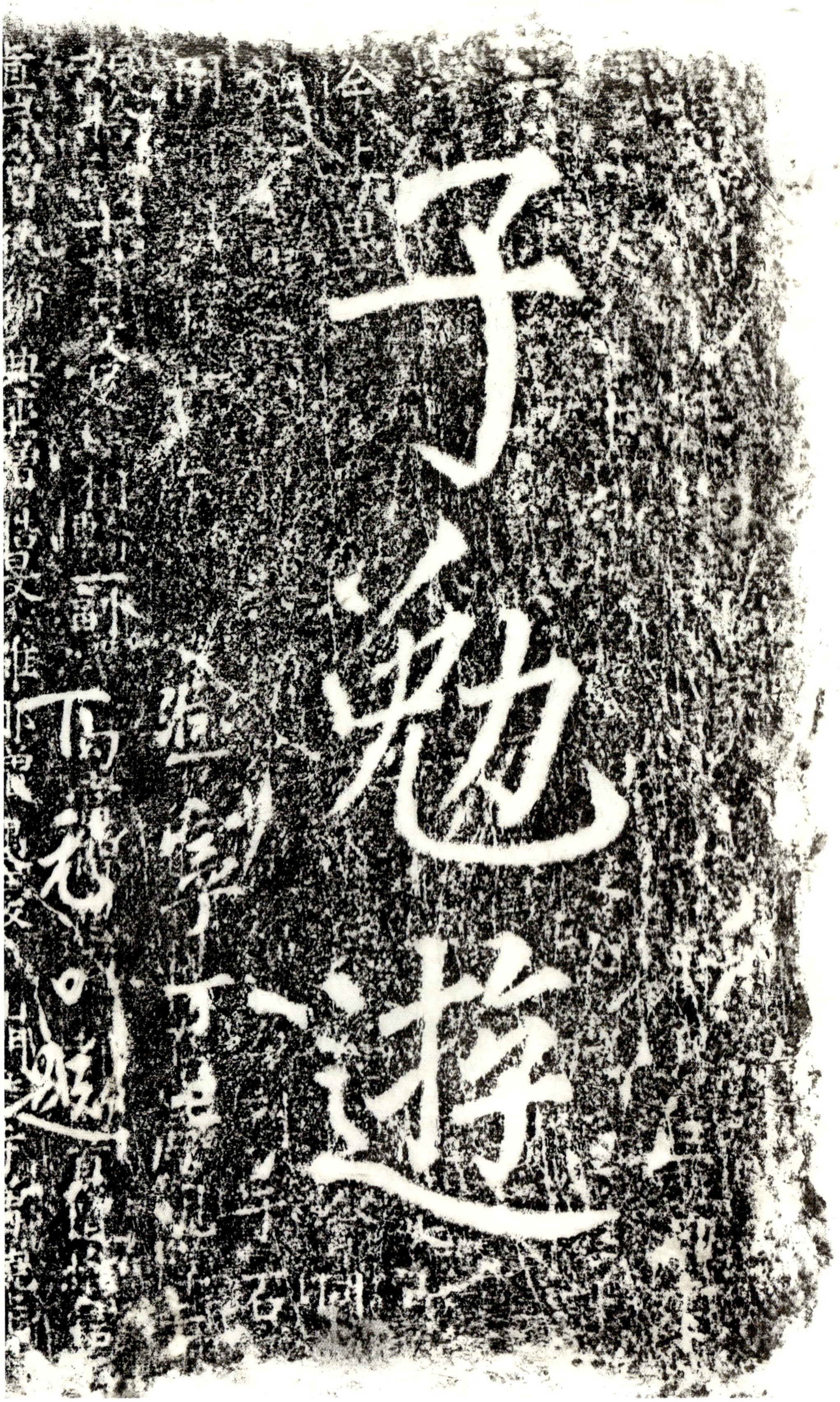

释文：

子勉遊。/熙寧丁巳/下元日題。

述略：

在龙泓洞口。行书，题名1行，字径约11厘米；款字2行，字径约3厘米。《两浙金石志》卷六载："此题名与苏颂二刻俱刊于宋人小记之上，犹有上皇及释子题名数十字可见，旧志俱作'高荷'。荷，字子勉，见吕居仁《江西诗派图》。《山谷集》云：'荆州人，极有篆力，使之凌厉中州，恐不减晁、张。'荷盖以诗名而兼善八法者。"

熙宁丁巳，公元1077年。

高荷，字子勉，荆州人。"江西诗派"诗人，善篆书。据《石林诗话》云："高荷，荆南人，学杜子美作五言，颇得句法。黄鲁直自戎州归，荷以五十韵见，鲁直极爱赏之。尝和其言，有云：'张侯海内长句，晁子庙中雅歌，高郎少加笔力，我知三杰同科。'张谓文潜，晁谓无咎也。无咎闻之颇不平。荷晚为童贯客，得兰州通判以死。既不为时论所与，其诗亦不复传云。"

宋 曹潜夫等题名

释文:

潜夫同德卿、仲文、懿老、聖咨遊。

述略:

在飞来峰后山。楷书，1行，字径18厘米。

石牧之（1015—1093），字圣咨，越州新昌（今属浙江）人。石待旦从子。庆历二年（1042）进士。官天台太守、温州知府等。与王安石、陈襄并称“江东三贤宰”。

余人待考。

宋 熙宁清明日残刻

释文：

□□□同□翻經台，時熙/寧□年三月清明日也。

述略：

在飞来峰顶。楷书，约5行，字径6厘米，行文剥泐太甚，不可卒读。

宋 杨景略等题名

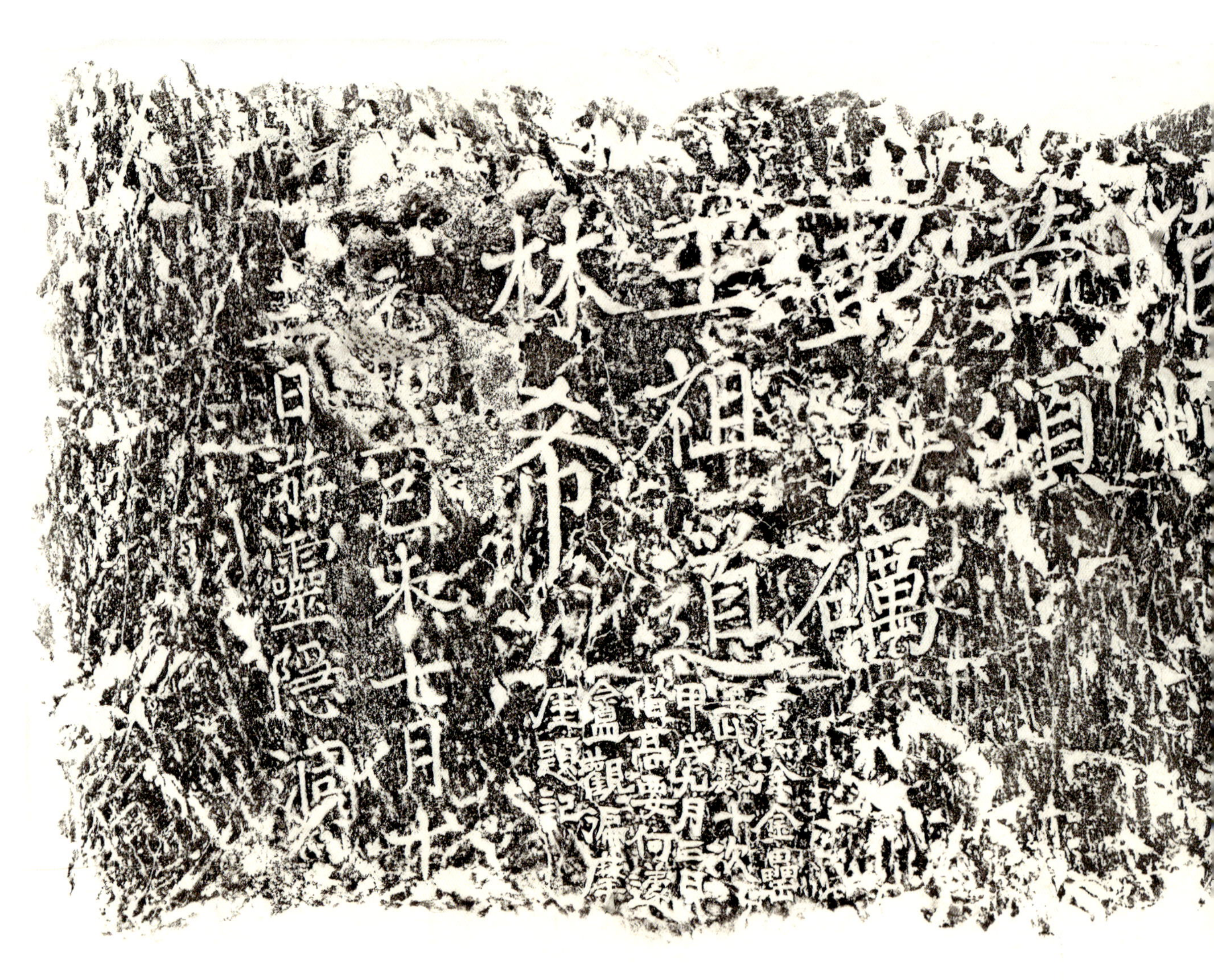

释文：

楊景略、/胡宗師、/范峋、/黄頌、/彭汝礪、/王祖道、/林希，/元豐己未七月十/三日游靈隱洞。

述略：

在龙泓洞口。楷书，题名7行，字径约10厘米；款字2行，字径约7厘米；小字6行，字径约4厘米；整龛横纵124厘米×66厘米。著录于《武林金石录》《武林石刻记》《武林访碑录》《两浙金石志》《续修云林寺志》等。

元丰己未，即元丰二年，公元1079年。

元丰二年，林希、王祖道、彭汝砺等到访杭州，杭州官员杨景略、胡宗师等接待，游览飞来峰龙泓洞（时称灵隐洞）时留题。林希久居馆阁，书法出众，故由其书写。书体为楷书，近柳体《玄秘塔碑》，遒稳俊朗，雄厚大气，用笔方劲直转，结字成熟。

题刻下部小字为清代篆刻家徐三庚等题记。

杨景略，字康功，洛阳人。熙宁间曾任提点两浙刑狱。元丰六年（1083），奉旨出使高丽。后苏颂为其撰写墓志铭。

胡宗师，武进（今江苏常州）人，嘉祐六年（1061）进士。时任两浙路监司，提点江浙等路坑冶铸钱。元祐八年（1093），以户部员外郎为成都府路转运副使。历知桂州、永兴军、郓州等。

黄颂，吴县（今江苏苏州）人。庆历二年（1042）进士。熙宁四年（1071）知鄞县。

范峋，元丰五年（1082）为江南东路提点刑狱，元祐五年（1090）以龙图阁直学士知温州。时任提举两浙路常平事。

彭汝砺（1040—1094），字器资，江西鄱阳人。治平二年（1065）状元，时任江南西路转运判官。

王祖道（1039—1108），字若愚，闽县（今福建福州）人。治平二年进士，时为京官。

林希，字子中，闽县（今福建福州）人。嘉祐二年（1057）进士。元祐六年（1091）继苏轼任杭州知州。曾任文宝阁直学士、成都知府、资政殿学士、同知枢密院事等。著有《两朝宝训》《林氏野史》《林子中奏议集》等。他是北宋新党的中坚人物，同时还是北宋书法名家米芾《蜀素帖》的首位主人。

宋 李琮等题名

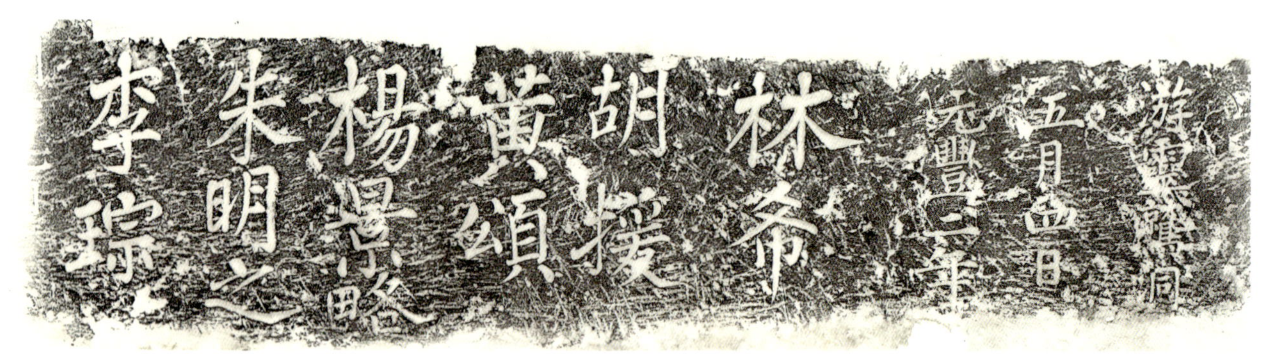

释文:

李琮、/朱明之、/楊景略、/黄頌、/胡援、/林希，/元豐二年/五月四日/游靈鷲洞。

述略:

在青林洞口。左行，楷书，题名6行，字径8厘米；款字3行，字径3厘米。《两浙金石志》有著录。

元丰二年，公元1079年。

李琮，字献甫，江宁（今江苏南京）人。宋神宗元丰二年（1079）以户部判官使江、浙。后迁淮南转运副使，徙梓州路。元祐元年（1086）黜知吉州。历相、洪、潞三州。绍圣间入为太府卿。绍圣四年（1097）出知杭州。

朱明之，字昌叔，江都（今江苏扬州）人。王安石妹婿。熙宁九年（1076）以太常博士、馆阁校勘、权判刑部知秀州，迁两浙路监司，官至大理少卿。

胡援，皇祐、嘉祐中在太学任职。元丰中，任刑部郎中。

宋 胡宗师等题名

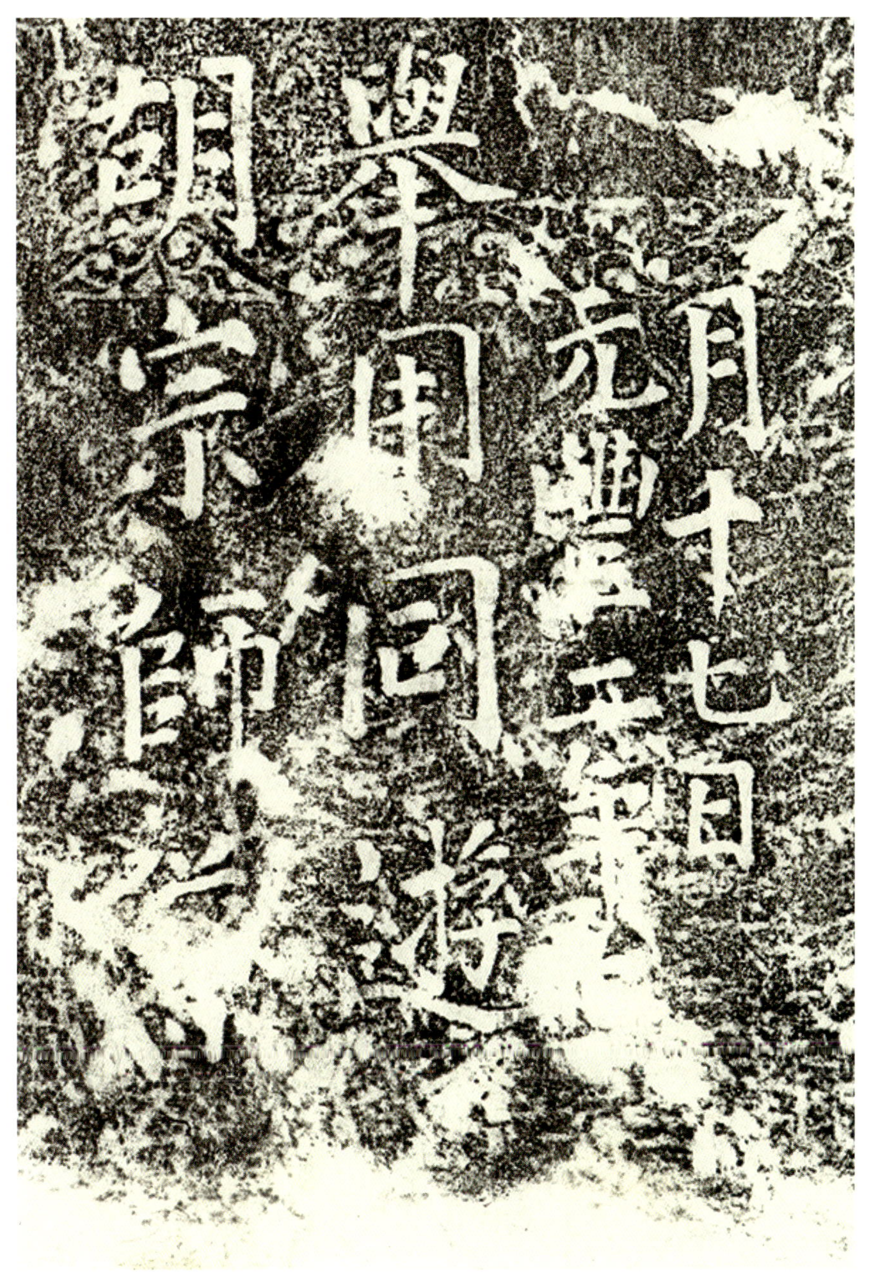

释文:

胡宗師、蔡/舉用同遊。/元豊二年七/月十七日。

述略:

在青林洞口。左行，楷书，题名2行，字径约4厘米；款字2行，字径约3厘米；整龛横纵18厘米×17厘米。《两浙金石志》有著录。

元丰二年，公元1079。

蔡举用生平不详，待考。

查应辰等题名

释文：

查應辰靈綬、尹宏/微之、趙固夢祥、吴脩/敏甫，庚申上元日游。

述略：

在青林洞口。楷书，左行，3行，行字不等，字径尺寸不等，最大字径约7厘米，整龛横纵34厘米×55厘米。著录于《两浙金石志》，《志》云："吴雍一行五字，似别一题也。按：应辰有青林续题名，书崇宁改元壬午。此书庚申，前为元丰三年，后则绍兴十年也。"

庚申，即元丰三年，公元1080年。

查应辰，《江南通志》载为泰州人，治平四年（1067）进士。历官朝散大夫、提举两浙常平等事。

吴修，字敏甫，安徽休宁人。

余人待考。

宋 吴雍题名一

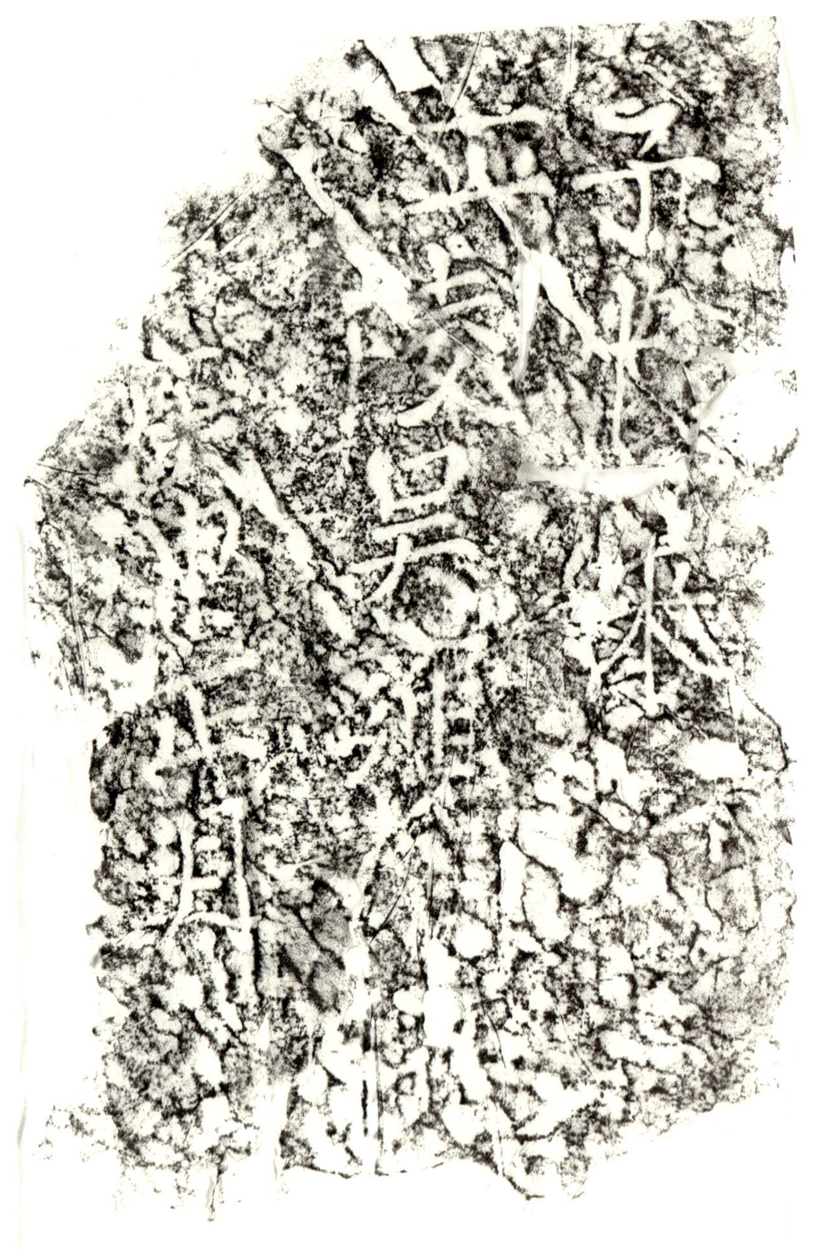

释文:

庚申正月/江陵吴雍/子中来。

述略:

在青林洞。左行，楷书，3行，字径约7厘米。未见著录。

庚申，公元1080年。

吴雍（？—1087），字子中。北宋大臣，治平初官平凉令。元丰初，为权司农都丞、太常博士，充检正中书户房公事。元丰八年（1085），拜户部侍郎。元祐元年（1086），以天章阁待制知襄州。

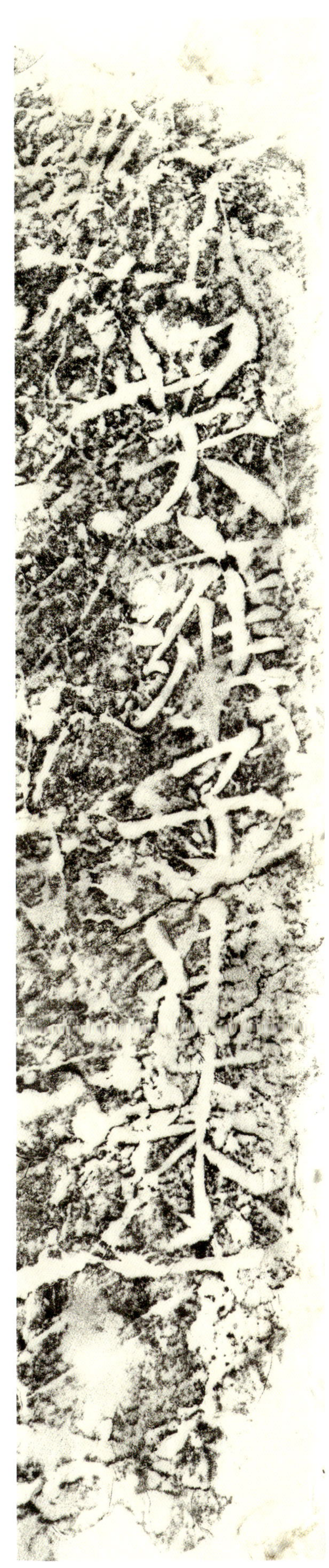

宋 吴雍题名二

释文:

吴雍子中來。

述略:

在青林洞。楷书，3行，字径约8厘米。《两浙金石志》载“宋查应辰等题名”条：吴雍一行五字，似别一题也。

宋 彦舟等题名

释文：

彦舟、廷老、傳/道、文亨、德甫/同游靈鷲洞，/元豐癸亥仲夏十日。

述略：

在青林洞外。楷书，题名3行，字径约7厘米；款字1行，字径约5厘米；整龛横纵50厘米×58厘米。著录于《两浙金石志》《续修云林寺志》。

元丰癸亥，即元丰六年，公元1083年。

王涣之（1060—1124），字彦舟，衢州常山（今属浙江）人，家居京口（今江苏镇江）。元丰二年（1079）进士，特补武胜军节度推官。时新置学官，被任为杭州教授。徽宗崇宁初，进给事中、吏部侍郎。后因病提举明道宫。

传道，疑为章传，字传道，闽人。曾为密州教授，与苏轼有交往。

张琬，字德父、德甫。治平二年（1065）登第，官著作佐郎，熙宁八年（1075）提举荆湖北路常平等事。

余人待考。

宋 查应辰等灵隐续题名

释文：

後百有四年，兵部查公曾孫、朝散/大夫、提舉兩浙常平等事應辰，/察推周公曾孫、承議郎通判、越/州軍州事穜，復同遊此洞，敬觀/遺刻。實崇寧改元，歲次壬午八月/二十有八日也。

述略：

在青林洞。正书，6行，字径约2厘米，整龛横纵30厘米×39厘米。著录于《武林金石录》《武林石刻记》《两浙金石志》《续修云林寺志》等。

壬午，即崇宁元年，公元1102年。

周穜（？—1126），江苏泰州人。熙宁九年（1076）进士。其曾祖为周嘉正（970—1033），任通州军事推官。

《两浙金石志》云："周氏世德碑在满觉陇，即此周氏也。又《东坡年谱》元祐元年，有'举江宁府司理问德充学官'事，此通判越州，《绍郡志》亦未载。"

该题名为楷书，笔画气息较长，线条劲挺，点画精细小巧，平和温雅，体长舒朗，似受虞世南风影响。

宋 政和残题名

释文：

□弟揚庭/□棠守富/□大壯自□/來游。政和/□月廿九日。

述略：

在龙泓洞口。行书，残字5行，上半已泐，字径不等，约6厘米，残龛横纵43厘米×25厘米。著录于《武林访碑录》《两浙金石志》《续修云林寺志》等。

此题名出自黄山谷，字势开张，用笔率意，点画自如。

宋 蔡友善等题名

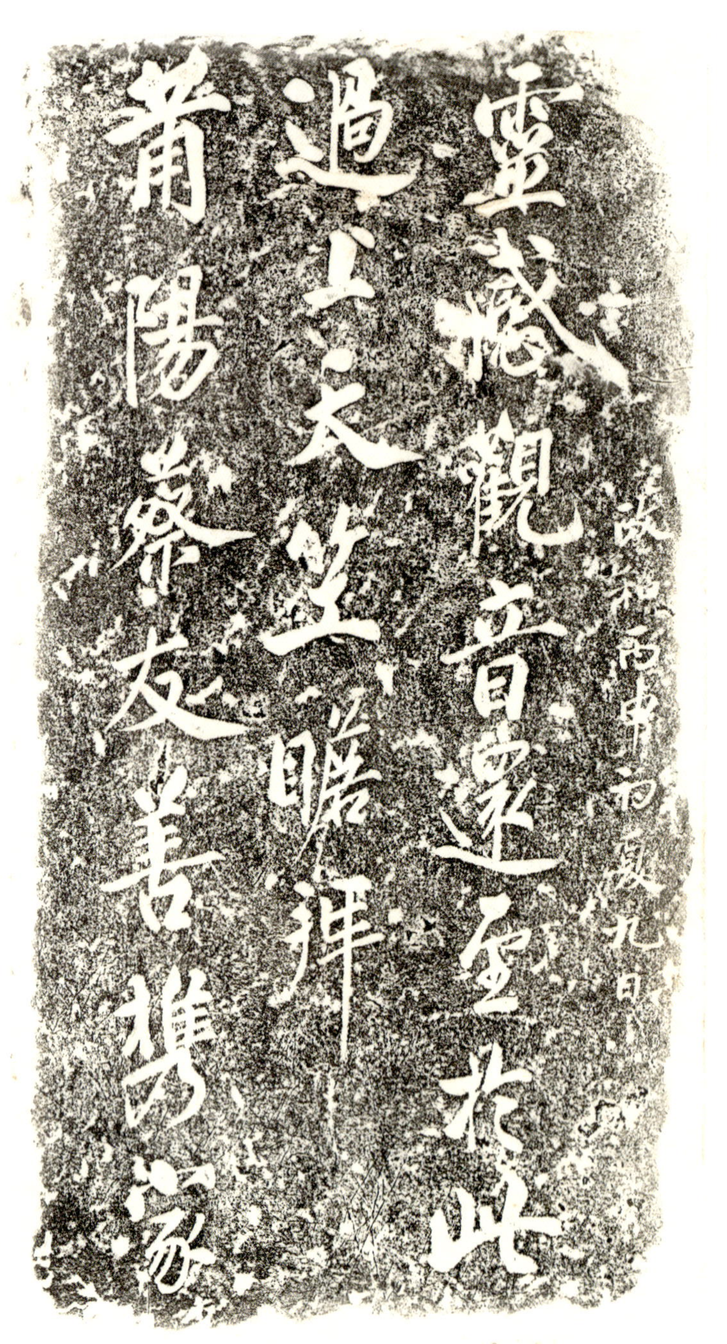

释文：

莆陽蔡友善携家/過上天竺，瞻拜/靈感觀音，還至於此。/政和丙申初夏九日。

述略：

在香林洞。左行，楷书，题名3行，字径约9厘米；小字1行，字径约4厘米；整龛横纵43厘米×82厘米。未见著录。

政和丙申，即政和六年，公元1116年。

该题名为飞来峰摩崖中的书法精品之一。书风遒美，结字开张，有蔡京风韵，以颜平原为基骨，兼取薛稷俊逸，为时风之佳者。

宋 王竞等题名

释文：

王競、皇甫彦、/李聞、王慎修、/俞俟同遊。/宣和四年三月十一日。

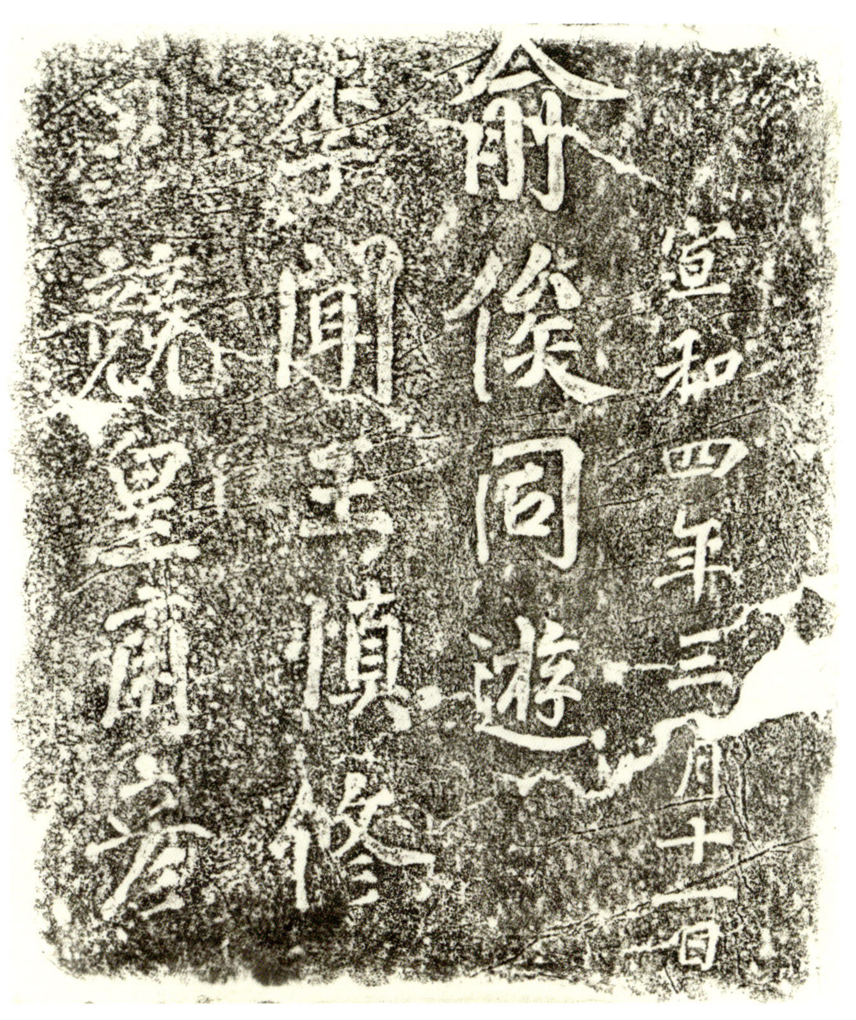

述略：

在香林洞。左行，楷书，题名3行，字径约7厘米；款字1行，字径约5厘米；整龛横纵49厘米×55厘米。著录于《武林金石录》《武林石刻记》《武林访碑录》《两浙金石志》《续修云林寺志》等。

宣和四年，公元1122年。

王竞（1101—1164），字无竞，彰德（今河南安阳）人。宋宣和中，调屯留主簿。北宋亡后事金，官礼部尚书，兼翰林学士承旨，预修国史。王竞博学能文，书墨竹极古怪，善草隶书，赵秉文取之与党（怀英）篆并称。

皇甫彦，宣和中为京东路汴河都提举官，绍兴初，以右朝议大夫知和州军州事。见《宋会要辑稿》《建炎以来系年要录》。

李闻，绍兴间知全州知州事，余不详。

王慎修，《宋史·艺文志》中有其作《宣和彩选》，余不详。

俞俟，乌程（今属浙江湖州）人，字居易。宣和中，知归安县。绍兴中，历知扬州、临安、绍兴府等地。后以敷文阁直学士奉祠，提举江州太平观。

此题刻书法以颜鲁公为底，兼具苏轼、徽宗诸家意趣。用笔沉着干练，结构沉稳。

宋 路公弼等题名

释文:

路公弼、翁端朝、傅國/華、容吉老、麥公明、孟/子與、徐明叔，宣和五/年夏四月己亥同來。

述略:

在香林洞口。篆书，4行，字径约19厘米，整龛横纵111厘米×237厘米。著录于《武林金石录》《武林石刻记》《武林访碑录》《两浙金石志》《续修云林寺志》等。

宣和五年，公元1123年。

路允迪（？—1141），字公弼，应天府宋城（今河南商丘）人。曾多次出访高丽，官至签书枢密院事。绍兴九年（1139）起为应天府路安抚使兼知应天府，充南京留守。绍兴十年（1140）降金。

翁彦国（？—1127），字端朝，建州崇安（今福建武夷山）人。绍圣四年（1097）进士。宣和三年（1121），出知建州兼福建转运判官。钦宗即位，改任杭州知州。

傅墨卿，字国华，越州山阴（今浙江绍兴）人。曾多次出访高丽，官至正奉大夫。时任中书舍人、出访高丽副使。

徐兢（1091—1153），字明叔，和州历阳（今安徽和县）人。时任将仕郎，出访高丽随员，精于书画，尤擅篆书。

容吉老、麦公明、孟子与，待考。

宋宣和四年（1122），宋徽宗下诏遣使出访高丽，徐兢为随员。次年三月十四日，使团自东京启程，四月经杭州，五月十六日自明州出海，六月抵达高丽都城，八月回到明州。回程时遭遇风浪，九死一生。其后，徐兢撰《宣和奉使高丽图经》四十卷。本刻为使团出使时途经杭州，杭州知州接待游览香林洞时留题。

此题名为北宋篆书中之大佳品。取法玉箸篆，线条紧致，结体雍容，布白整饬，为官刻摩崖之精者。书家徐兢为北宋篆书名家，是题名当为其力作。

宋 胡庭等题名

释文：

建炎戊申三月十四日，/□□、胡庭、孫文□□□/□□彦周，自上天竺同/過香林洞，探勝至此。

述略：

在香林洞。楷书，4行，字径约6厘米，整龛横纵50厘米×66厘米。《两浙金石志》有载。

建炎戊申，即建炎二年，公元1128年。

许顗，字彦周，号阐提居士，襄邑（今河南睢县）人。宣和年间任宣教郎。建炎后南渡，居苏州。绍兴年间为永州军事判官。著有《彦周诗话》。

余人待考。

宋 连首善等题名

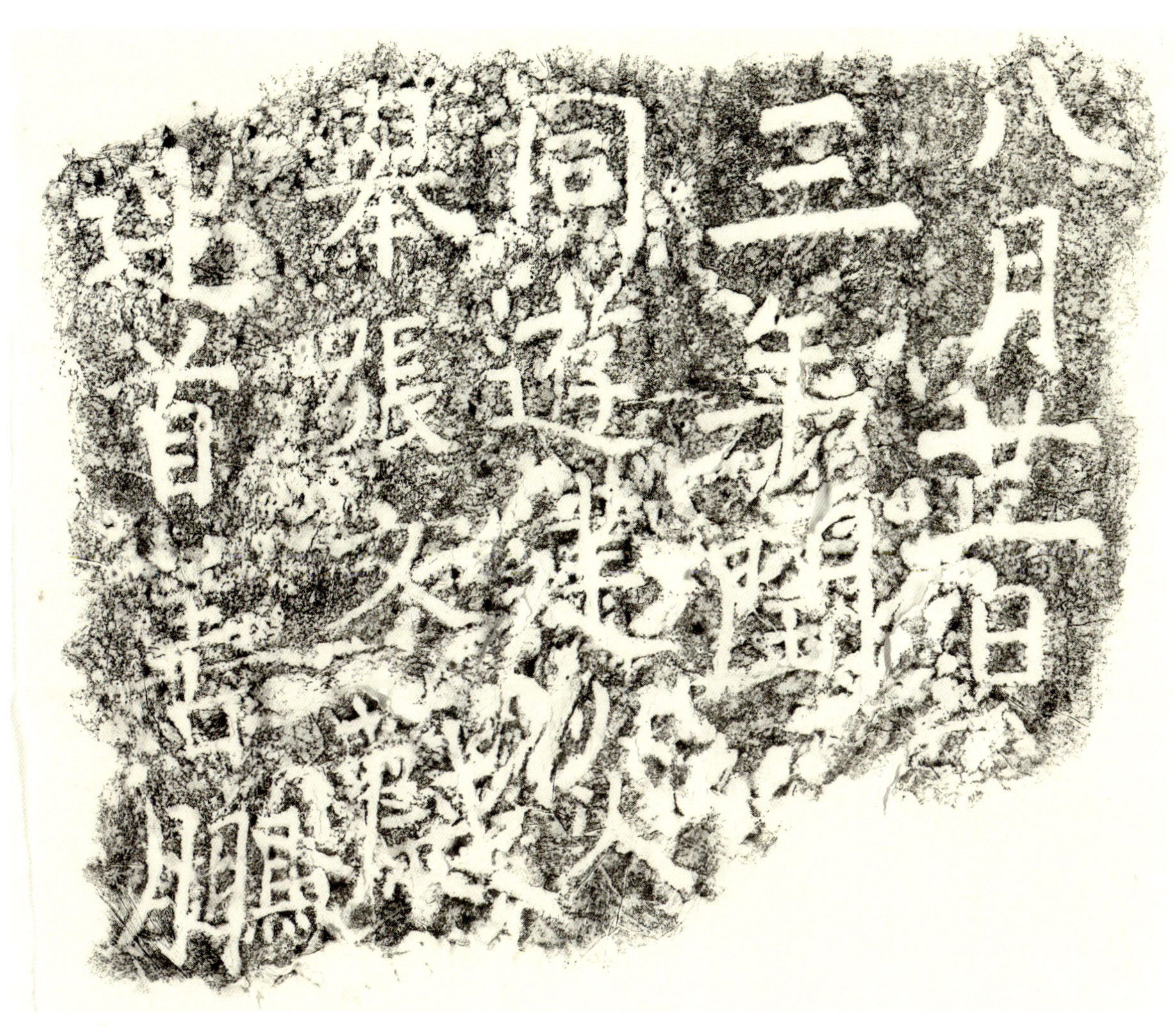

释义:

連首善鵬/舉、張文蔚/同遊。建炎/三年閏/八月廿一日。

述略:

在神尼舍利塔遗址。楷书，左行，5行，字径约11厘米。《两浙金石志》载:“连道善鹏举、张文蔚同游。建炎三年闰八月廿一日。”根据实地拓印记录，连道善为“连首善”，目前考证存疑。据阮元推测，题名中鹏举应为连南夫。

建炎三年，公元1129年。

连南夫（1085—1143），字鹏举，应山（今湖北广水）人。宋政和二年（1112）进士，历任中书舍人、徽猷阁待制，擢显谟阁学士、知建康府、加兵部尚书衔等。绍兴时参与宋金议和，曾出使金国。绍兴九年（1139），因得罪权相秦桧，被谪知泉州。

张文蔚，待考。

宋 吴棫等题名

释文：

吴棫、張漢彦、孫汝翼、/龍庭實、周執羔、吴秉/信、周之翰、淩哲、吴芾、/潘良能、陳惇持、袁相、/石延慶、錢周材、張闡、/陳之淵、范雩、程敦厚、/周楙、許叔微、周林，紹/興壬戌同校藝春闈。

述略：

在下天竺。楷书，8行，字径约7厘米，整龛横纵68厘米×54厘米。著录于《武林金石录》《武林石刻记》和《两浙金石志》。

绍兴壬戌，即绍兴十二年，公元1142年。

吴棫（约1100—1154），字才老，建安（今福建建瓯）人。宣和进士，音韵学家，官泉州通判。

周执羔（1094—1170），字表卿，江西弋阳人。宣和六年（1124）甲辰科榜眼。累官至礼部尚书、侍读学士。通《易经》，精历法。撰《历议》《历书》《五星测验》等。

吴秉信，字信叟，绍兴二十六年（1156）以中书舍人兼实录院修撰，后为吏部侍郎，出知常州。

吴芾（1104—1183），字明可，号湖山居士，台州府（今浙江仙居）人。绍兴二年（1132）进士，历知婺州、绍兴、临安，官至吏部侍郎，以龙图阁学士致仕。

石延庆（1101—1149），越州新昌（今属浙江）人，字光锡，旧名袤。石嗣庆弟。绍兴二年（1132）进士。高宗奇之，特赐今名。授明州教授，再中博学宏词科，迁诸王宫教授。绍兴十七年（1147），以朝散郎添差通判台州。

陈之渊，字宗卿，常州（今属江苏）人。绍兴二年进士。历任临安府府学教授、秘书省正字等。绍兴三十一年（1161）任秘书少监。官终宣州知州。

张阐（1092—1165），字大猷，永嘉（今属浙江）人。宣和六年进士。历任严州兵曹掾，秘书省正字、校书郎兼吴、益王府教授等。

范雩（1098—1143），字伯达，吴县（今江苏苏州）人。宣和六年进士。绍兴五年（1135）为江阴军教授。绍兴十一年（1141）任秘书省正字。

程敦厚，字子山，四川眉山人。绍兴五年进士。历官校书郎、起居舍人兼侍讲、中书舍人。

许叔微（1079—1154），字知可，真州白沙（今江苏仪征）人。绍兴三年（1133）进士，集贤院学士。发愤钻研医学，活人甚众。著有《普济本事方》（又名《类证普济本事方》）。

余人待考。

《宋会要辑稿·选举门》载：“（绍兴）十二年正月二十四日，以给事中程克俊知贡举；中书舍人王鉌、右谏议大夫罗汝楫同知贡举……太常丞吴棫，秘书省秘书郎周执羔、张汉彦，秘书省著作佐郎王扬英，秘书省校书郎程敦厚、陈之渊，秘书省正字张阐、范雩，太常博士吴秉信，诸王宫大小学教授石延庆、陈惇持，大理司直钱周材，大理寺主簿周楙，详定一司敕令所删定官周之翰、潘良能、吴芾、凌哲，监登闻鼓院孙傅，左朝奉郎勾龙庭实，临安府府学教授许叔微并差充点检试卷官；刑部郎中晏孝纯差新科明法出题参详官；大理评事袁相差充新科明法点检试卷官；太常少卿施垧充别试所考试官；宗正等丞江邈、国子监丞何许、太常博士王言恭、御史台检法官闻人颖并充点检试卷官。”题刻中21位人物，都出现在这次进士考试（春关）的考官名单中。可见，绍兴十二年正月在天竺寺举行进士考试，其中21位考官，在天竺寺后山留题。

宋 赵善郊等题名

释文：

浚儀趙善郊國安、詷夫子美、/必愿立夫，成紀李劉公甫，宛/陵奚杞和甫，開封向士逢吉/甫，古括朱方叔君猷。嘉定十/有五年末伏日，避暑来遊。

述略：

在青林洞口。隶书，5行，字径约4厘米，整龛横纵33厘米×43厘米。著录于《武林金石录》《武林石刻记》《两浙金石志》和《续修云林寺志》。

嘉定十五年，公元1222年。

赵必愿（？—1249），字立夫，江西余干人。嘉定七年（1214）进士，历知全、常、处、泉、台、婺等州。

李刘（1175—1245），字公甫，号梅亭，抚州崇仁（今属江西）人。嘉定元年（1208）进士，官至中书舍人、直学士院、宝章阁待制。文学家，擅长骈文。著有《四六标准》。

奚杞，字和甫，安徽宣城人。嘉定元年进士。奚士逊子。见《宁国府志》。

余人待考。

该摩崖结体方正，空间分布均匀，用笔平铺直叙，波挑减弱，方拙朴茂。此题刻为南宋隶书，有曹全笔意，曹全虽晚出，然南宋隶书有因袭东汉时风如是者。用笔清隽，结字均衡，行气散淡。

宋 淳祐残题名

释文：

陳……，/淳祐丁未季/春望前一日/同遊。

述略：

在香林洞。楷书，字径约6厘米，整龛横纵84厘米×40厘米。未见著录。

淳祐丁未，公元1247年。

此题刻剥泐太甚，行文无法卒读，仅剩年款。国家图书馆藏有旧拓本。

宋 李艮等题名

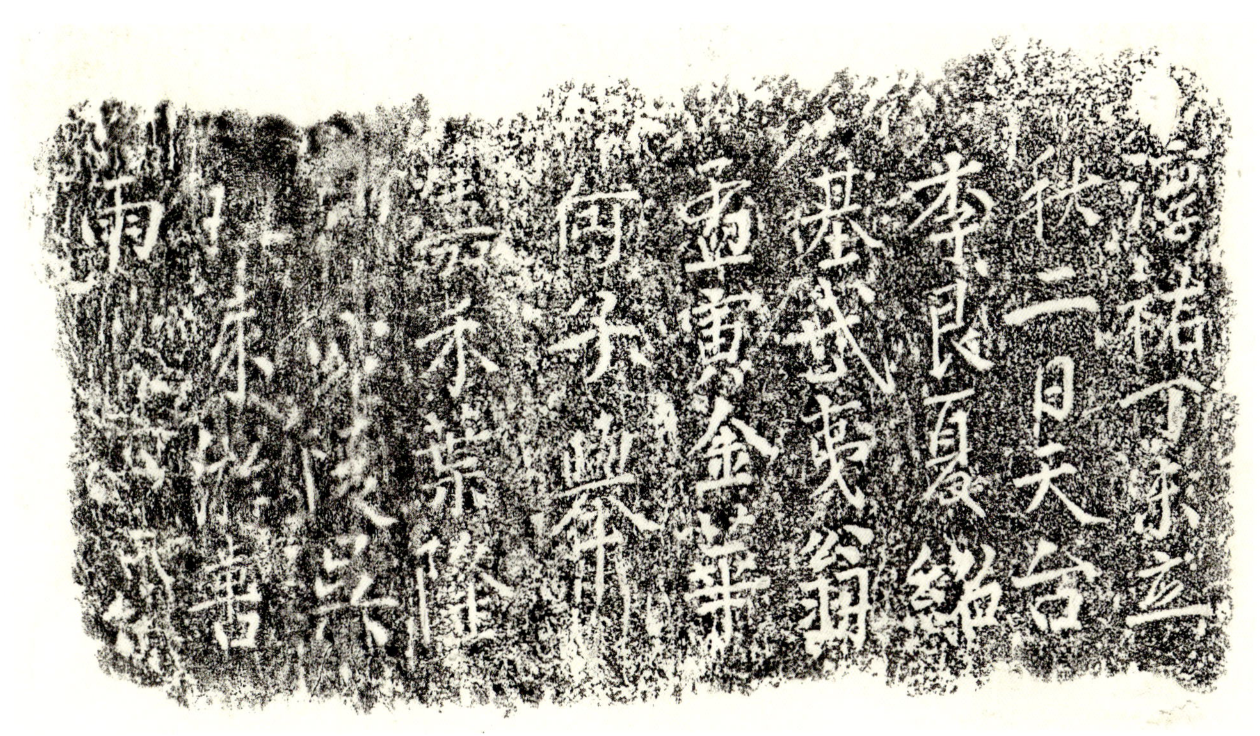

释文:

淳祐丁未立/秋二日，天台/李艮、夏紹/基，武夷翁/孟寅，金華/何子舉，/嘉禾葉隆/禮，宛陵吴/琪來游，喜/雨。

述略:

在三生石。行楷书，10行，字径约7厘米，整龛横纵78厘米×35厘米。著录于《武林金石录》《武林石刻记》《武林访碑录》《两浙金石志》《续修云林寺志》《武林灵隐寺志》等。

淳祐丁未，即淳祐七年，公元1247年。

翁孟寅，字宾旸，号五峰，钱塘（今浙江杭州）人。贾似道门客。所称武夷为其先籍贯福建武夷山。

何中立（1222—?），字子举，浙江永康人。淳祐七年进士，官至光禄大夫、枢密院参知政事等。

叶隆礼，字士则，号渔村，嘉兴人。淳祐七年进士，十年（1250）通判建康府。著有《契丹国志》。

吴琪，淳祐七年进士。

余人待考。

此则题名有多人系淳祐七年进士，石刻又刻于同年，故前人认为此则题名中人均为本榜进士。

此题名刻工精美，有二王风致，又兼具宋人尚意之趣，行笔潇洒，神完气足，实为文人雅集题壁书之范本。

宋 陆德舆等题名

释文:

陸德輿載之，/趙與膺致道、/與訔中甫，淳/祐戊申中伏/後一日避暑/同來。

述略:

在青林洞。行书，6行，行楷，字径5厘米。著录于《武林金石录》《武林石刻记》《武林访碑录》《两浙金石志》和《续修云林寺志》。

淳祐戊申，即淳祐八年，公元1248年。

陆德舆，字载之，崇德（今浙江桐乡）人，嘉定十年（1217）进士，历知福州、泉州，官至吏部尚书，工诗。

赵与訔（1213—1265），字仲父，号菊坡，安吉（今浙江湖州）人。宋太祖赵匡胤十世孙，秦王赵德芳之后，元代著名书画家赵孟頫的父亲，景定二年（1261）以两浙转运使兼知临安府。

赵与膺，应是赵与訔的族兄弟。作为在京官员，他们也于夏日同游飞来峰避暑。

此题名为目前仅见赵孟頫家族书法。书风兼具褚遂良、颜真卿、米芾、宋高宗等诸家特征，中宫紧凑，字势开张，用笔沉着，结字有明显的南宋皇家宗室用笔特征。充分体现了赵孟頫的书法渊源。此刻有清代拓本，存于台北傅斯年图书馆。

宋 吴璞等题名一

释文:

金陵吴璞、/吴琳，眉山/袁炎焱，宛/陵李雲龍/淳祐庚戌/上元偕來。

述略:

在三生石。摩崖正书，6行，唐楷，字径约11厘米，整龛横纵110厘米×64厘米。著录于《两浙金石志》，失录最后一行。

淳祐庚戌，即淳祐十年，公元1250年。

吴璞，字禹珉，号觉轩，淳祐四年（1244）进士。历任嘉兴府通判，镇江知府。宝祐六年（1258）任吏部尚书。宰相吴潜长子。

吴琳，字禹玉，号存吾，宝祐四年（1256）进士。通判婺州。今安徽宣城元妙观庙额“鳌峰”为吴琳所题。吴潜子。

袁炎焱，吴潜学生。

余人待考。

宋 吴璞等题名二

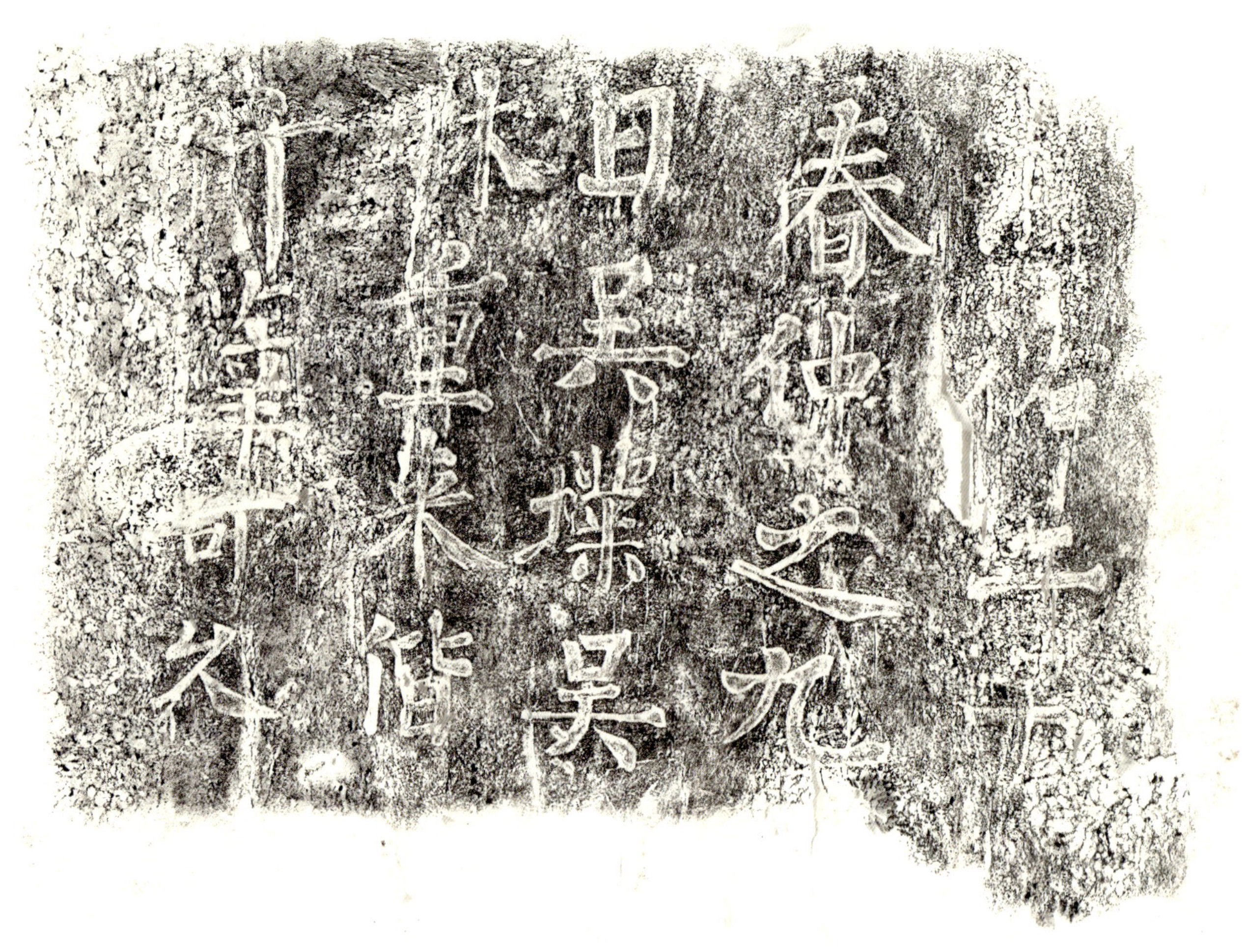

释文：

淳祐壬子/春仲之九/日，吴璞、吴/琳重来，偕/行薛可久。

述略：

在三生石。摩崖正书，5行，唐楷，字径约12厘米，整龛横纵87厘米×67厘米。著录于《武林金石录》《武林石刻记》《武林访碑录》《两浙金石志》和《续修云林寺志》。

淳祐壬子，即淳祐十二年，公元1252年。

该刻之旁有淳祐十年（1250）吴璞、吴琳等题名，故云“重来”。

宋 陈诗等题名

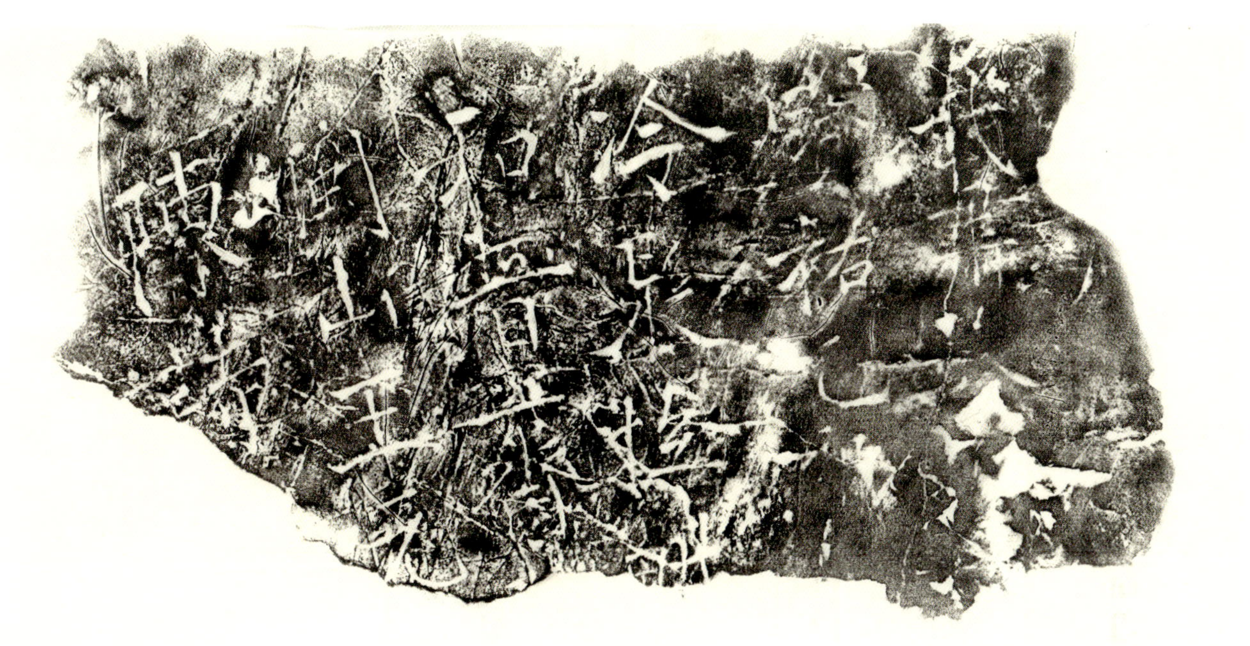

释文:

陳詩/閩山王元/和晋斋/冷泉抚畊。/寶祐乙卯，/武肅……

述略:

在青林洞。正书，左行，存6行，下半残缺，字径约7厘米，整龛横纵45厘米×26厘米。著录于《两浙金石志》。

宝祐乙卯，即宝祐三年，公元1255年。

题名诸人待考，或不全。修正著录数字。

此题名为南宋学褚遂良之佳者，结字整饬，用笔散淡，气格隽秀。

宋 潜说友题名

释文：

潜説友/君高父。/咸淳乙丑閏月望題。

述略：

在青林洞。摩崖篆书，题名2行，字径约11厘米；落款1行，字径4厘米；整龛横纵47厘米×66厘米。著录于《两浙金石志》。此刻为明代嘉靖桑溥等题名所覆刻。

咸淳乙丑，即咸淳元年，公元1265年。

潜说友（1216—1288），字君高，号赤壁子，缙云（今属浙江）人。南宋淳祐元年（1241）进士，官至代理户部尚书，封缙云县开国男。任杭州知府期间，疏浚西湖，修葺名胜，整修道路。主修《咸淳临安志》。后迁任平江知府。

此题名为南宋柳叶篆，字法高古，因形似柳叶，故名。藏锋入笔，肥润饱满，横平竖直，飘动灵逸。

壹—唐·宋

 贾似道等龙泓洞题名

释文：

咸淳丁卯七月十八日，/賈似道以歳事禱上竺，/回憩于此。客束元嘉、俞/昕、張濡、黄公紹、王庭，從/子德生侍。期而不至者，/廖瑩中。/沈堅刻。

述略：

在龙泓洞。摩崖正书，6行，楷书，字径约13厘米；款字1行，字径约3厘米；整龛横纵47厘米×66厘米。著录于《咸淳临安志》《武林金石录》《武林访碑录》《两浙金石志》《续修云林寺志》。

咸淳丁卯，即咸淳三年，公元1267年。

贾似道（1213—1275），字师宪，号悦生、秋壑，台州天台（今属浙江）人。时任太师、平章军国重事，封魏国公，权倾朝野。德祐元年（1275）元军东下，他被迫出兵，大败。不久被革职放逐，至福建漳州，为人所杀。

束元嘉，庐州（今安徽合肥）人，宋理宗淳祐四年（1244）武进士。后知秦州，值岁饥，赈济有法，全活者甚众。贾似道门客，曾代贾与元军议和。年老隐居平江。

张濡（？—1276），字子含，一字泽民，号松窗。南宋大将张俊四世孙。德祐元年以浙西安抚司参议官守独松关，因部将误杀元使，激怒元军，次年元军攻破临安城时，杀张濡。

黄公绍，宋元之际邵武（今属福建）人，字直翁。咸淳元年（1265）进士。入元不仕，隐居樵溪。音韵学家，著《古今韵会》，以《说文》为本，参考宋元以前字书、韵书，集字书训诂之大成，原书已佚，其同时人熊忠所编《古今韵会举要》中，略能见其大概。另有《在轩集》。

王庭（？—1275），金华人，贾似道门客。曾书林逋墓碣，今不传。著录于《续修云林寺志》。

廖莹中，号药洲，邵武（今属福建）人。南宋刻书家、藏书家。贾似道幕僚，官为太府丞、知州，皆不赴。著有《江行杂录》。

余人待考。

此贾似道传世题刻中罕见者。该书师法颜鲁公，用笔沉着雄浑，结字紧凑，布白稳健，与贾氏庙堂之臣相契。书以人废，由是可见一斑。

贾似道等翻经台题名

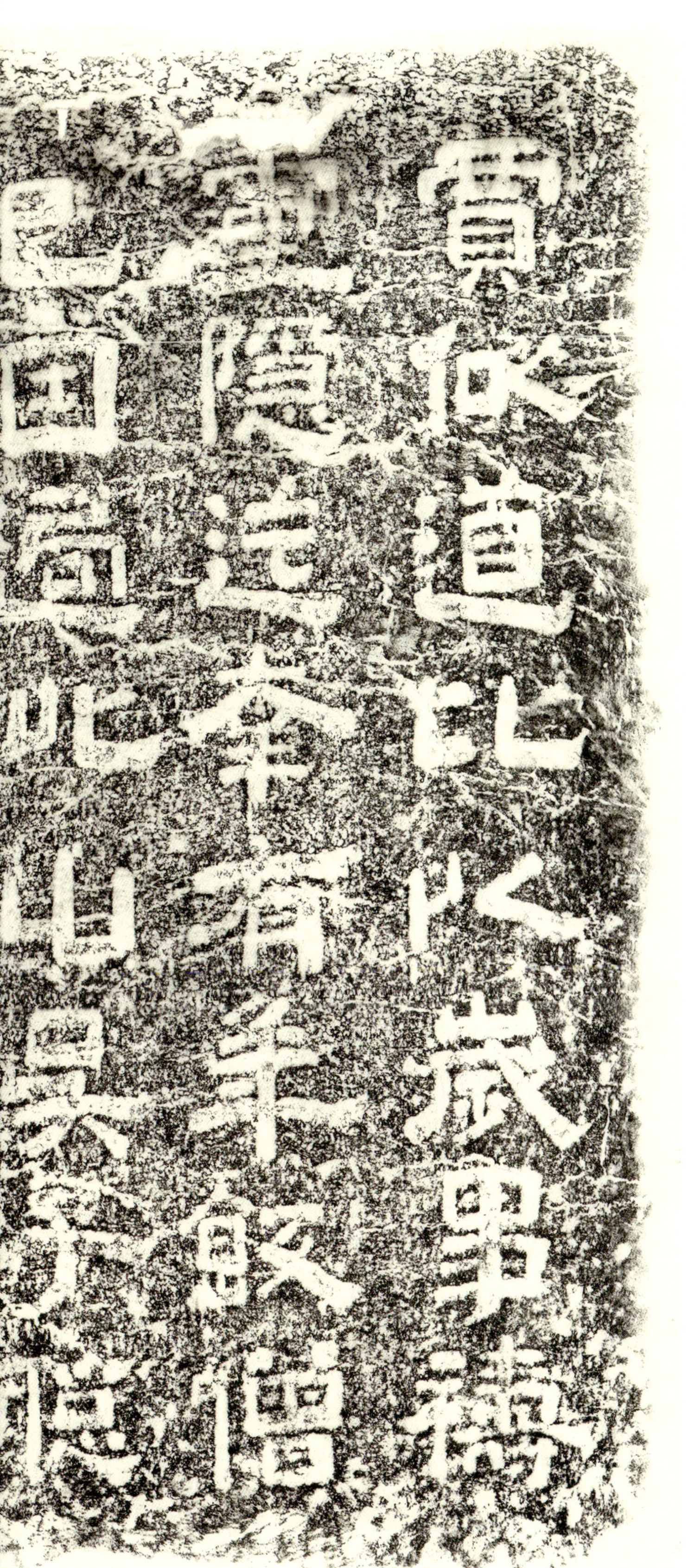

释文:

贯似道比以歲事，禱/靈隱，迄幸有年，飯僧/已，因過此山。吴子聪、/束元嘉、丘復亨、俞昕、/廖瑩中、張濡、黄公紹、/王庭從焉。子德生、諸/孫蓄世侍。僧法照、德/寧、時舉、妙寧俱。咸淳/弍年歲丁卯十月望。

述略:

在三生石。隶书，9行，字径约11厘米，整龛横纵140厘米×100厘米。著录于《武林金石录》《武林访碑录》《咸淳临安志》《两浙金石志》和《续修云林寺志》。

咸淳三年，公元1267年。

咸淳三年十月，贾似道率众门客、子孙和僧人，在灵隐祈福、施斋结束后，翻越飞来峰，到达天竺寺，留题纪念。

吴子聪，女道士吴知古之侄。宝祐中，理宗崇道，吴知古深受宠信，吴子聪因而得到任用，先知阁门事，后改澧州知州。

余人待考。

此刻为南宋隶书之佳者。其书法唐隶，用笔沉厚，结字雍容饱满，有古意。

宋 王庭题款

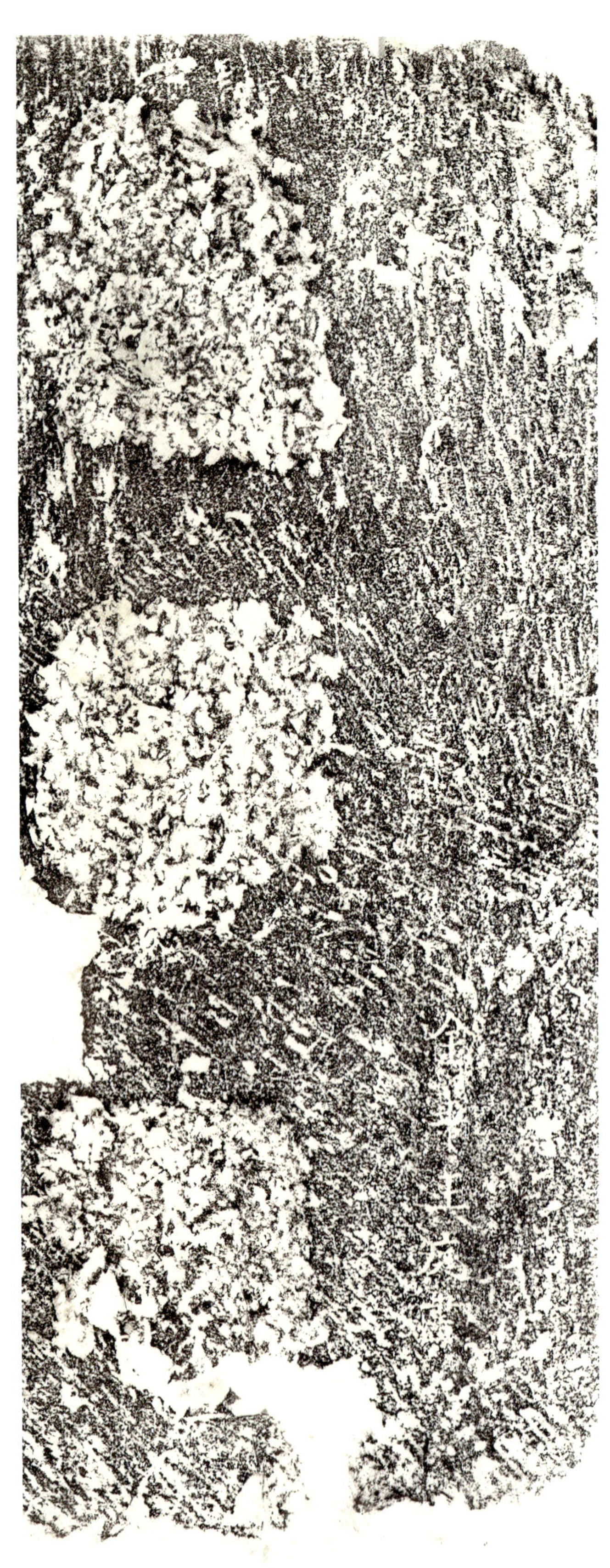

释文：

龍泓洞。金華王庭書。

述略：

在龙泓洞口。楷书，字径20厘米，已划去。款字正书，字径3厘米。

宋 款宾台题刻

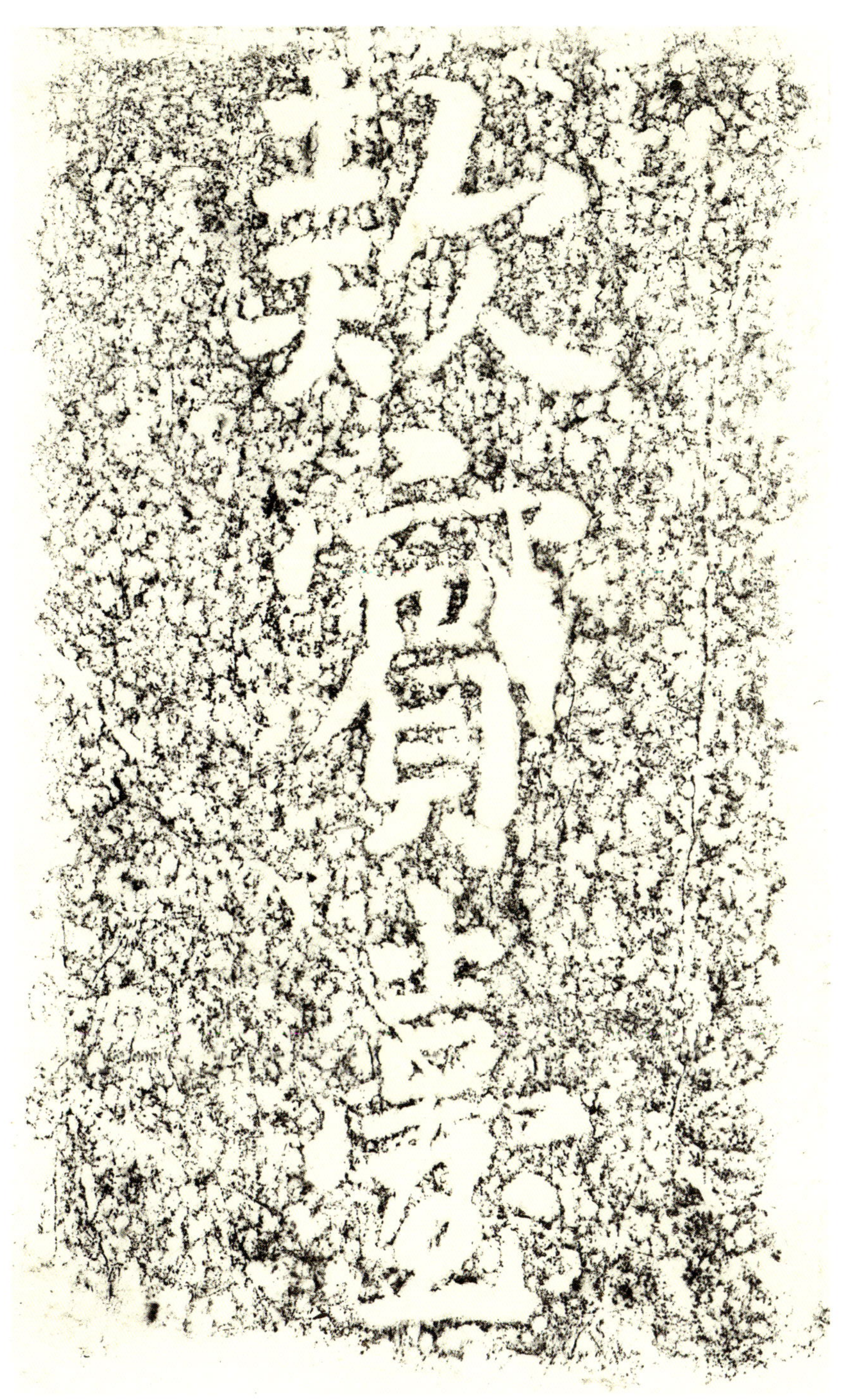

释文：

款賓臺。

述略：

在下天竺。行楷榜书，著录于《武林金石录》《武林访碑录》《续修云林寺志》等。

此题刻榜字，有颜鲁公法，又兼具二王、李北海诸家用笔，用笔沉厚，不呆滞。

宋 梅询题名

释文：

梅詢。

述略：

在飞来峰顶。楷书，字径约10厘米，未见著录。

梅询（964—1041），字昌言，宣州宣城（今属安徽）人。端拱二年（989）进士。咸平三年（1000）后，通判杭州，历知苏、濠、鄂、楚、寿、陕诸州，为两浙、湖北、陕西转运使。有《武林山十咏》，其中咏飞来峰曰："竺慧指此峰，飞来自灵鹫。猿鸟曾未知，烟岚尚依旧。兴亡谩千古，天地岂关纽。只恐舟壑移，他年却西走。"

该题名应刻于梅询任杭州通判或两浙路转运使之时。

宋 郭祥正题刻

释文：

連雲棧。/郭祥正。

述略：

在神尼舍利塔遗址。篆书榜题，字径约19厘米，整龛横纵40厘米×76厘米。著录于《莲华峰古迹考略》。

郭祥正（1035—1113），字功父，当涂（今属安徽）人。北宋诗人。皇祐五年（1053）进士，历官秘书阁校理、太子中舍、汀州通判、朝请大夫等，虽仕于朝，不营一金，所到之处，多有政声。一生写诗1400余首，著有《青山集》。诗风纵横奔放，酷似李白。有《西湖百咏》，吟咏西湖一百处名胜，其中咏神尼塔云："神尼凿一塔，杳在碧云端。舍利夜光现，君须正眼观。"又有《灵隐浦》："有灵何所隐，深浦老蒹葭。渔父一舟泊，却疑秋汉槎。"

此题刻取法唐人，结体工稳，线条凝练饱满，有绵裹铁之趣，当为宋人篆书中不可多得之品。

宋 道宗等题名

释文：

道宗、用晦、行甫，己未三月三日遊。

述略：

在青林洞口。楷书，1行，字径约4厘米，整龛横纵11厘米×85厘米。著录于《两浙金石志》《增修云林寺志》。

诸人待考。

此题名取法初唐欧虞诸家，结字瘦硬，纵向取势，有君子气。

宋 石景衡等题名

释文：

石景衡叔平、/杜僎升陽同遊。

述略：

在青林洞理公床。左行，楷书，2行，字径约3厘米。著录于《两浙金石志》。

石景衡（1047—1104），越州新昌（今属浙江）人。熙宁六年（1073）进士，历任乌江令、通判秀州等，官至朝奉大夫。著有《南明集》。

宋 直翁等题名

释文：

直翁、/翼道、/林夫、/吉甫/同遊。

述略：

在青林洞理公床。左行，楷书，5行，字径约3厘米。著录于《两浙金石志》。

朱家济、沙孟海先生于20世纪50年代对此有专门考证，其墨迹与该石刻早期拓本现存浙江省博物馆。

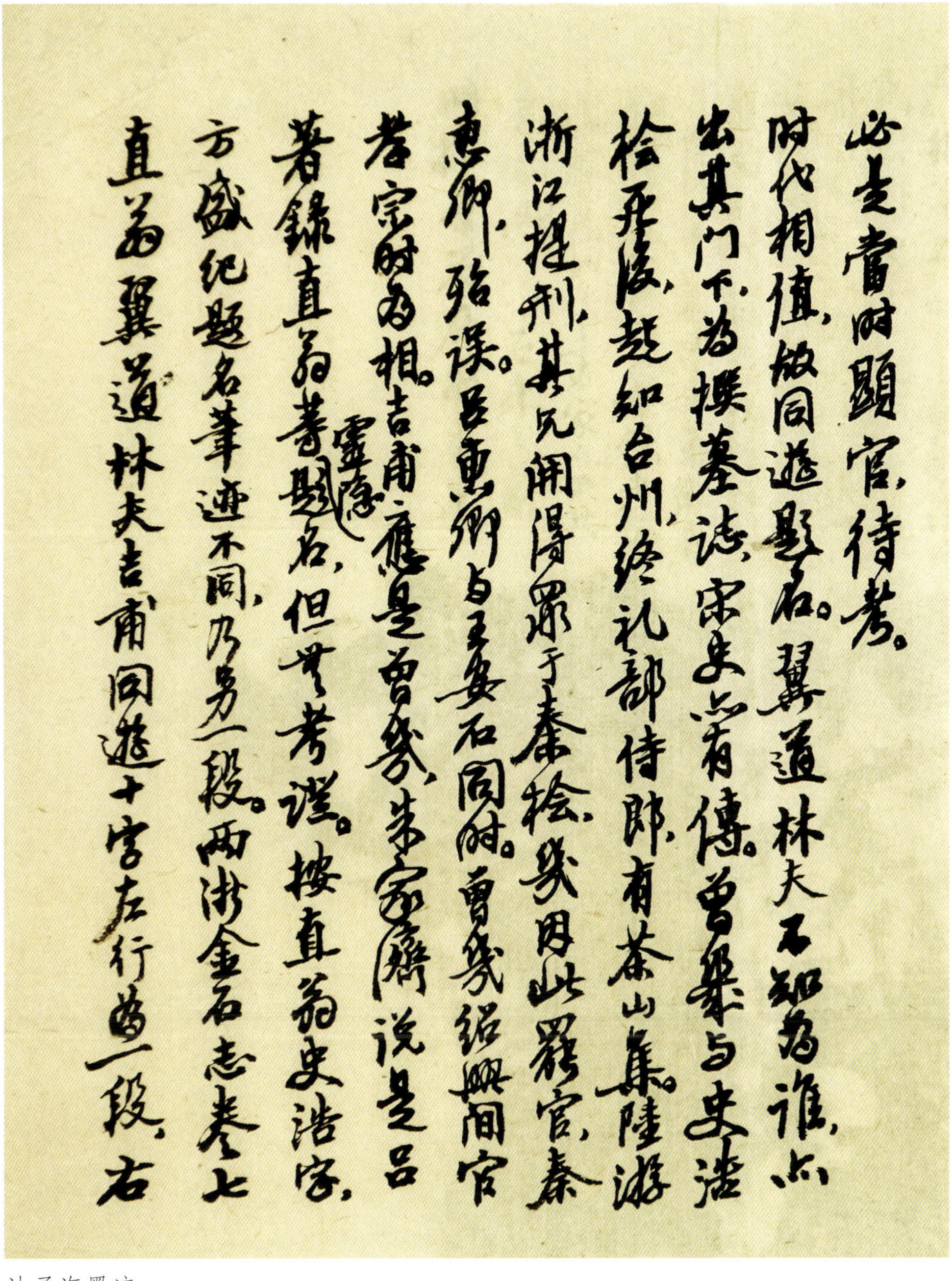

必是當時題官，侍者。

時代相值，故同遊題名。翼道林夫不知為誰，亦

出其門下，為撰墓誌，宋史亦有傳。曾幾與史浩

檜死後，起知台州，終禮部侍郎，有茶山集。陸游

浙江提刑，其兄開得罪于秦檜，幾因此罷官。秦

惠卿，殆誤。呂惠卿與王安石同時。曾幾紹興間官

者，宋時為相。吉甫應是曾幾，朱彝尊說是呂

著錄直翁等靈隱題名，但書者誤。按直翁，史浩字，

方盛紀題名筆迹不同，乃另一段。兩浙金石志卷七

直翁翼道林夫吉甫同遊十字右行為一段，右

沙孟海墨迹

宋 芗林题刻

释文：

薌林。

述略：

在香林洞口。篆书，字径约19厘米，无字龛，整龛横纵20厘米×69厘米。无年月及书者姓名。著录于《续修云林寺志》。

宋 龙泓洞取经浮雕题额

1	2	3	4
5	6	7	8

释文：

1. 葱岭。
2. 竺法蘭三藏。
3. 天竺摩□三藏。
4. 朱八戒。
5. 從人。
6. 達摩法師。
7. 使命宋□。
8. 唐三藏玄奘法師。

述略：

在龙泓洞口。楷书，单行，字径3厘米。

宋 司马德题名

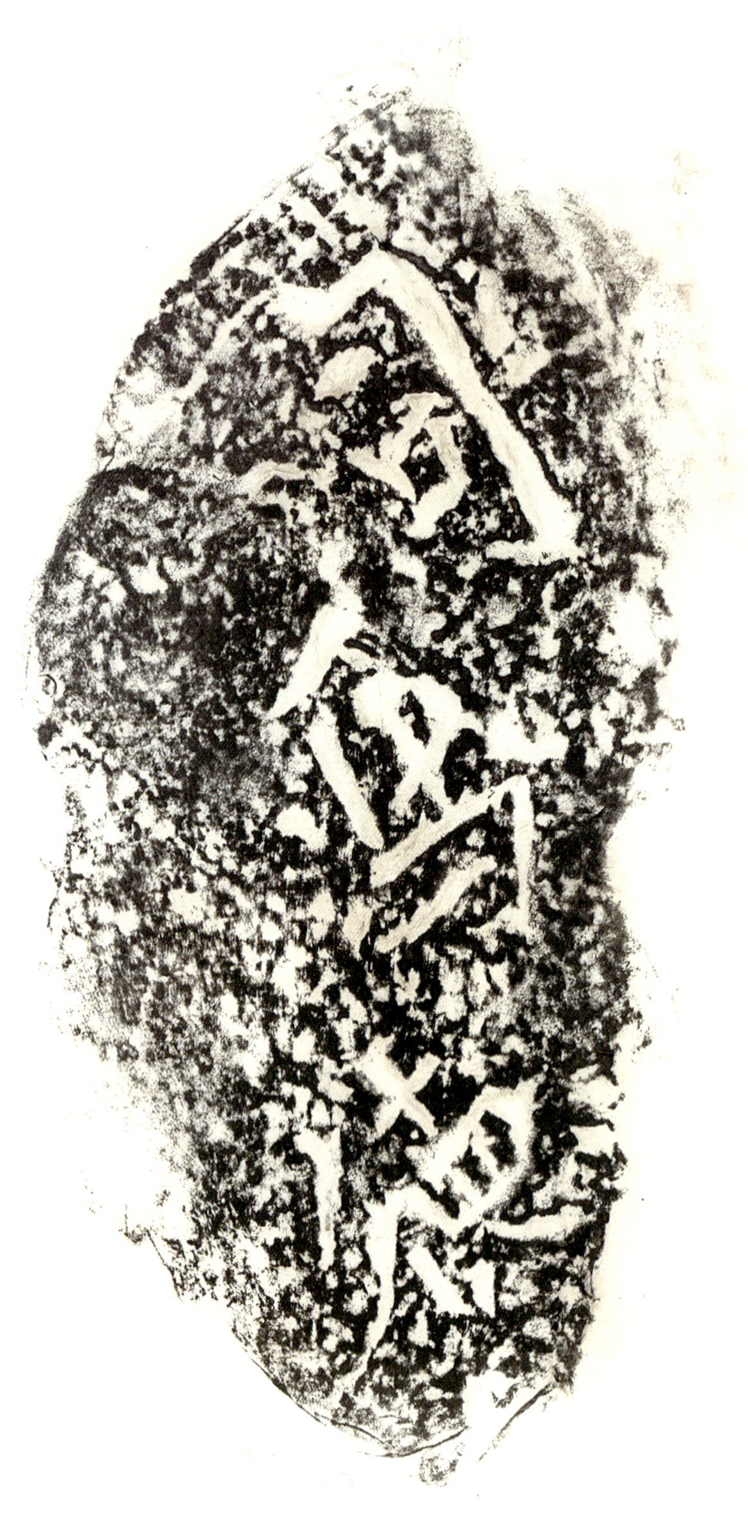

释文:

司馬德。

述略:

在青林洞。楷书，字径约4厘米。未见著录。

宋 陈古等题名

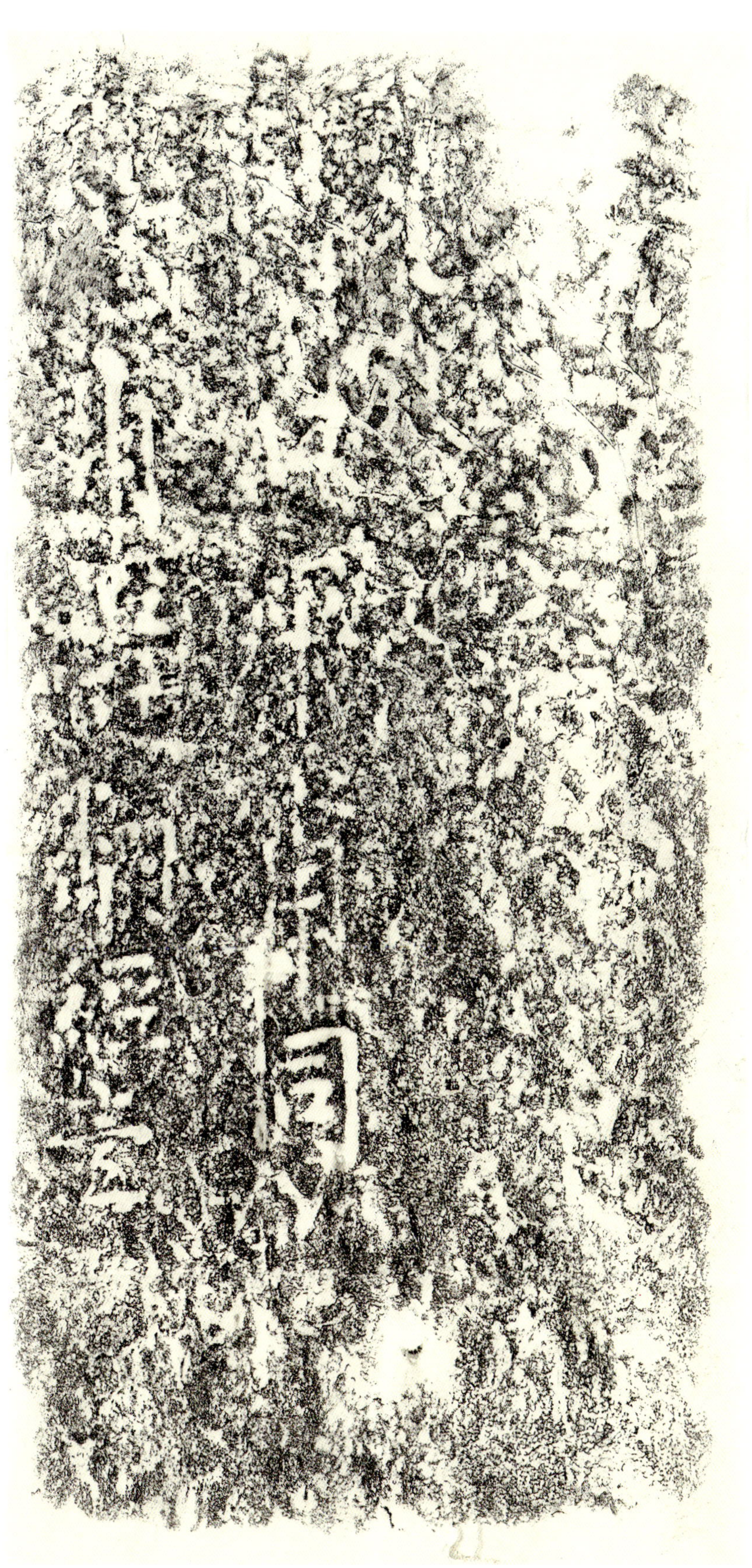

释文：

陳古平甫同/德甫遊翻經臺。

述略：

在飞来峰顶。楷书，字径约6厘米，整龛横纵36厘米×76厘米。清代倪涛《六艺之一录》中载："陈古题名在灵山塔侧，'陈古平甫同德甫游'见《灵隐寺旧志》。"

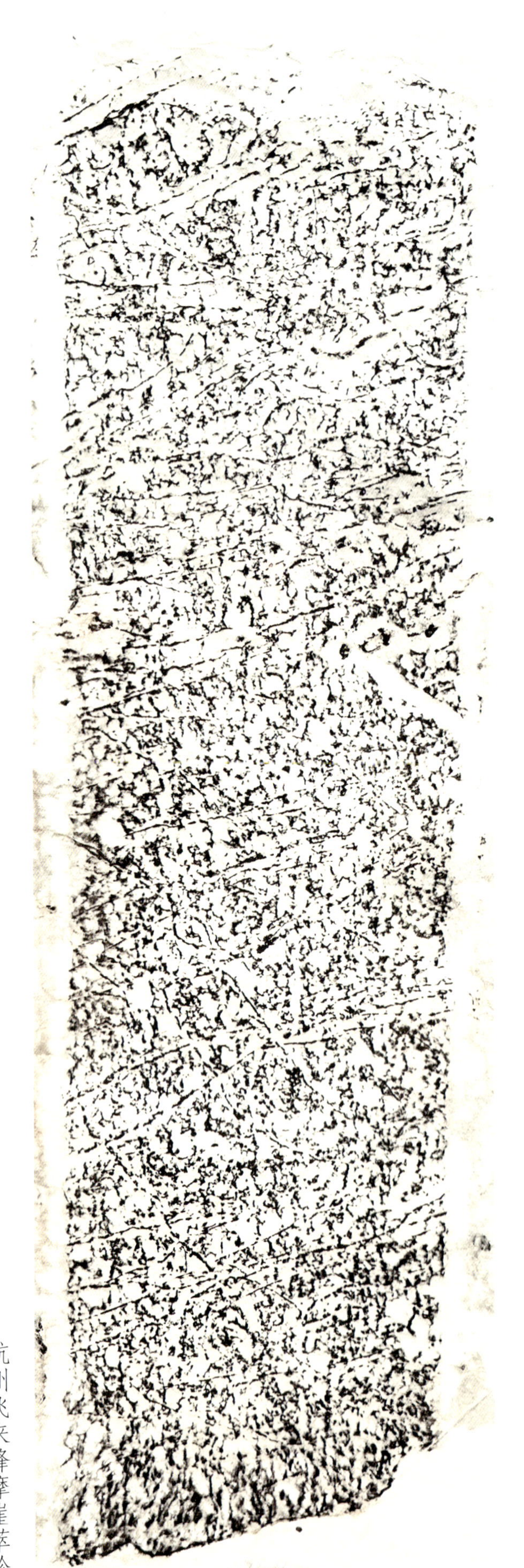

宋 传杨绘等题名

释文：

楊繪元素、魯有開元翰、/陳舜俞令舉、蘇軾子瞻同遊。/熙寧七年九月二十日。

述略：

在香林洞口。楷书，3行，字径4厘米。据《灵隐寺志》推断为苏轼等题名。隐约可见首行“杨”，今附列于此，待日后有慧眼者考之。

熙宁七年，公元1074年。

杨绘（1027—1088），字元素，号无为子，汉州绵竹（今属四川）人。皇祐五年（1053）进士第二名。熙宁四年（1071）知亳州，移知应天府，再移知杭州。熙宁七年（1074）复召为翰林学士。后因私通贿赂被贬，久之，再知徐州、杭州。

陈舜俞（1021—1076），字令举，号白牛居士，乌程（今浙江湖州）人。庆历六年（1046）进士，历明州观察推官、山阴县知县等。熙宁五年（1072），谪监南康军盐酒税。

苏轼自熙宁四年至熙宁七年九月任杭州通判，这次同游后不久，苏轼即离开杭州。

宋 希元题记

释文:

略。

述略:

在飞来峰后山。17行，字径约5厘米，整龛横纵100厘米×95厘米。

摩崖漫漶不清，释文不可卒读。

宋 达彦等题名

释文：

達彦、庭言、/彦舉，壬子/九月十二/日來遊。

述略：

在香林洞。楷书，4行。字径约6厘米，整龛横纵25厘米×26厘米。未见记载。据书风刻工特征判断，恐是宋人，故附于此。

彦特等题名

释文:

是年至日，彦/特、彦升同遊。

述略:

在香林洞。楷书，2行，字径约3厘米。未见记载。

宋 李赟等题名

释文:

□□十二年夏四月二日，/李贇、駱偃、王世良、/陳良□、會稽僧德/□，同遊此。李□/□□□捧砚。

述略:

在青林洞外。左行，楷书，5行，字径约4厘米，整龛横纵33厘米×44厘米。未见记载。

骆偃，宋乾道年间进士，官至太尉。

余人待考。

宋 壬戌残题记

释文：

……壬戌二月十八日，同游/……

述略：

在三生石。楷书，残存约2行，字径约3厘米，整龛横纵26厘米×38厘米。

宋 梅违等题名

释文：

梅達、黄安仁同游。

述略：

在飞来峰后山。行书，字径8厘米，著录于《两浙金石志》。梅违二字据原刻细察，未必是。因无法确认，故暂依前说。

梅违，无考。

黄安仁，《淳熙严州图经》卷一有载，为绍兴十五年（1145）乙丑刘章榜进士。

宋 保居残题记

释文：

略。

述略：

在青林洞口，约6行，字径3厘米。

释文泐损尤甚，可读者仅“保居”“先妣”等字，行文习惯与宋元人造像记类似，故附于宋末。

元

一綫天

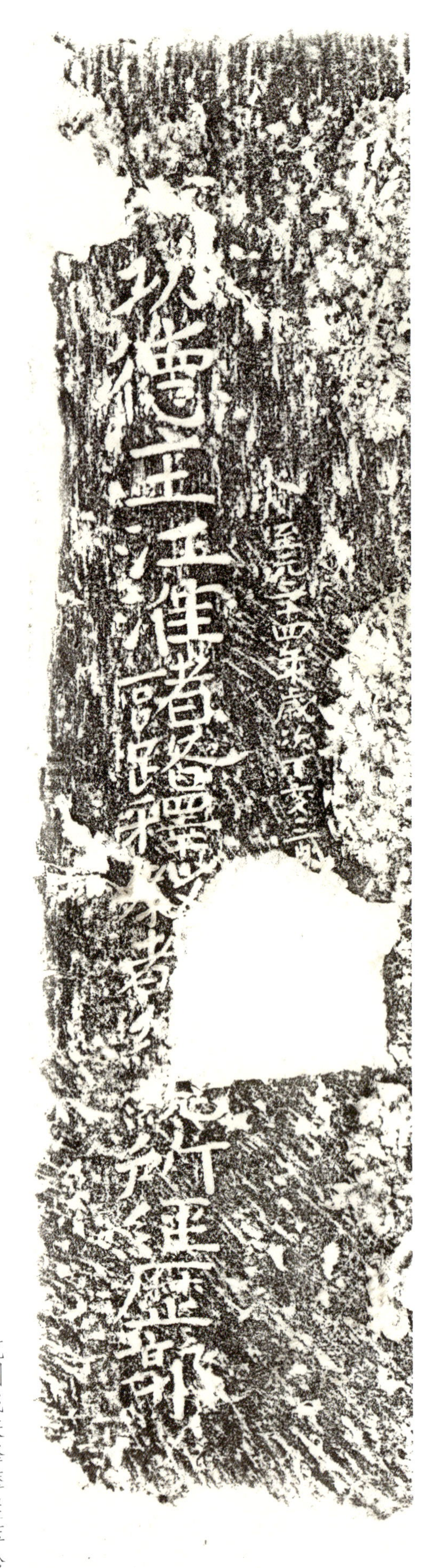

元 郭经历造像记一

释文:

功德主江淮諸路釋教都總統所經歷郭。/至元二十四年歲次丁亥三月。

述略:

在龙泓洞口。左行，正文字径9厘米，落款字径3厘米，无字龛。

至元二十四年，公元1287年。

元 郭经历造像记二

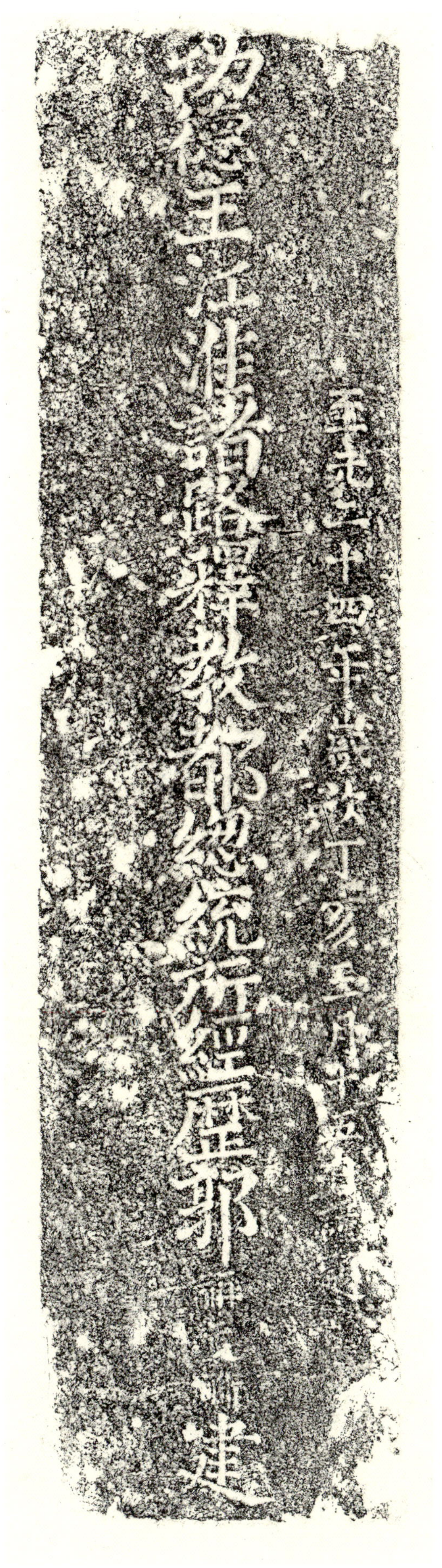

释文：

功德主江淮諸路釋教都總統所經歷郭□□建。/至元二十四年歲次丁亥三月十五謹題。

述略：

在龙泓洞口。左行，2行，正文字径6厘米，落款字径2厘米。

至元二十四年，公元1287年。

元 大将军杨思谅同妻朱氏造像记

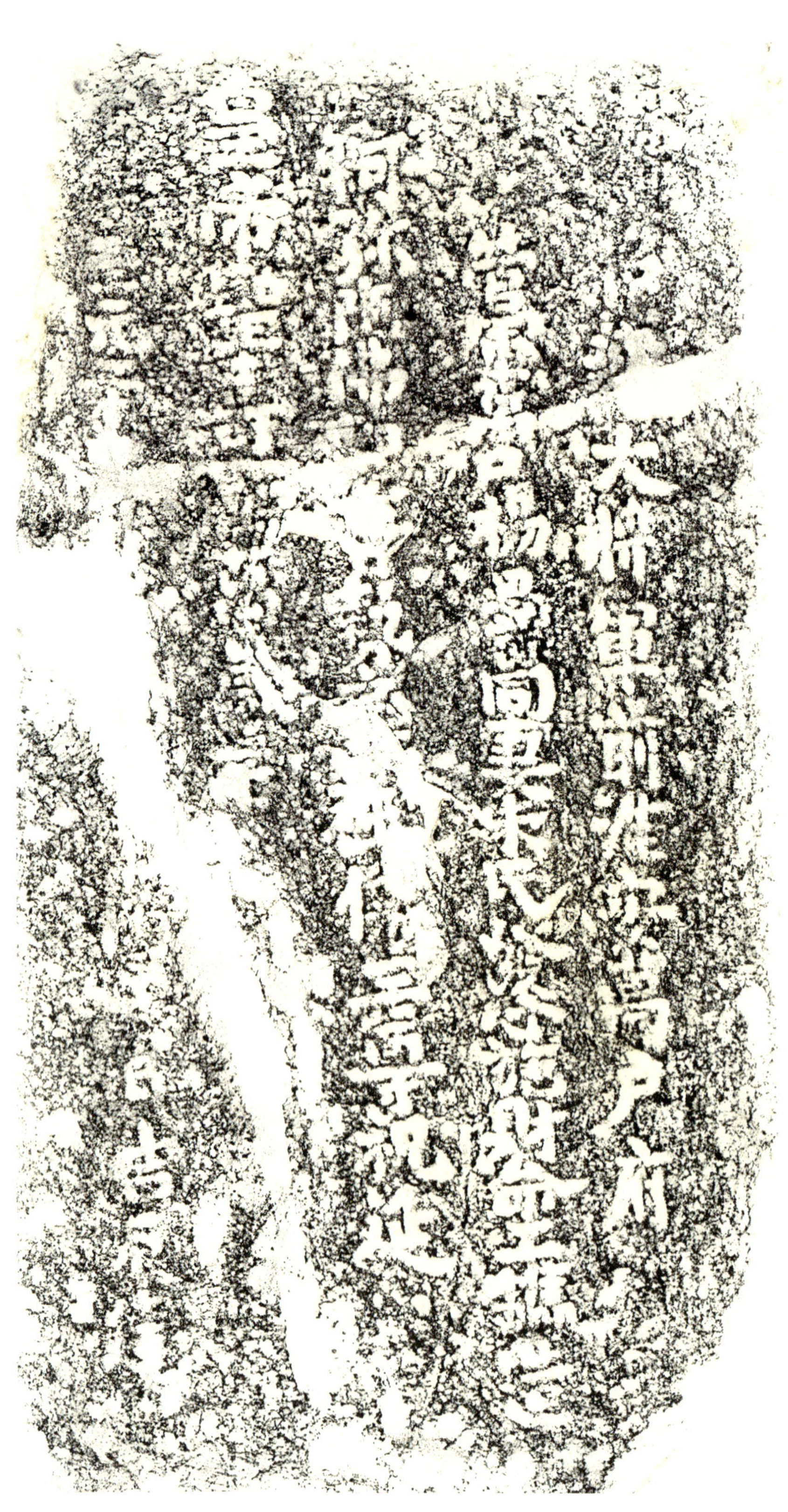

释文：

昭毅大將軍、前淮安萬户府/管軍萬户楊思諒，同妻朱氏，發心施財，命工鐫造/阿彌陀佛、觀音、勢至聖像三尊，祝延/皇帝聖壽萬萬歲者。/至元二十□年□月丙午日吉辰建。

述略：

在飞来峰冷泉溪南岸。楷书，5行，字径5厘米，著录于《续修云林寺志》。

元 董□祥造像记

释文：

總統所董□祥，特發誠心/施財，命工刊造/觀音聖像，上答/洪恩，以祈福祿增崇，壽年綿遠者。/大元戊子三月吉日題。

述略：

在冷泉溪南岸。楷书，5行，字径4厘米，横纵38厘米×48厘米。总统所，应即前释教都总统所。著录于《续修云林寺志》。

大元戊子，即至元二十五年，公元1288年。

元 永福大师造像记一

释文：

宣授江淮諸路釋教都總統永福大師，/施財工鎸造佛像，伏願/皇圖鞏固，帝道遐昌，/佛日增輝，法輪常轉。/至元二十五年戊子三月日□□西夏僧馮慧廣。

述略：

在龙泓洞。楷书，正文4行，字径7厘米；款字1行，字径3厘米。《两浙金石志》著录。此次较先前释字尤多。

至元二十五年，公元1288年。

杨琏真迦，西夏僧侣，法号永福。至元十四年至二十九年（1277—1292）任元朝江南释教都总统（后改江淮诸路释教都总统）。

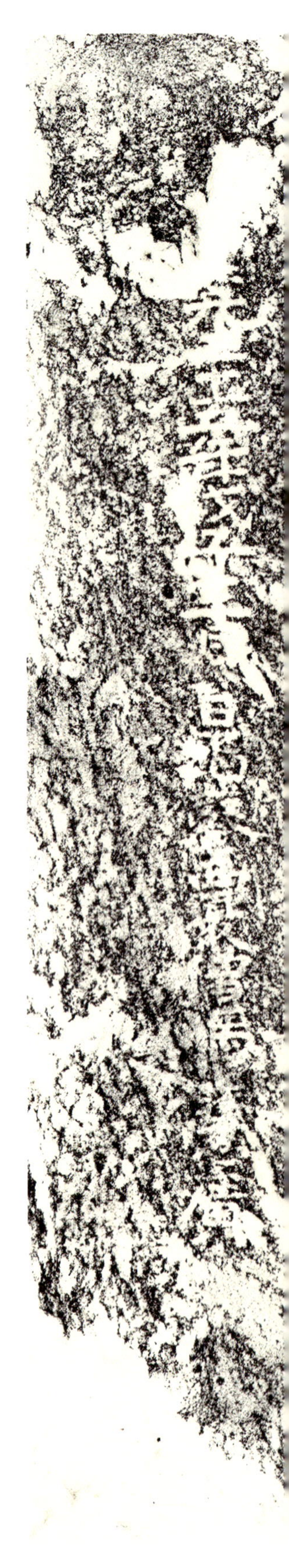

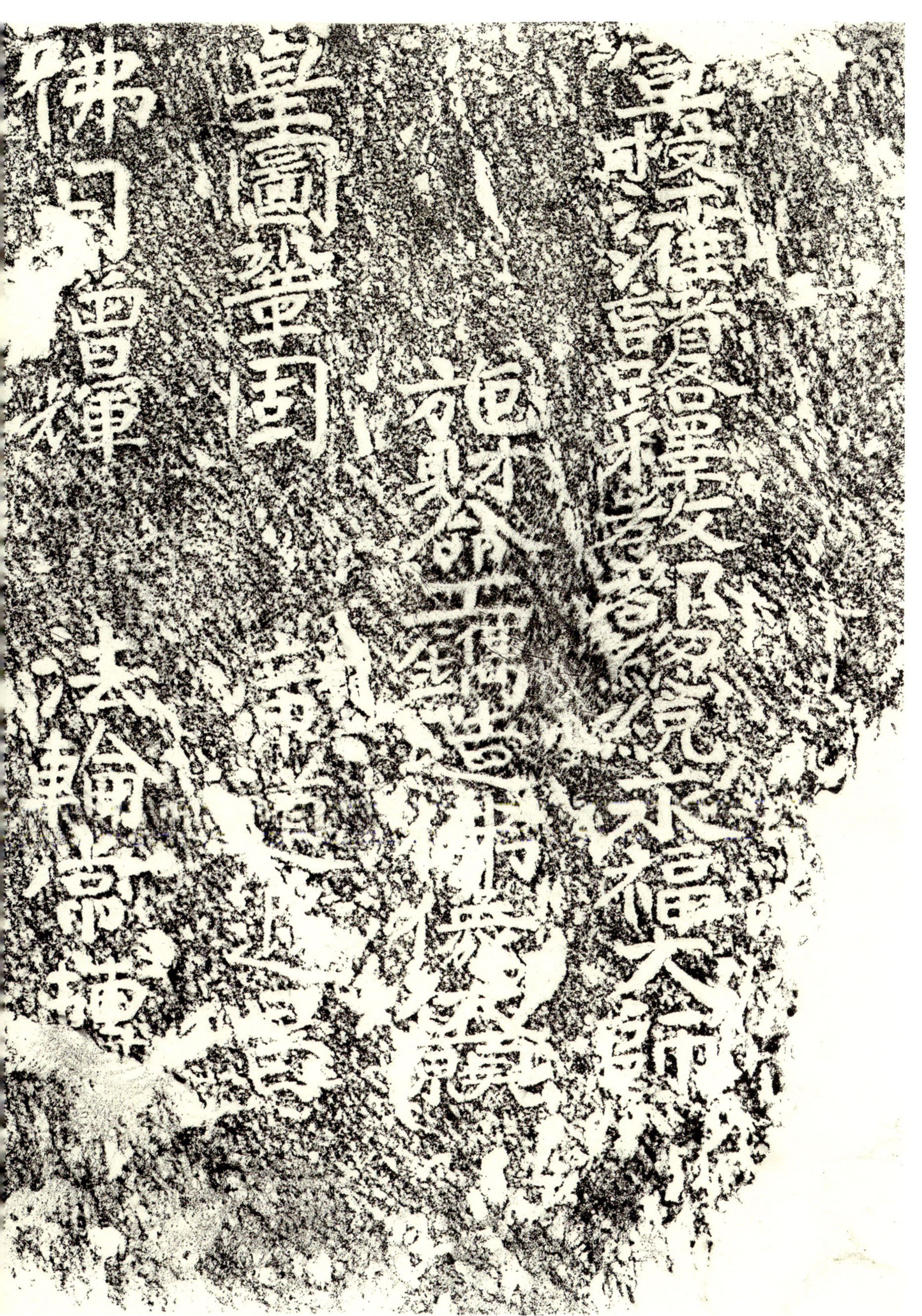

元 大元国杭州佛国山石像赞

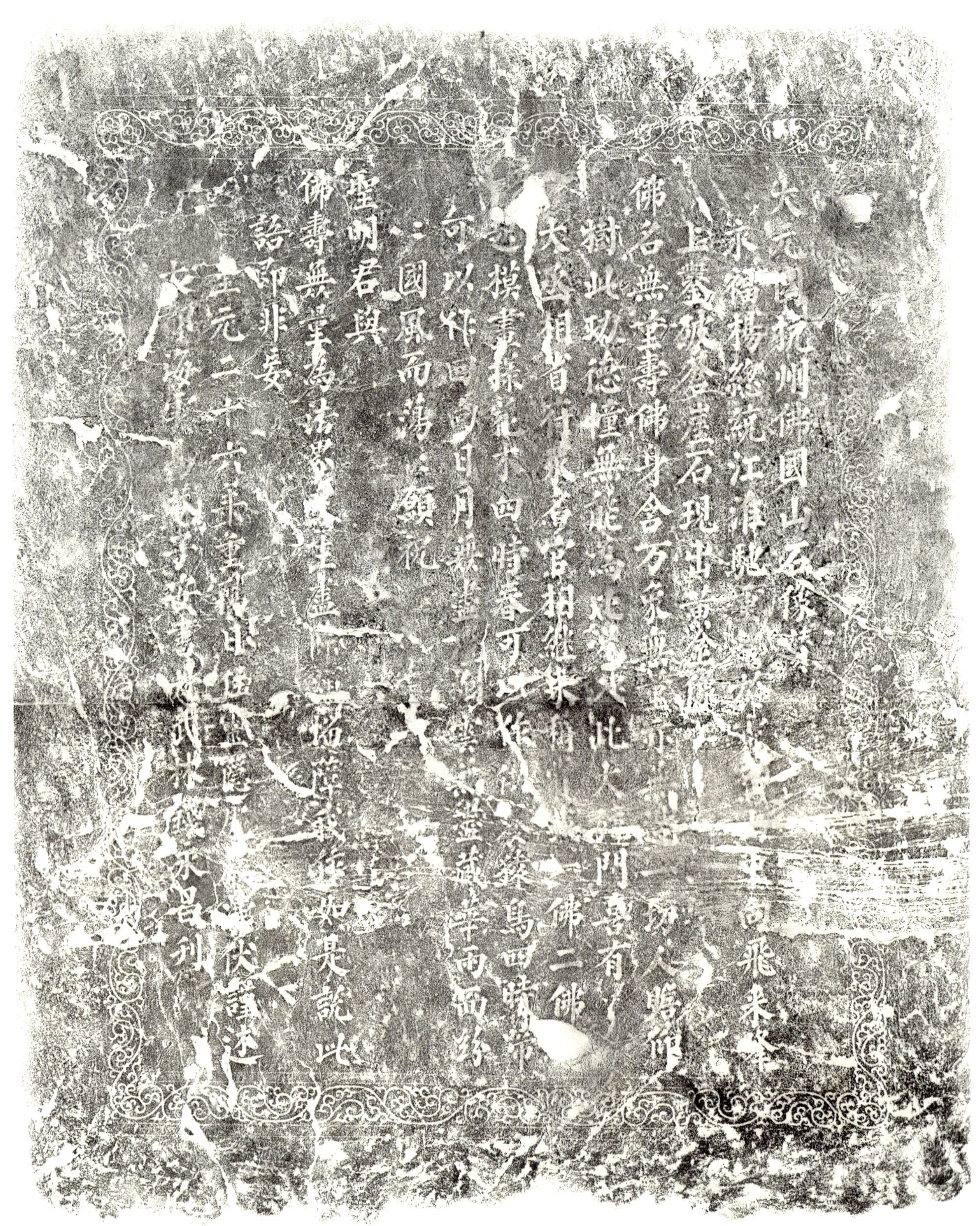

释文:

大元國杭州佛國山石像贊。/永福楊總統，江淮馳重望。於靈鷲山中，向飛來峰/上。鑿破蒼崖石，現出黃金像。/佛名無量壽，佛身含萬象。無量亦無邊，一切人瞻仰。/樹此功德幢，無能爲比況。入此大施門，喜有/大丞相。省府衆名官，相繼來稱賞。藏一佛二佛，/□起模畫樣。花木四時春，可以作供養。猿鳥四時啼，/可以作回向。日月無盡燈，烟雲無盡藏。華雨而紛/紛，國風而蕩蕩。願祝/聖明君，與/佛壽無量。爲法界衆生，盡除煩惱障。我作如是說，此/語即非妄。/至元二十六年重陽日，住靈隱虎巖净伏謹述，/大都海雲易庵子安書丹，武林錢永昌刊。

述略:

在冷泉溪侧。楷书。《武林金石录》《两浙金石志》《续修云林寺志》均有著录。

至元二十六年，公元1289年。

虎岩净伏，禅宗临济宗杨岐派僧人，虚舟普度法嗣。咸淳七年（1271）任中天竺永祚禅寺首座。至元二十一年（1284）受元世祖召见，用宋仁宗不食羊肉典故，劝谏其“戒杀”。至元二十五年（1288），以灵隐寺住持身份与时任径山寺住持云峰妙高一同，受江淮释教总督杨琏真迦召集至大都参与禅教廷辩。至元三十年（1293），云峰妙高圆寂，虎岩净伏遂迁径山继任法席。

易庵子安，通称西云子安，大都海云寺住持，临济宗，元代临济宗领袖。

本刻名为“大元国杭州佛国山石像赞”，是一首五言长诗，赞颂了杨琏真迦开凿这一龛无量寿佛造像的功德，由灵隐寺方丈虎岩净伏撰，大都海云寺易庵子安书。

元 平江僧录蒲远真缮造像记

释文：

平江路僧録蒲遠真縉，謹/發誠心施財，命工刊造/密理瓦巴一堂，上祝/皇帝聖壽無疆。/大元庚寅歲五月□□題。

述略：

在冷泉溪侧。楷书，5行，字径4厘米，横纵38厘米×45厘米。

大元庚寅，即至元二十七年，公元1290年。

“密理瓦巴”是佛教历史上公认的印度八十四成就者之一。

开龛者“平江路僧录蒲远真缙”，生平不详。

该造像记在今人《西湖石窟艺术》中有著录，能否上溯其他著录，待考。

元 平江路僧判王造像记

释文:

平江路僧判王□□/誠心施財，命工刊造/普賢菩薩一尊，上祝/聖恩，以祈福禄壽命綿遠者。/至元庚寅五月初三日。

述略:

在冷泉溪南岸。楷书，5行，字径4厘米，每行字数不等。

至元庚寅，公元1290年。

元 无量寿佛题刻

释文:

無量壽佛。/至元二十八年僧永……

述略:

在龙泓洞。楷书，3行，正文字径8厘米，落款字径3厘米，字龛横纵36厘米×51厘米。

至元二十八年，公元1291年。

元 脱脱夫人造像记

释文：

荣禄大夫、行宣政院使脱脱夫人/發誠心，願舍净財，命工鎸造/金剛手菩薩聖像一尊，端爲祝延/聖壽萬安，保佑院使大人福禄增榮，壽命延/遠，家眷安和，子孫昌齡。/至元二十九年閏六月日建。

述略：

在龙泓洞外。楷书，6行，字径约4厘米，龛横纵30厘米×40厘米。《两浙金石志》卷十四载："大元国功德主荣禄大夫、行宣政院使脱脱夫人□氏，谨发诚心，愿舍净财，命工镌造金刚手菩萨圣像一尊，端为祝延圣寿万安，保佑院使大人福禄增荣，寿命延远，家眷安和，子孙昌龄。至元二十九年闰六月日建。右在飞来峰摩崖，正书六行，行字不等。"

脱脱夫人生平不详。脱脱是元人常见姓名。

至元二十九年，公元1292年。

元 永福大师造像记二

释文：

大元國功德主宣授江淮諸路釋教都總統永/福大师楊，謹發誠心，捐捨净財，命工鐫造/阿彌陀佛、觀世音菩薩、大勢至菩薩聖像三尊，/端爲祝延/皇帝聖壽萬安，闊闊真妃壽齡綿遠，/甘木羅太子、帖木兒太子壽筭千秋，/文武百官常居禄位。祈保自身世壽延長，福/基永固，子孫昌盛，如意吉祥者。/至元壬辰二十九年七月仲秋吉日建。

述略：

在呼猿洞。楷书，9行。有字龛，横纵49厘米×56厘米，字径2—3厘米。

至元二十九年，公元1292年。

元 行宣政院使杨造多闻天王像题名

释文：

大元國大功德主資政大夫行宣政院使/楊謹發誠心，捐捨净財，命工鐫造，/多聞天王聖像一尊，端爲祝延/皇帝萬歲，國泰民安，法輪常轉，四恩/總報，三有徧資，法界衆生，齊/成佛道者。/至元壬辰二十九年七月仲秋吉日建。

述略：

在冷泉溪側。7行，字径4厘米，每行字数不等。《两浙金石志》《续修云林寺志》有著录。

至元二十九年，公元1292年。

《元史》载，至元二十八年（1291）九月，元廷立行宣政院于杭州，脱脱任院使，以取代江南释教都总统所的功能。后杨琏真迦的儿子杨暗普接任，故此“行宣政院使杨”应指杨暗普。

元 行宣政院使杨造无量寿三尊像题名

释文：

大元國功德主資政大夫/行宣政院使楊，謹發/誠心，捐捨净財，命工鐫造，/無量寿佛、文殊菩薩、救/度佛母聖像三尊，祝延/聖壽萬安，闊闊真妃壽齡綿遠，/甘木羅太子、帖木兒太子/壽筭千秋。祈保自身世/壽延長、福基永固、子孫/昌盛、如意吉祥者。/至元壬辰二十九年□月仲秋吉日建。

述略：

在呼猿洞。楷书，11行，无字龛，横纵137厘米×58厘米，字径3—6厘米。

至元二十九年，公元1292年。

元 徐僧录等造像记

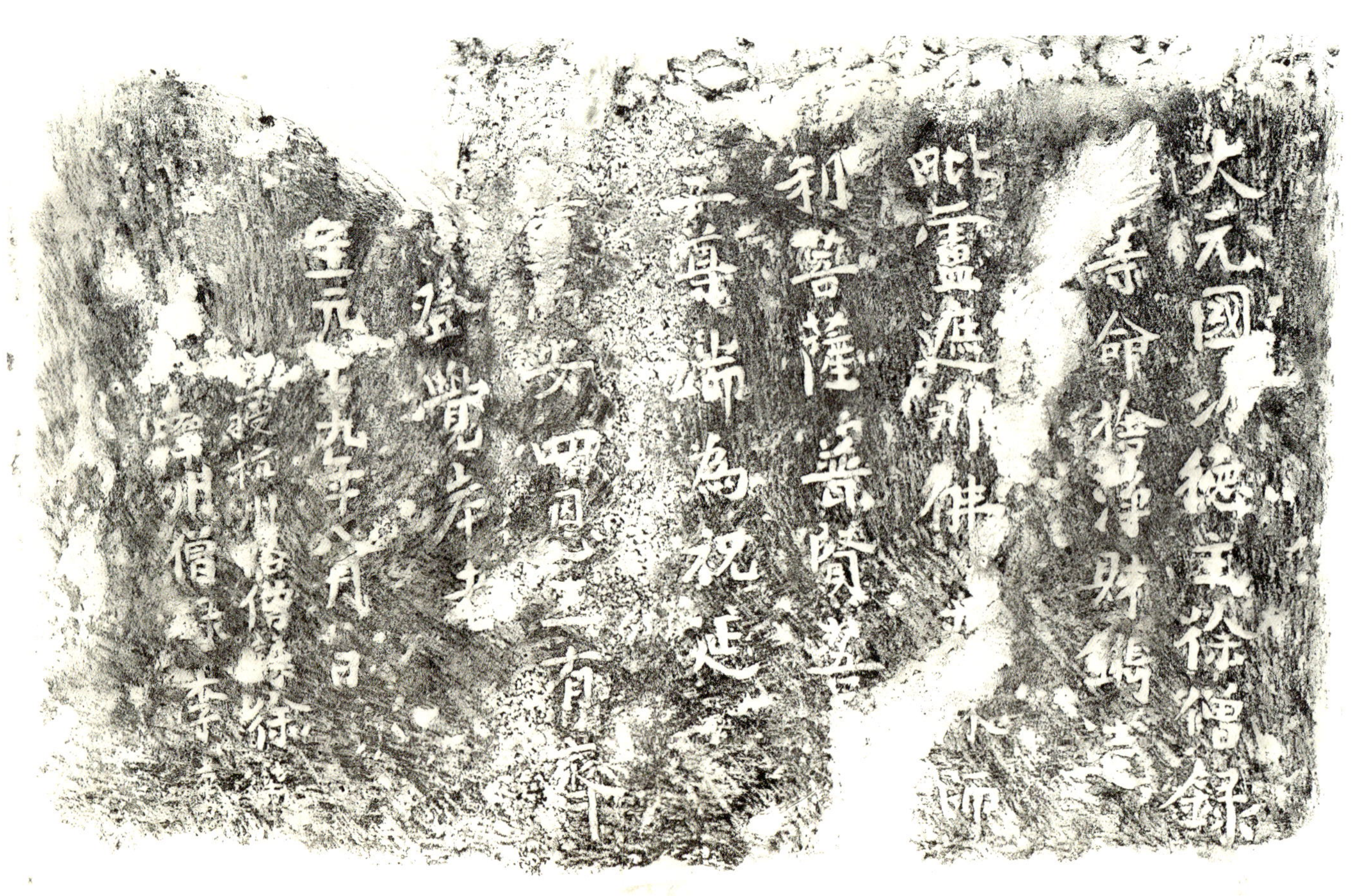

释文：

大元國功德主徐僧録/等命捨净財，鐫造/毗盧遮那佛、文殊師/利菩薩、普賢菩薩/三尊，端爲祝延/聖壽萬安，四恩三有，齊/登覺岸者。/至元二十九年八月八日，/宣授杭州路僧録徐□□、/潭州僧録李□□。

述略：

在青林洞口。楷书，10行，字径7厘米。著录于丁敬《武林金石记》卷八。

至元二十九年，公元1292年。

元 答失蛮重装佛像记

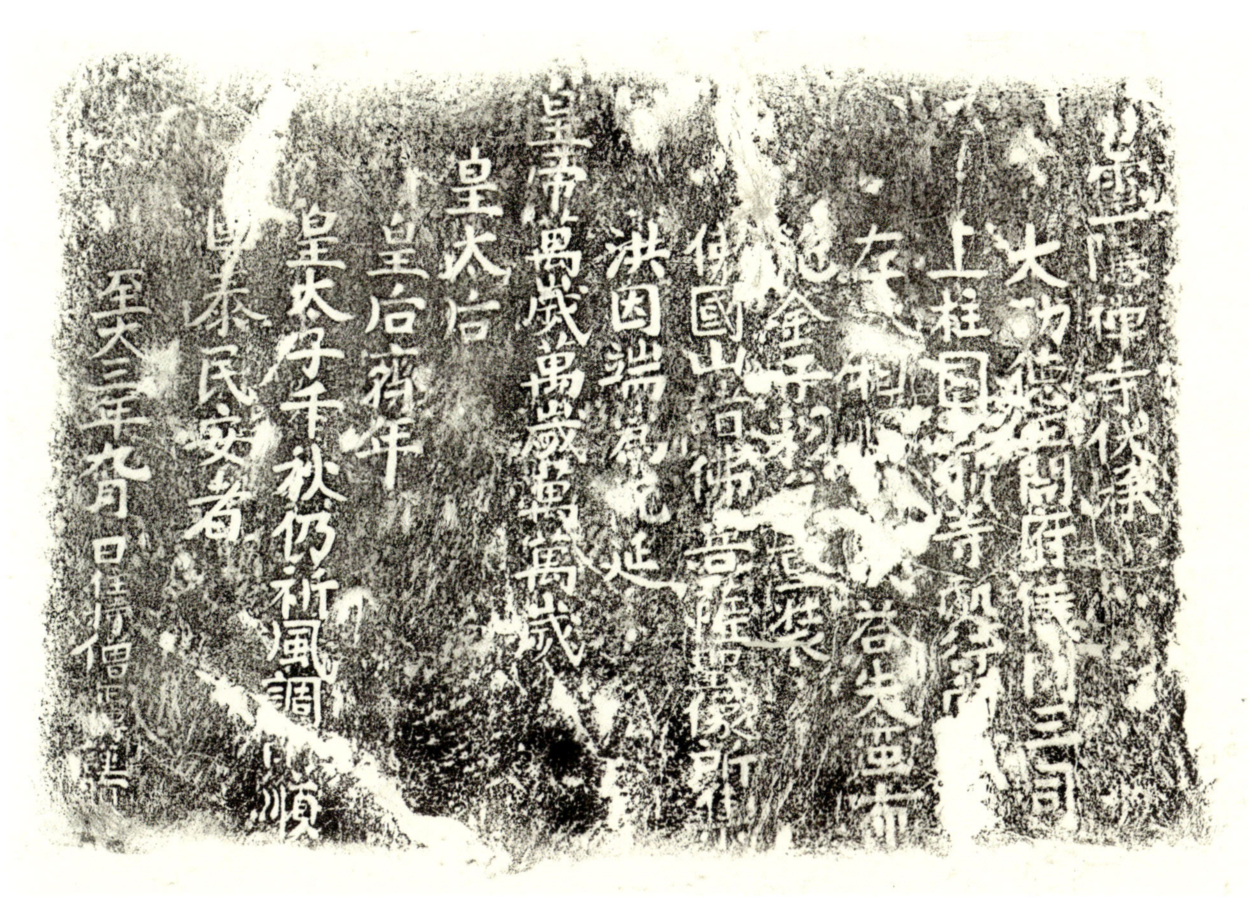

释文：

靈隱禪寺伏承，/大功德主開府儀同三司/上柱國江浙等處行尚□□/左丞相□□□答失蠻，布/施金子彩□，重裝/佛國山諸佛菩薩聖像。所集/洪因，端爲祝延/皇帝萬歲萬歲萬萬歲。/皇太后、/皇后齊年，/皇太子千秋。仍祈風調雨順、/國泰民安者。/至大三年九月日住持僧正傳謹題。

述略：

在龙泓洞口。楷书，13行，字径5厘米。

至大三年，公元1310年。

答失蛮，自幼跟随忽必烈，掌第一宿卫、奏记，兼监斡脱总管府。忽必烈即位后，拜户部尚书，兼内八府宰相，常扈从忽必烈亲征。大德三年（1299），兼翰林院学士承旨，领泉府司事。

元 王达等题名

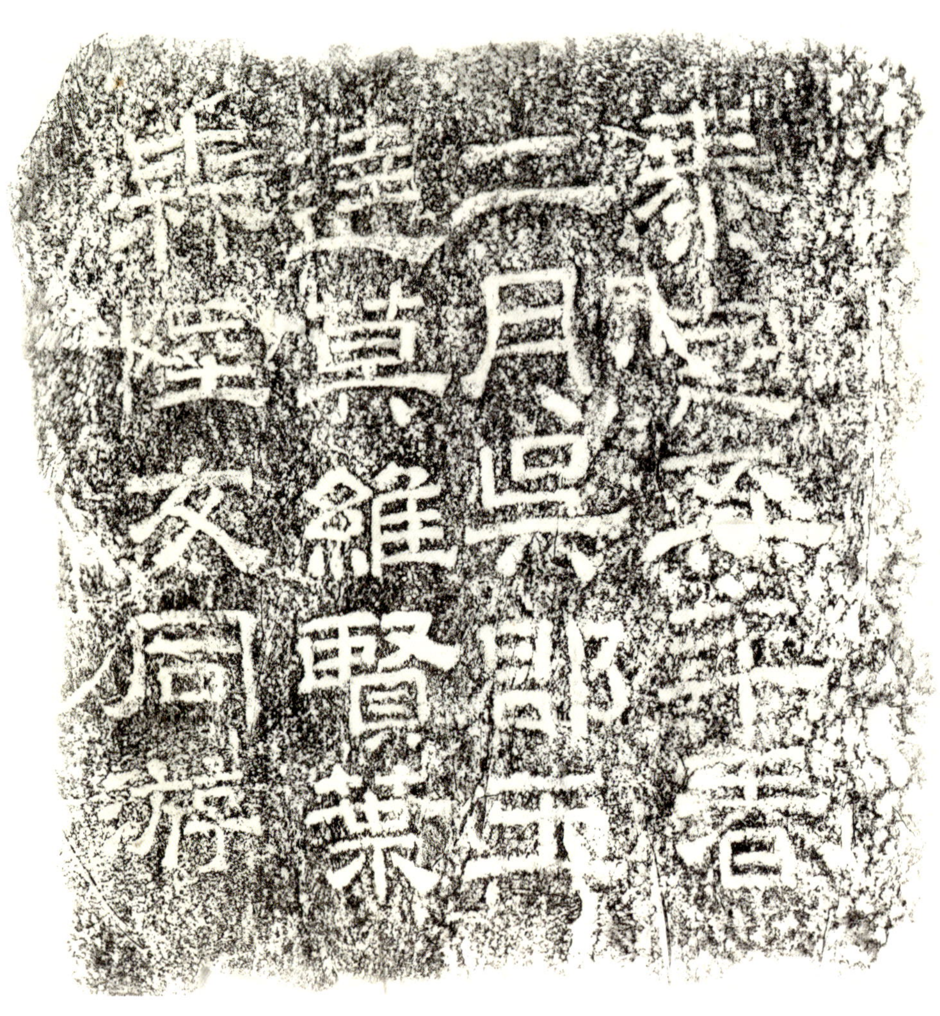

陆友墨迹

释文：

泰定五年春/二月，吴郡王/達、莫維賢、葉/森、陸友同游。

述略：

在三生石。隶书，4行，字径6厘米，字龛横纵45厘米×48厘米。《两浙金石志》《寰宇访碑录》有著录。《两浙金石志》载："泰定五年春二月，吴郡王达、莫维贤、叶森、陆友同游。右在香林洞摩崖，隶书四行，字径二寸余。……莫维贤，字景行，好学能诗，筑别业于灵隐，时人比之辋川，著有《广莫子集》。叶森，字景修，早从贞白先生、吾子行游，古文歌诗咸有法则。陆友，字友仁，平江人，著有《研北杂志》。四子惟陆友书名最著，同时虞集、柯九思皆善书，见《吴中人物志》《墨史》《书史》等书。此题名居后，或即其所书也。"

又，陆友有墨迹传世，比之，可知摩崖为其手书。

泰定五年，公元1328年。

元 至正三年造像记

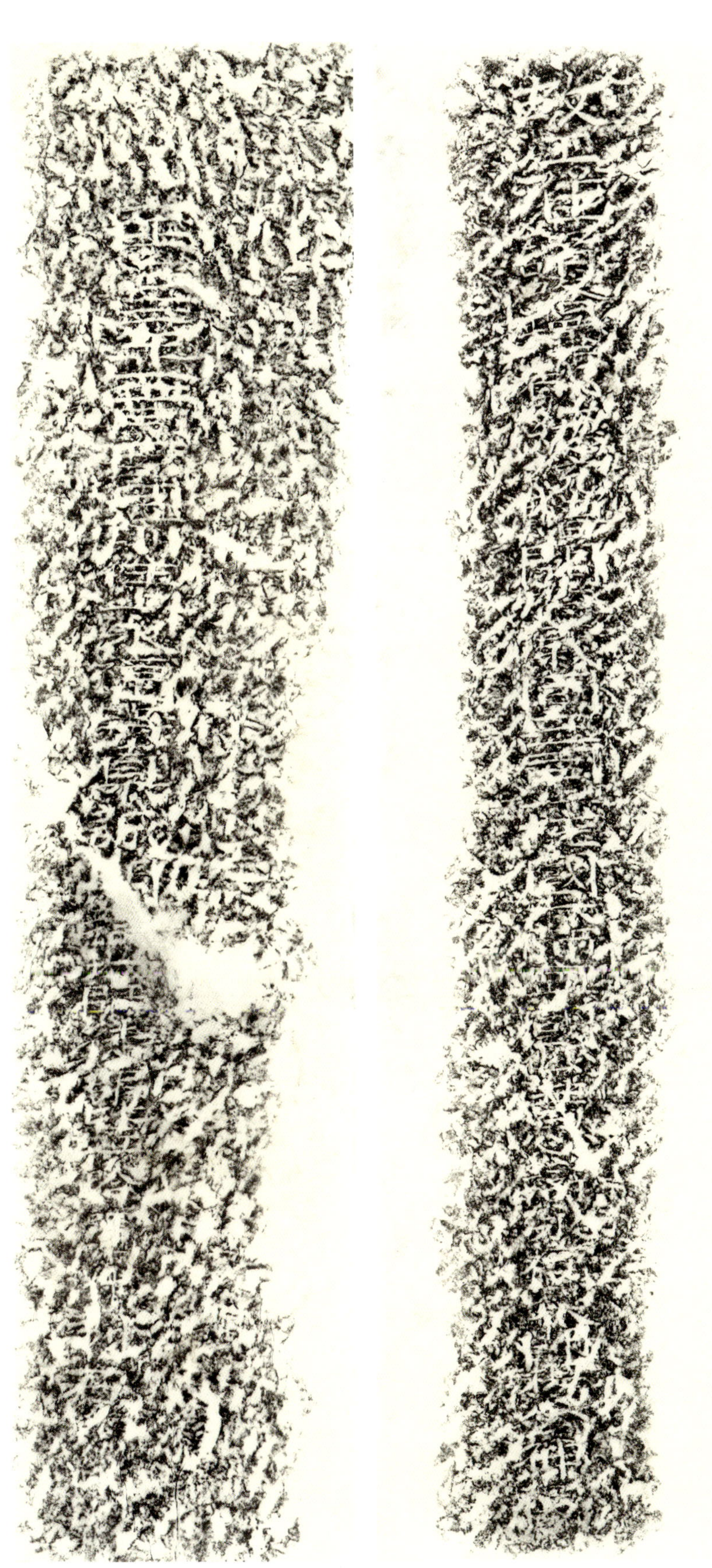

释文:

故江淮諸路釋都總統僧、開府儀同三司、上柱國大師寧國公慧辯永福大师楊公神像。/至正三年閔□前住山永福寺真誠慧辯大师徒弟比丘哈□什刊石。

述略:

在冷泉溪侧。传为杨琏真迦像两侧。隶书，2行，字径7厘米。

至正三年，公元1343年。

元 行之瓔珞泉题刻

释文：

瓔珞泉。/沙門行之。

述略：

在飞来峰后山。隶书，榜题，字径28厘米。著录于清三宝《莲华峰古迹考略》。清管庭芬《天竺山志》卷八录元代贡师泰《再来泉记》："……山之西崦有泉，侧出岩窦间。下被草石，累累如贯珠，故名瓔珞泉。亭其旁曰'香林'，久废不治。至正四年，行之安法师来主寺，仍复葺之，且凿方池，接竹引泉，以供食饮。甘美殊绝，用之瀹茗，味不在惠山泉下。后十年，行之退居草堂，泉亦随涸……"可知，元至正四年（1344）天竺寺住持行之重浚瓔珞泉。

元 杨瑀等题名

释文：

至正六年秋九/月朔，太史楊瑀、/翰林張翥謁福/初上人，因登蓮/花峰，留名崖石，/從游者施維才、/郑韶。

述略：

在三生石。楷书，7行，字径约7厘米，字龛横纵68厘米×57厘米。《两浙金石志》载："右在翻经台摩崖，正书七行，字径二寸。"

至正六年，公元1346年。

杨瑀，字元诚，号山居道士、竹西居士，杭州人。天历间擢中瑞司典簿，超授奉议大夫、太史院判官，改建德路总管。有惠政，官至中奉大夫，浙江道都元帅。著有《山居新语》。

张翥（1287—1368），字仲举，晋宁襄陵（今山西临汾）人。随父居杭州，召为国子助教，升国史院编修官，参编宋、辽、金三国国史，终官翰林学士承旨。

郑韶，字九成，号云台散史，吴兴（今浙江湖州）人。至正中授通政院必阇赤，交游甚广。

元　赵赟翁等题名

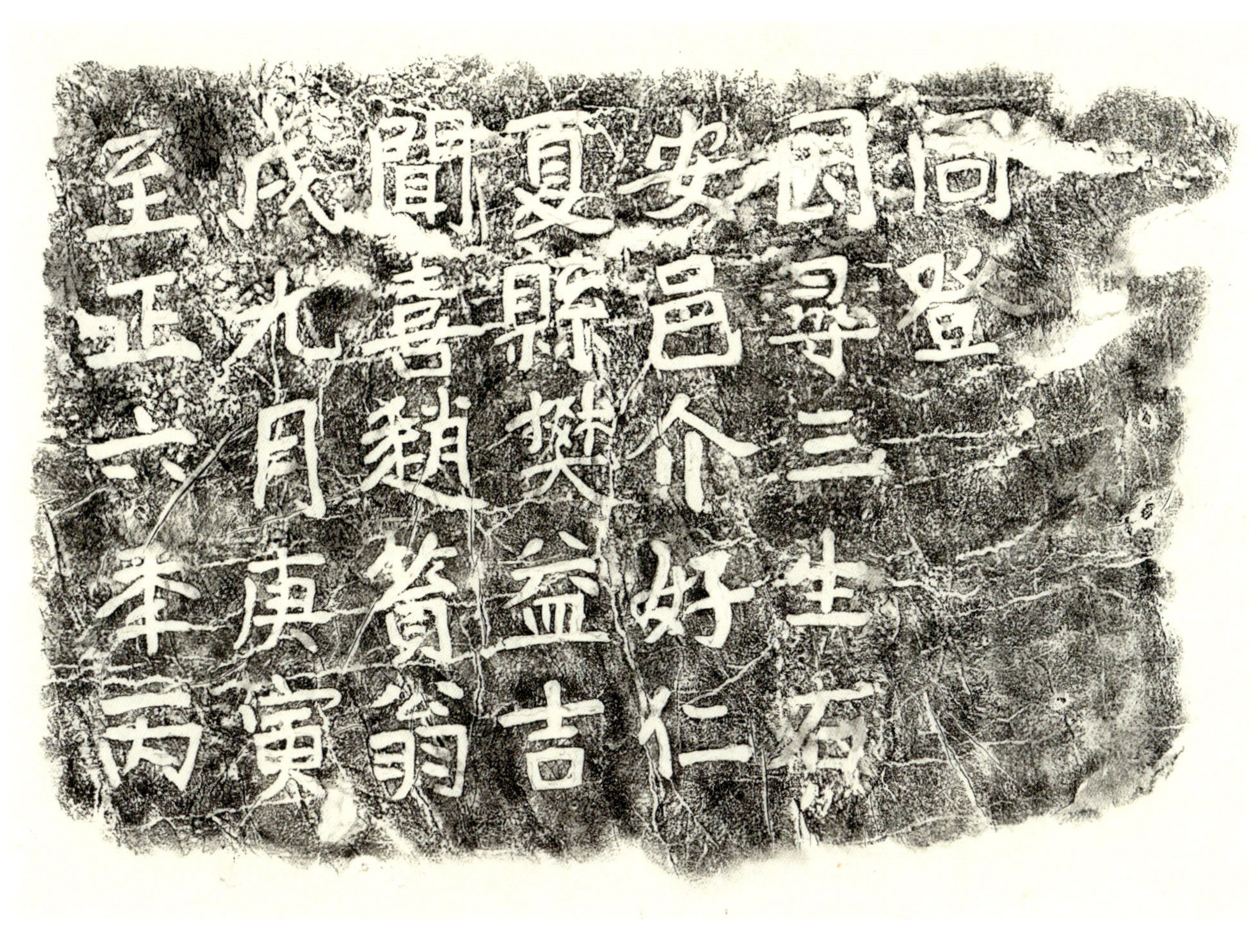

释文：

至正六年丙/戌九月庚寅，/聞喜趙贇翁、/夏縣樊益吉、/安邑介好仁，/因尋三生石，/同登。

述略：

在三生石。楷书，左行，7行，字径7—9厘米。用笔介于楷隶之间。著录于《武林金石录》《武林石刻记》《武林访碑录》《两浙金石志》和《续修云林寺志》。这也是记载三生石名称的最早题刻。

至正六年，公元1346年。

赵赟翁，字继清，闻喜（今属山西）人，居山阳（今江苏淮安）。延祐二年（1315）进士，授泗州判官，调湖广行省照磨，迁国子助教，历潮州推官、安陆府尹、蕲州路总管，有《覆瓿集》。

樊益吉、介好仁，待考。

元 兀氏也仙帖木题名

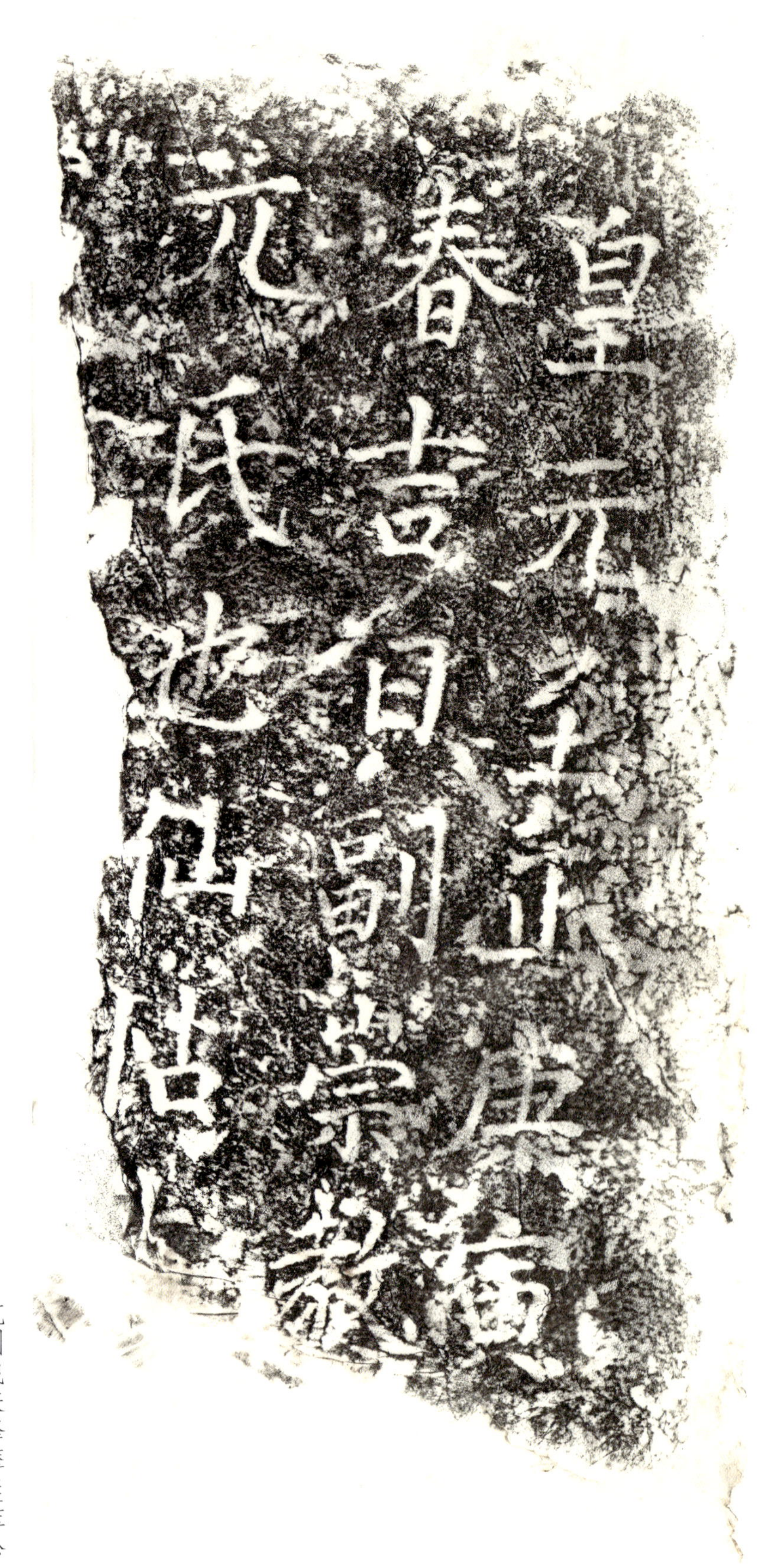

释文：

皇元至正庚寅/春吉日，副崇教/兀氏也仙帖木。

述略：

在龙泓洞外。楷书，3行，字径5厘米。著录于《武林金石录》《武林石刻记》《两浙金石志》《续修云林寺志》。

至正庚寅，即至正十年，公元1350年。

副崇教可能是当时的宗教官员，兀氏也仙帖木为常见蒙古人姓名。

元 闾闾定住等题名

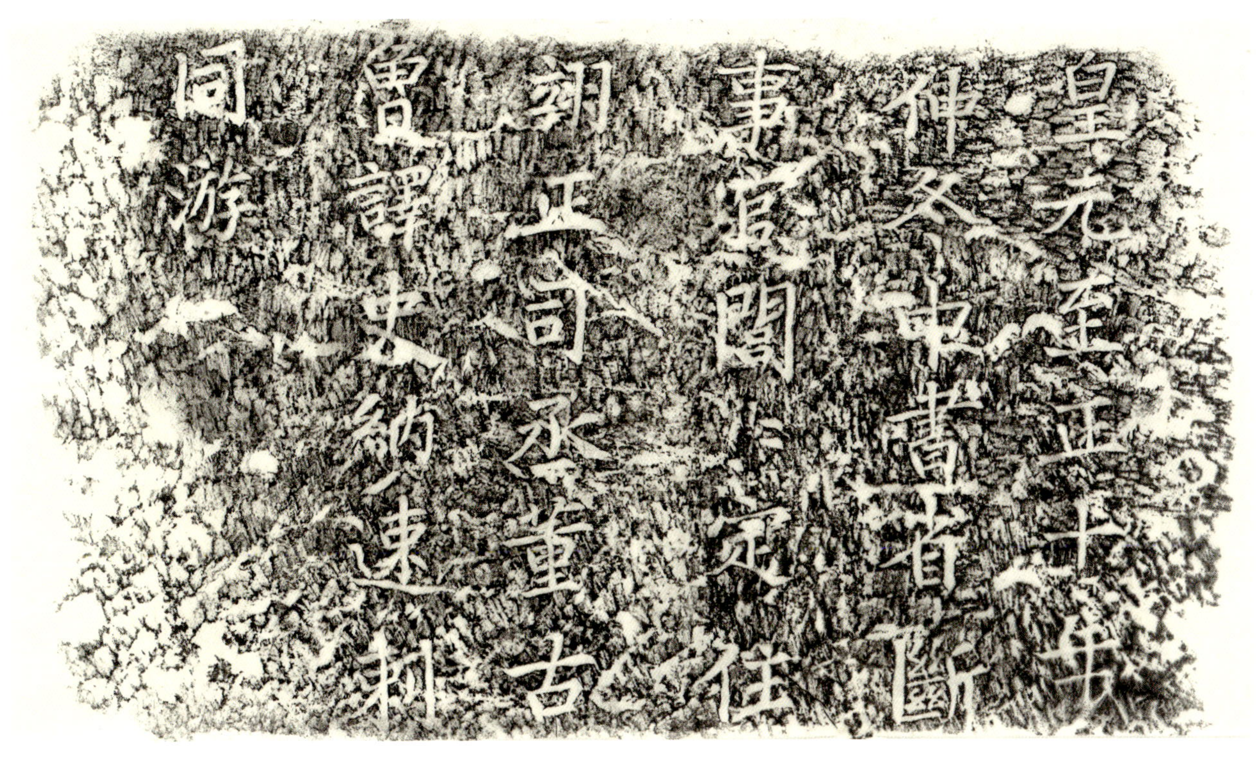

释文:

皇元至正十年/仲冬，中書省斷/事官閭閭定住、/翊正司丞董古/魯、譯史納速剌/同游。

述略:

在三生石。楷书，6行，字径4—5厘米，字龛横纵55厘米×34厘米。著录于《武林金石录》《武林石刻记》《武林访碑录》和《两浙金石志》。

至正十年，公元1350年。

闾闾定住、董古鲁、纳速剌皆为元朝廷官员。

董古鲁，字元善。曾任礼部员外郎，至元六年（1340）任直沽接运官。

元 周伯琦理公岩题记

释文:

理公嵒，晋高僧慧理師嘗燕寂焉。在錢唐虎/林山，天竹招提之東南。玲瓏玆[幽]邃，竹樹岑蔚。/至正九年，上人慧炬來居觀堂，起廢緝敝，爰/開是嵒。窈窕繚複，霏如堂皇，雲涌雪積，發渫/靈蘊。後七年，左丞綏寧楊公之弟、元帥伯顔，/清暇游愒，抉奇樂静，捐金庀工，載鑿嵒石，刻/十佛及補陀大士像，金碧炳赫，怳躋西土。冀/徼福惠，壽我重親，利我軍旅，冰釋氛沴，永/奠方岳。嵒之異勝，誕增於昔，爲虎林奇觀，寔/炬公軌行精慤，有以致之。居帍號曰菩薩，蓋/非夸益。天竹和尚允若師，臘以八十，與炬同/志，徵文示久，乃篆諸石。浙省參知政事番昜/周伯琦伯温記并書。

述略:

在理公岩。篆书，13行，字径约11厘米，龛横纵152厘米×207厘米。著录于《武林金石录》《武林石刻记》《武林访碑录》《两浙金石志》和《续修云林寺志》。

从刻文可知僧人慧炬和元帅伯颜，修葺灵鹫寺并在理公岩开凿造像的事迹，由周伯琦撰并书。此处《理公岩记》作于至正十六年。

至正十六年，公元1356年。

周伯琦（1298—1369），字伯温，号玉雪坡等，饶州鄱阳（今属江西）人。元代书法家、文学家，尤精篆隶，时任浙江行省参知政事。

此题记此后长久不为人所知。明嘉靖十七年（1538），郎瑛、叶彬发现题记并在其后留下题跋："此碑同歙叶子得之理公岩。攀萝剔藓，相与太息。何二百年来人莫知而志莫载邪？岂尤物神讳，□光终难掩耶？杭郎瑛跋。""文宝久秘者必彰。刻虽晚出，余与郎子爱其古也，用表于世。嘉靖戊戌冬十二月立春日，叶彬题。"

清同治八年（1839），绍兴人孟沅和台州人陈殿英再次于题记后留下题名："同治八年十月，山阴孟沅、太平陈殿英同观。"

理凡品證普高僧慧理肪宮[illegible]宸[illegible]軒錢[illegible]
林出來作[illegible]山東南瑲瓏銘[illegible]林戲[illegible]
[illegible][illegible]乃[illegible]之[illegible]來[illegible]觀宣超[illegible]絹[illegible][illegible]
閑[illegible]昆[illegible]窮[illegible]霸[illegible]寬[illegible]雲湖靈積[illegible][illegible]
電[illegible]禮[illegible][illegible]縣[illegible]窟楊[illegible]山竟天[illegible]伯鶴
清[illegible]淨[illegible]陽[illegible]樂[illegible]靜[illegible]金命王戰鑿[illegible]同[illegible]
十佛[illegible][illegible]陳來注像金碧炳燚[illegible]嗣[illegible]十[illegible]
[illegible]福惠[illegible]式[illegible]觀[illegible][illegible]實[illegible]大釋[illegible][illegible]
尊[illegible]盜[illegible]也[illegible][illegible]詭增[illegible]答[illegible][illegible]林[illegible]窟
並[illegible]古軌[illegible]精[illegible]可[illegible]戰也[illegible]曲[illegible][illegible][illegible][illegible]
非[illegible][illegible]林[illegible]向[illegible][illegible]師[illegible][illegible]八十[illegible][illegible][illegible]
[illegible]衛[illegible][illegible][illegible][illegible][illegible]譜[illegible][illegible][illegible][illegible][illegible][illegible]事[illegible][illegible]
[illegible]伯瑜仲[illegible]記[illegible]書
同治[illegible][illegible][illegible][illegible][illegible][illegible][illegible]陳[illegible][illegible][illegible]

元 周伯琦三生石题名

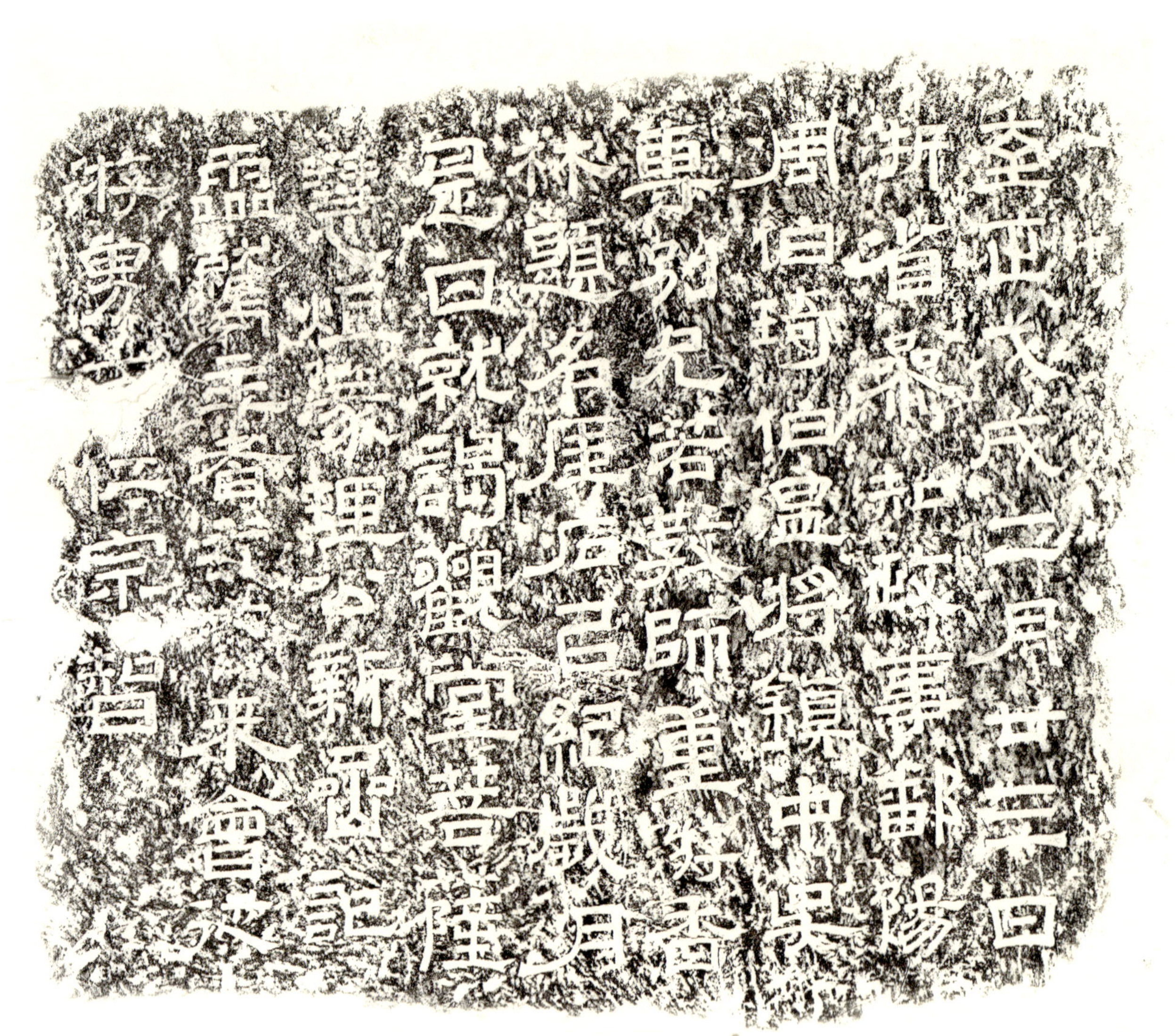

释文：

至正戊戌二月廿三日，/浙省参知政事、鄱陽/周伯琦伯温，將鎮中吴，/専别允若教師，重游香/林，題名厓石，以紀歲月。/是日，就謁觀堂菩薩/慧炬，篆理公新皛記，/靈鷲主者友□来會，從/游男宗仁、宗智。

述略：

在三生石。隶书，9行，字径8厘米。著录于《武林访碑录》《武林石刻记》《两浙金石志》和《续修云林寺志》。

至正戊戌，即至正十八年，公元1358年。

元 玉林帖木儿题名

释文：

江陰州判官/玉林帖木兒重裝。

述略：

在玉乳洞。楷书，2行，字径7厘米。

玉林帖木儿，生平不详。《两浙金石志》卷十八载："江阴州判官玉林贴木儿重装。右在飞来峰摩崖，正书二行，字径二寸。按：《元史·百官志》至元二十年定为上、中、下州，俱有判官。"由此可推测，判官玉林帖木儿生活在元至元二十年（1283）左右。

元 九品观行人戒晔题名

释文：

九品觀行人戒曄重裝。

述略：

在玉乳洞。楷书，字径8厘米，龛横纵19厘米×60厘米。

元 阿里沙重装题名

释文：

奉训大夫澍省/理問阿里沙重装。

述略：

在玉乳洞。楷书，左行，2行，每行6字，字径6厘米，横纵24厘米×71厘米。

元 万户雷彪重装题名

释文:

萬户雷彪重裝。

述略:

在玉乳洞。楷书，1行，字径7厘米，横纵16厘米×51厘米。

元 杭城顾氏重装题记

释文:

杭城善女人顧氏□□重裝。

述略:

在玉乳洞口。楷书，1行，字径6厘米。

元 杨遵理公岩题刻

释文：

理公嵓。/楊遵書。

述略：

在青林洞。无字龛，横纵124厘米×36厘米，字径23厘米，落款字径4厘米。著录于《武林金石录》《武林石刻记》《武林访碑录》和《续修云林寺志》。

杨遵，字宗道，浦城（今福建南平）人，徙居钱塘（今浙江杭州）。篆、隶皆师杜本，有《集古印谱》。明洪武初为镇江太守。“元诗四大家”杨载次子。

此题刻篆法宋人，淳厚古穆。

梵文题刻

飞来峰梵文题刻主要分布在冷泉溪南岸和龙泓洞附近，镌刻年代基本为元代初年(1287—1292)，为杨琏真迦开凿石窟佛像时所刻，共计13处。飞来峰摩崖题刻中的元代梵文为兰札体梵文，为藏传佛教密宗书写经咒的一种语言，由于元朝皇室尊崇藏传佛教，故而在当时广泛流行，明清时期佛教经咒也延用该风格。从文化和艺术角度而言，兰札体梵文题刻也构成了除藏式造像外飞来峰汉藏文化交融的另一个鲜明特征。

为了便于发音识读，根据语言学相关惯例，将兰札体梵文转写为拉丁字母形式。另外，由于现在印度所使用的梵文文体为7世纪开始创制的天城体字母，也是国际公认的标准梵文字母，故而同时在文本后附上天城体字母的梵文文本以便查阅。

元 缘起法颂梵文题刻

释文：

ये धर्म्मा हेतुप्रभवा हेतुन् तेषान् तथागतो ह्यवदत् तेषाँ च यो निरोध एवम्वादी महाश्रमणः।

||ye dharmmā hetuprabhavā hetun teṣān tathāgato hyavadat teṣāñ ca yo nirodha evaṃvādī mahāśramaṇaḥ||

述略：

在龙泓洞口。横纵183厘米×17厘米，字径5厘米。该处为缘起偈。该梵文是兰札体梵文，以上为天城体梵文和拉丁转写。

元 金刚勇识题刻

释文：

ॐ वज्रसत्व हूँ।

||oṃ vajrasatva hūṃ||

金剛勇識。

述略：

在龙泓洞口。汉文字径12厘米，梵文字径8厘米。无字龛，横纵96厘米×42厘米。该梵文为兰札体梵文，以上为天城体梵文和拉丁转写。

元 大白伞盖佛母号题刻

释文:

ॐ सितातपत्रापराजिते सर्वत्रहानु त्रासय हन हन द्रूं द्रूं हूं हूं फट् फट् स्वाहा।

||oṃ sitātapatrāparājite sarvatrahānu trāsaya hana hana drūṃ drūṃ hūṃ hūṃ phaṭ phaṭ svāhā||

一切如來頂髻中出大白伞蓋佛母。

述略:

在龙泓洞口。横纵135厘米×35厘米，汉文字径8厘米，梵文字径5厘米。该梵文是兰札体梵文，以上为天城体梵文和拉丁转写。

元 六字真言梵文题刻

释文:

ॐ मणि पद्मे हूं।

||Oṃ maṇi padme hūṃ||

述略:

在龙泓洞口。字径19厘米，横纵173厘米×55厘米。该梵文是兰札体梵文，以上为天城体梵文和拉丁转写。

元 五篇梵文经咒题刻

释文：

नमो बुद्धाय नमो धर्म्मय नमः संघाय। （三皈依）

ॐ मणिधारि हूं फट्। （大宝楼阁随心咒）

नमः सर्वतथागतानां ॐ विपुलगर्भे मणि/प्रभे तथागत निदर्शनि मणि मणि सु-/प्रभे विमले सागरगम्भीरे हूं हूं ज्वल ज्वल बुद्धविलोकीते गुह्याधिष्ठिते गर्भे- स्वाहा। （根本咒）

ॐ अमोघ वैरोचन महामुद्र / मणिपद्मज्वल प्रवर्त्तय हूं। （光明真言）

ये धर्म्म हे/तुप्रभवा हेतुन् तेषान् तथागतो ह्यवधात् तेषाँ च यो निरोध एवम्वादी महाश्रमणः। （缘起偈）

||namo buddhāya namo dharmmāya namaḥ saṃ/ghāya ||

||oṃ maṇidhari hum phaṭ ||

||namaḥ sa/rvatathāgatānāṃ oṃ vipulagarbhe maṇi/prabhe tathāgata nidarśani maṇi maṇi su-/prabhe vimale sāgaragambhīre hūṃ hūṃ jvala jva/la buddhavilokite guhyādhiṣṭhite garbhe-/svāhā ||

||oṃ amogha vairocana mahāmudra / maṇipadmajvala pravarttaya hūṃ ||

||ye dharmma he/tuprabhavā hetun teṣān tathāgato hyāvadhat te/ṣāñ ca yo nirodha evamvādī mahāśramaṇaḥ||

述略：

在龙泓洞口。高97厘米，宽90厘米，字径7厘米。该处梵文题刻有五篇经咒，分别是：三皈依、大宝楼阁随心咒、根本咒、光明真言、缘起偈。该梵文是兰札体梵文，以上为天城体梵文和拉丁转写。

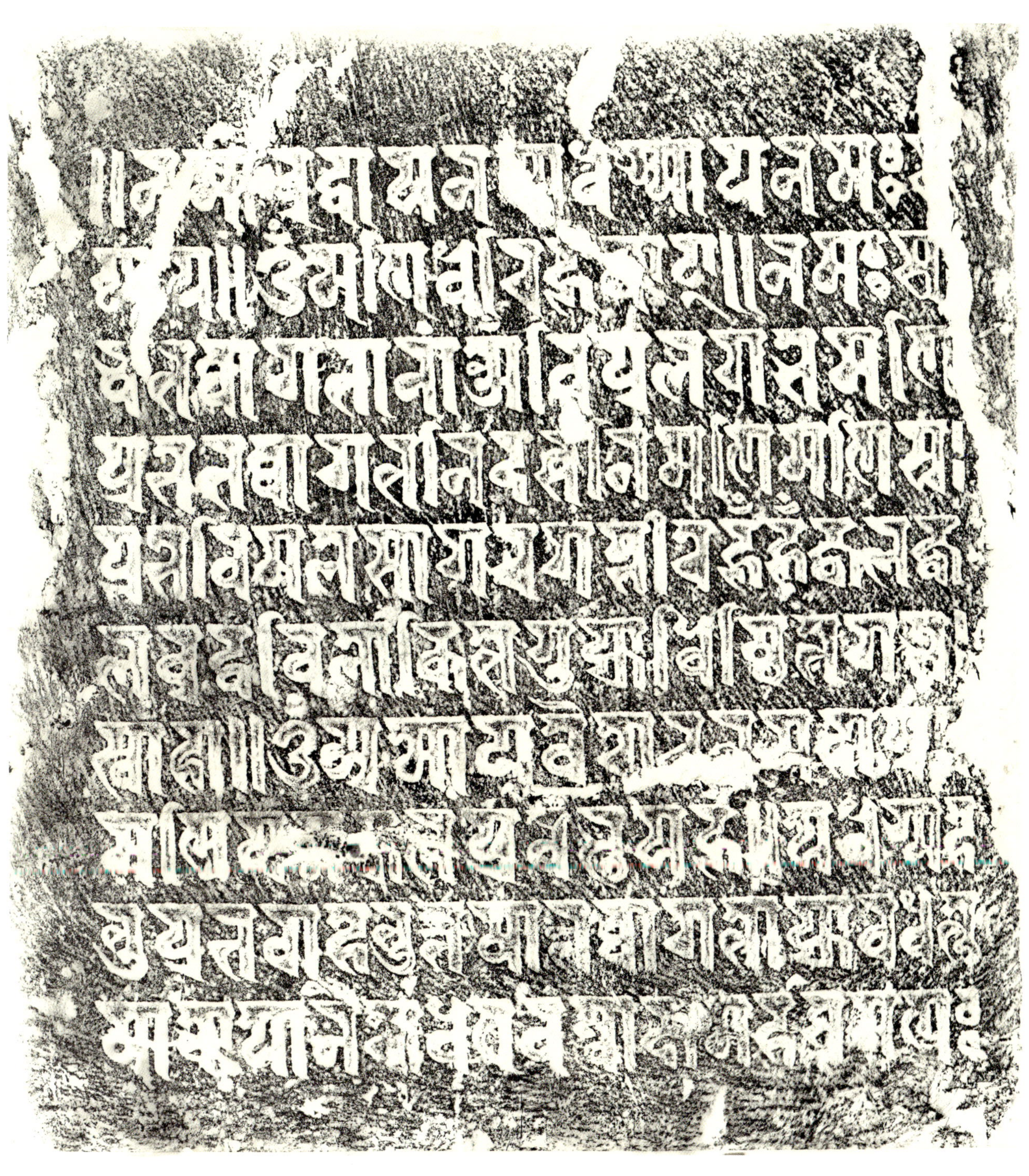

贰一元

元 坏相金刚真言梵文题刻

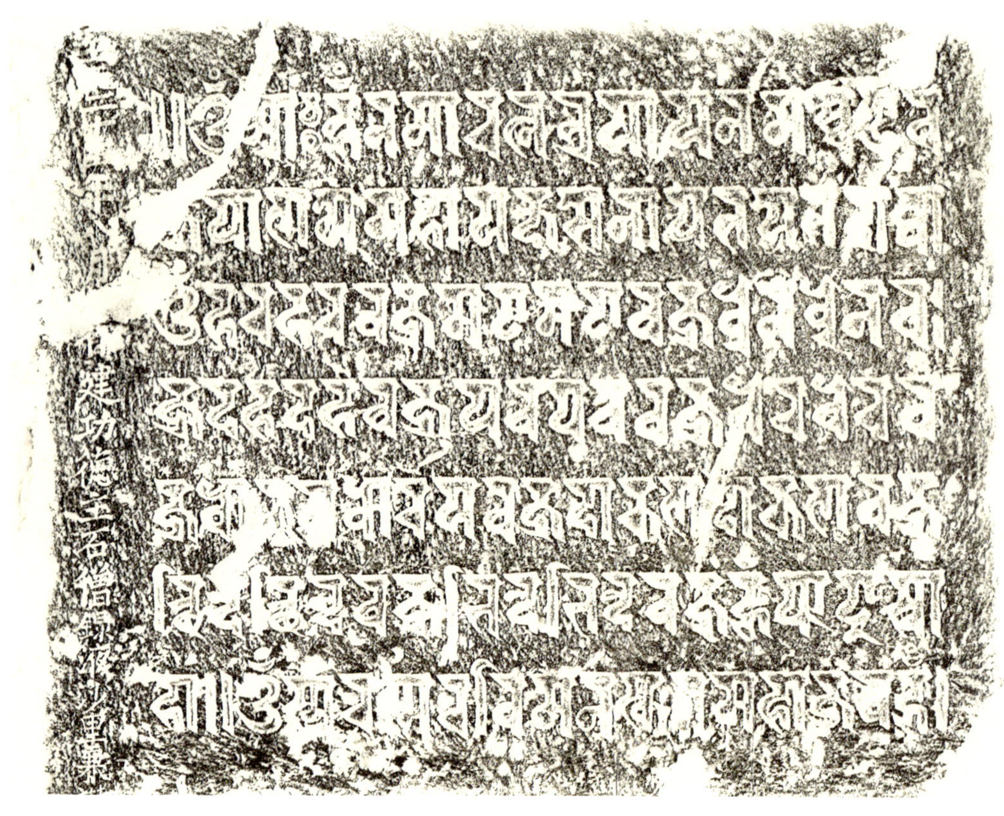

释文：

ॐ आः हूं नमो रत्नत्रयाय नमश् चण्डव/ज्रपाणये महायक्षसेनापतये तद् यथा।

ॐ हर हर वज्र मट मट वज्र धुन धुन व–/ज्र दह दह वज्र पच पच वज्र धर धर वज्र धार[य] धारय वज्र दारुण दारुण वज्र/ छिन्द छिन्द वज्र भिन्द भिन्द वज्र हूं फट् स्वाह।

ॐ स्मर स्मर विमान स्वर महाजव हूं।

||oṃ āḥ hūṃ namo ratnatrayāya namaś caṇḍava/ jrapāṇaye mahāyakṣasenāpataye tad yathā/||

|| oṃ hara hara vajra maṭa maṭa vajra dhuna dhuna va-/jra daha daha vajra paca paca vajra dhara dhara va/jra dhāra ya dhāraya vajra dāruṇa dāruṇa vajra/ chinda chinda vajra bhinda bhinda vajra hūṃ phaṭ svā/hā ||

|| oṃ smara smara vimana svara mahājava hūṃ ||

至元二十五年八月□日建功德主石僧録液沙里兼賛。

述略：

在龙泓洞口。横纵90厘米×69厘米，梵文字径5厘米，中文字径4—5厘米。该处是坏相金刚之真言，所谓“坏相”，言此陀罗尼极具威力，一切众生皆令怕怖，能与众生摧伏烦恼。该梵文是兰札体梵文，以上为天城体梵文和拉丁转写。

元 六字真言题刻

释文：

唵麻祢巴（嚨）銘吽。

ॐ मणि पद्मे हूँ।

||oṃ maṇi padme hūṃ||

述略：

在龙泓洞口。题名2行，左侧楷书，右侧梵文，字径寸。该梵文是兰札体梵文，以上为天城体梵文和拉丁转写。

元 啮嚂字梵文题刻

释文:

竺國梵/嚙嚂字。

|| Dhrīṃ ||

述略:

在龙泓洞口。横纵58厘米×39厘米，大字字径29厘米，小字字径5厘米。此处为兰札体梵文，以上为拉丁转写。

该题刻年代晚于其他梵文题刻。

元 宝楼阁释迦佛根本咒题刻

释文：

寶樓閣釋迦佛根本咒。

述略：

在龙泓洞口。字径7厘米，横纵23厘米×84厘米。

巉巖環翠畫玲瓏，形似飛雲
落碧空。一線天開觀妙相，冷
泉瀠繞梵王宮。萬叠松濤
西經通飛崖，絕壁法雲瀠江
浙，勝境多遊覽天下名山數

嘉慶戊午經略使者王德題

飛來峰

杭嘉湖兵備道無錫秦瀛、監察御史錢塘
潘庭筠、訓導錢塘陸夢熊、諸生桐城胡虔、
仁和邵志純、杭州同知錢塘項墉同遊靈隱
寺，歷登韜光、妙應院、松霞山房，觀前人名蹟，
登冷泉亭，烹龍井茶，探呼猿洞。
墉也時乾隆六十年十一月

乾隆乙卯冬日
錢唐黃易小松
上虞錢泳立羣
來

三生石

道光丁酉仲春吾鄉居士泰安
王攸之年丈鎮撫蕭次
錢塘董蘭峴合泉石遍覽題之
姓氏並識歲月。余居武林
竟不及追仁和錢塘摩崖記
冒軍維文鑒篆書趙之琛次閑鐫

明·清

玉乳洞

明 谢成"佛"字题刻一

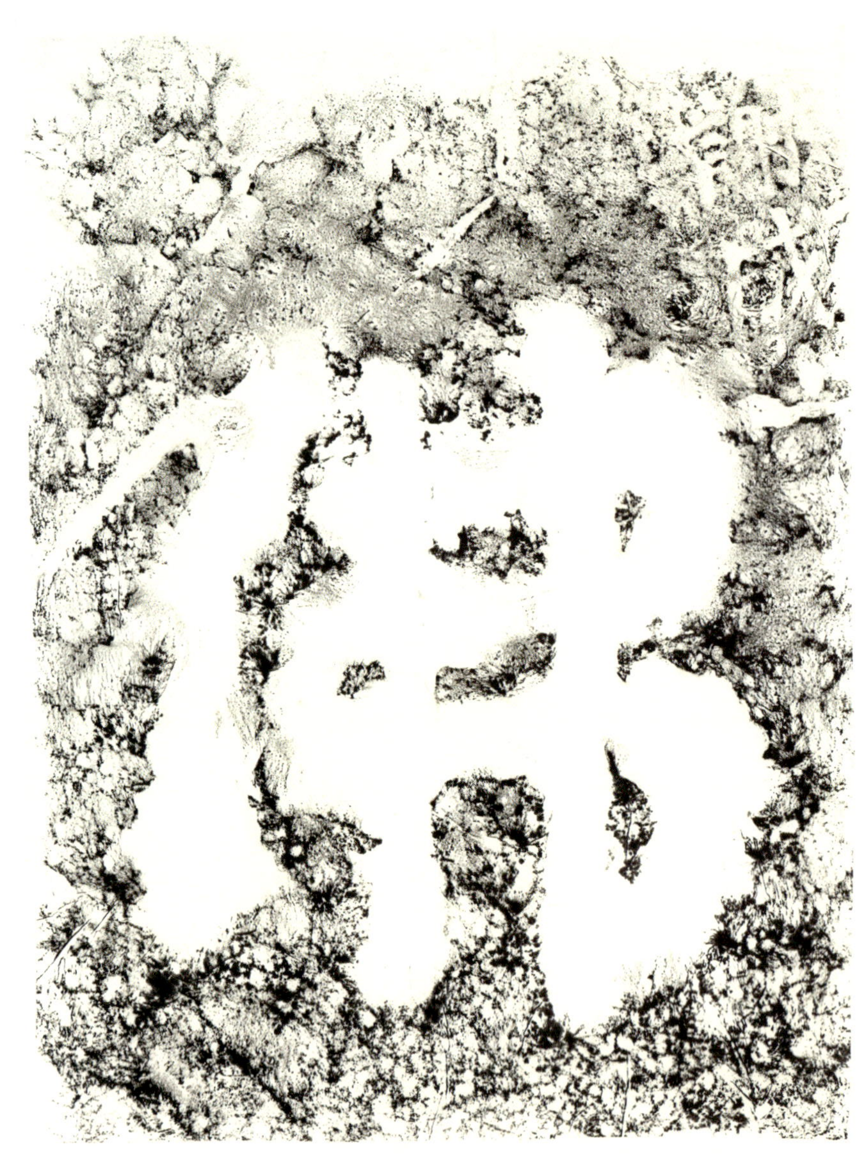

释文：

佛。/谢成立。

述略：

在理公塔后。楷书，"佛"字径30厘米，落款字径4厘米。

谢成（1339—1394），濠州（今安徽凤阳）人。明朝开国名将。元至正十三年（1353），加入朱元璋起义军，随后参与了平定陈友谅、张士诚等的战争。洪武十二年（1379），被封为永平侯。洪武二十七年（1394），坐蓝玉案获罪处死。

明 谢成"佛"字题刻二

释文：

佛。/登雲橋。/謝成立。

述略：

在龙泓洞口。楷书，3行，榜字字径38厘米，落款字径8—11厘米。

明 谢成“佛”字题刻三

释文：

佛。謝成立。

述略：

在龙泓洞口。楷书，1行，榜字字径30厘米，落款字径8—10厘米。

明 于鏊等题名

释文：

正德十五年正/月六日按察司/副使于鏊、張淮、/僉事劉大謨偕/刑部主事方豪/自玉泉來游，酌于/靈隱，豪獨留山中，/明日復游。净蓮立石。

述略：

在龙泓洞口。楷书，8行，字径约10厘米。横纵71厘米×57厘米。

正德十五年，公元1520年。

于鏊（1470—1548），字器之，滁州（今属安徽）人。正德戊辰科（1508）进士，授户部四川司主事，拜监察御史，寻改广西道御史。后升浙江按察副使，擒大盗汤毛九等。著有《六书本义》。

张淮，字景禹，顺德龙山（今属广东佛山）人。正德十二年（1517）进士，任浙江台州知府、南京户部主事。

刘大谟（1476—1543），字远夫，号东阜，仪封（今河南兰考）人。正德三年（1508）进士，历任广西司主事、陕西副使、浙江佥事、云南巡抚等职。

方豪（1482—1530），字思道，号棠陵，浙江开化人。正德三年进士，知昆山县，迁刑部主事，并出为湖广副使。后居杭州西湖之滨，好饮酒。夏公谨对其有“风流不减李太白，气岸真同杜子美”的赞誉。

明 江晖等题名

释文：

正德十五年/人日，庶吉士/江暉、進士陳/直載酒來訪/方豪于飛來/洞，因游天竺。

述略：

在龙泓洞。楷书，6行，字径8厘米。著录于《杭州府志》《灵隐寺志》等。

正德十五年，公元1520年。

江晖（1495—1530），字景孚，号亶爱子，仁和（今浙江杭州）人。正德丁丑（1517）进士，选翰林院庶吉士。武宗将南巡，晖与同馆舒芬等抗疏力谏，受杖几毙。嘉靖九年（1530）五月卒，年仅三十六。

陈直，仁和（今浙江杭州）人。正德丁丑（1517）进士，陈良器孙。

明 方豪等三生石题名

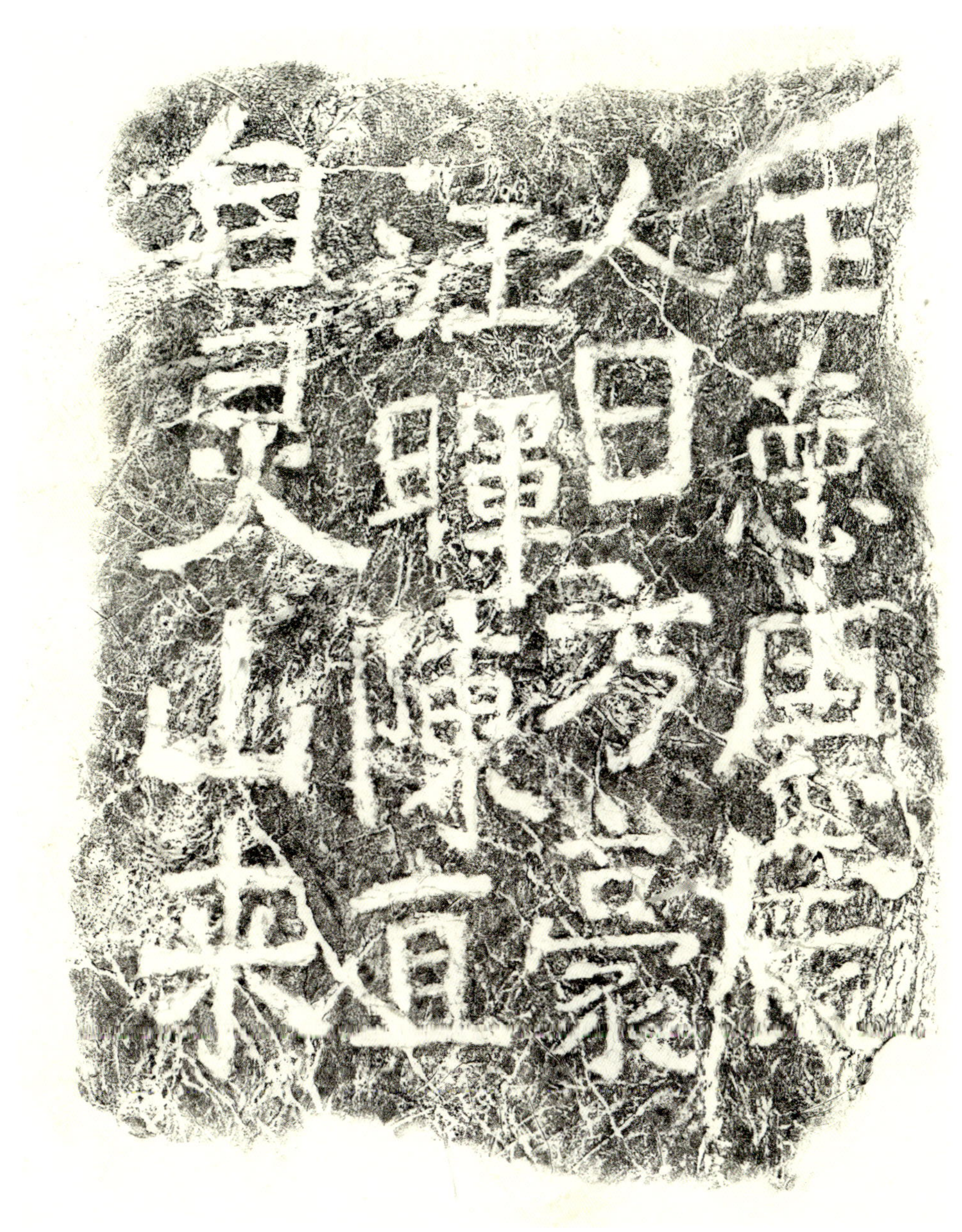

释文：

正德庚辰/人日，方豪、/江暉、陳直/自靈山來。

述略：

在三生石。楷书，4行，字径15—17厘米。

正德庚辰，即正德十五年，公元1520年。

明 方豪金光题刻

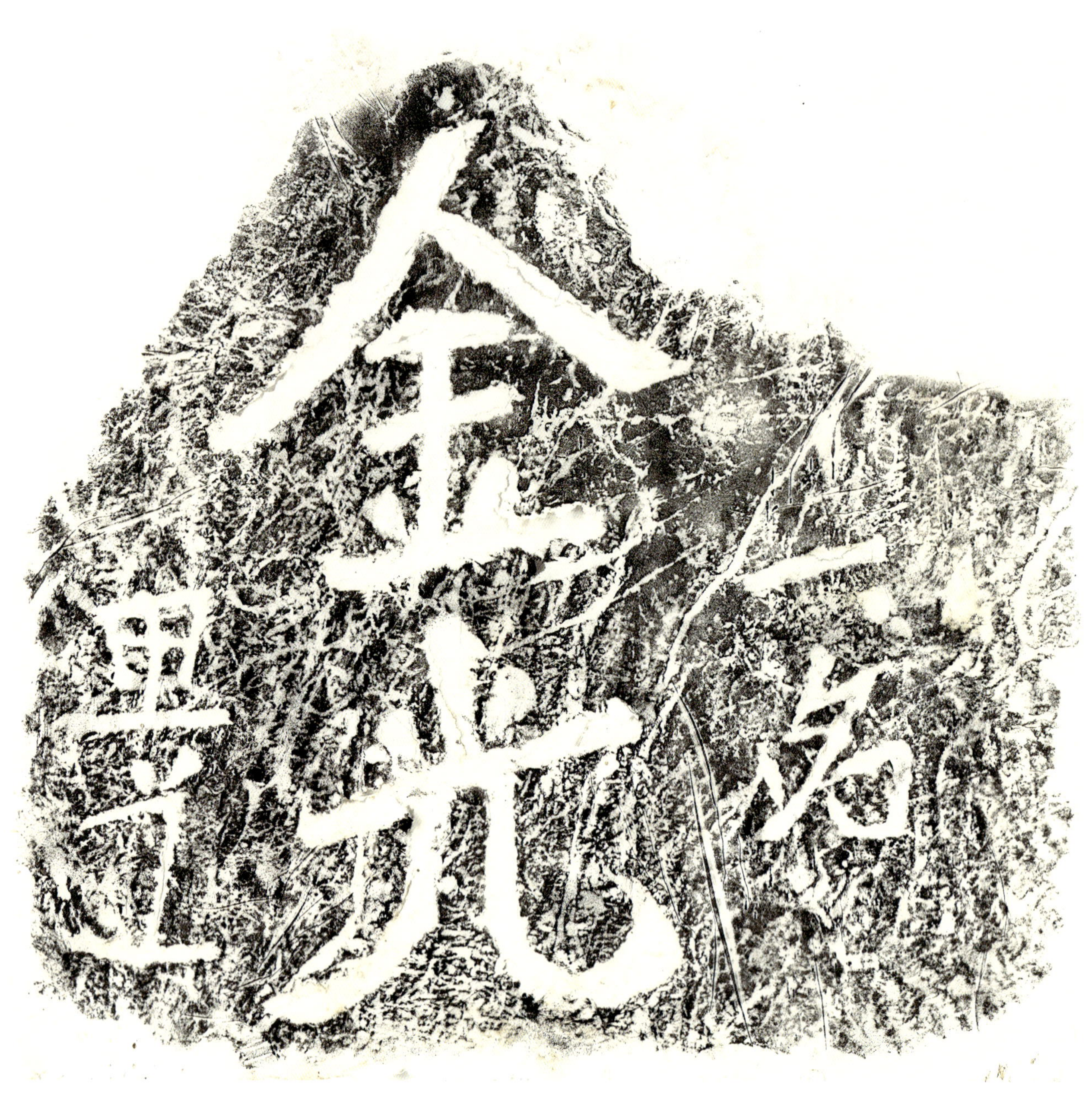

释文:

一名/金光。/思道。

述略:

在青林洞。3行，正文楷书，大字字径约20厘米，两侧字径3厘米。

明 方豪通天洞题刻

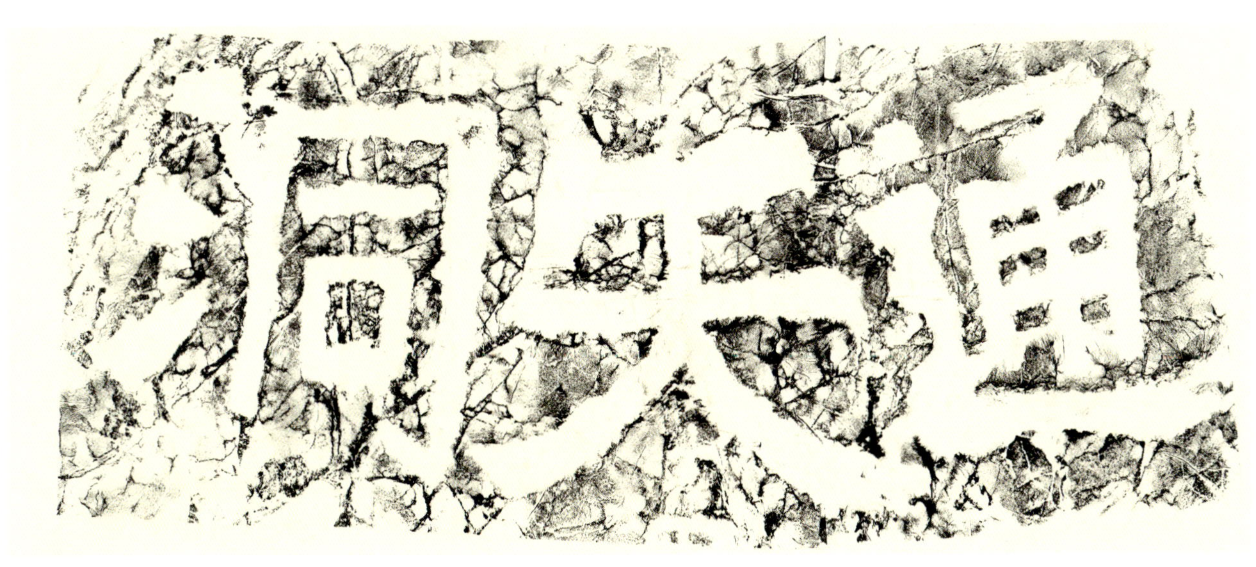

释文：

通天洞。/思道。

述略：

在龙泓洞。楷书横列，大字字径约20厘米。

明 方豪玉乳洞题刻

释文：

玉乳洞。/思道。

述略：

在玉乳洞。楷书横列，大字字径约20厘米。

覆刻于宋晁端彦题名之上。

明 方豪射旭洞题刻

释文:

射旭洞。/思道。

述略:

在青林洞。楷书。“射旭洞”横纵155厘米×52厘米，字径41厘米。“思道”字径15厘米。

明 唐鹏诗刻

释文：

吁嗟，巫山/二峰胡爾飛/來不飛去。峭/壁嵌空每動/摇，雲牙石乳/相撑拄。湖光/掩映似有期，/法象趺伽更/無數。我亦飄/飄塵外人，摶/風會霧知何/處。明進士京/口唐鹏。

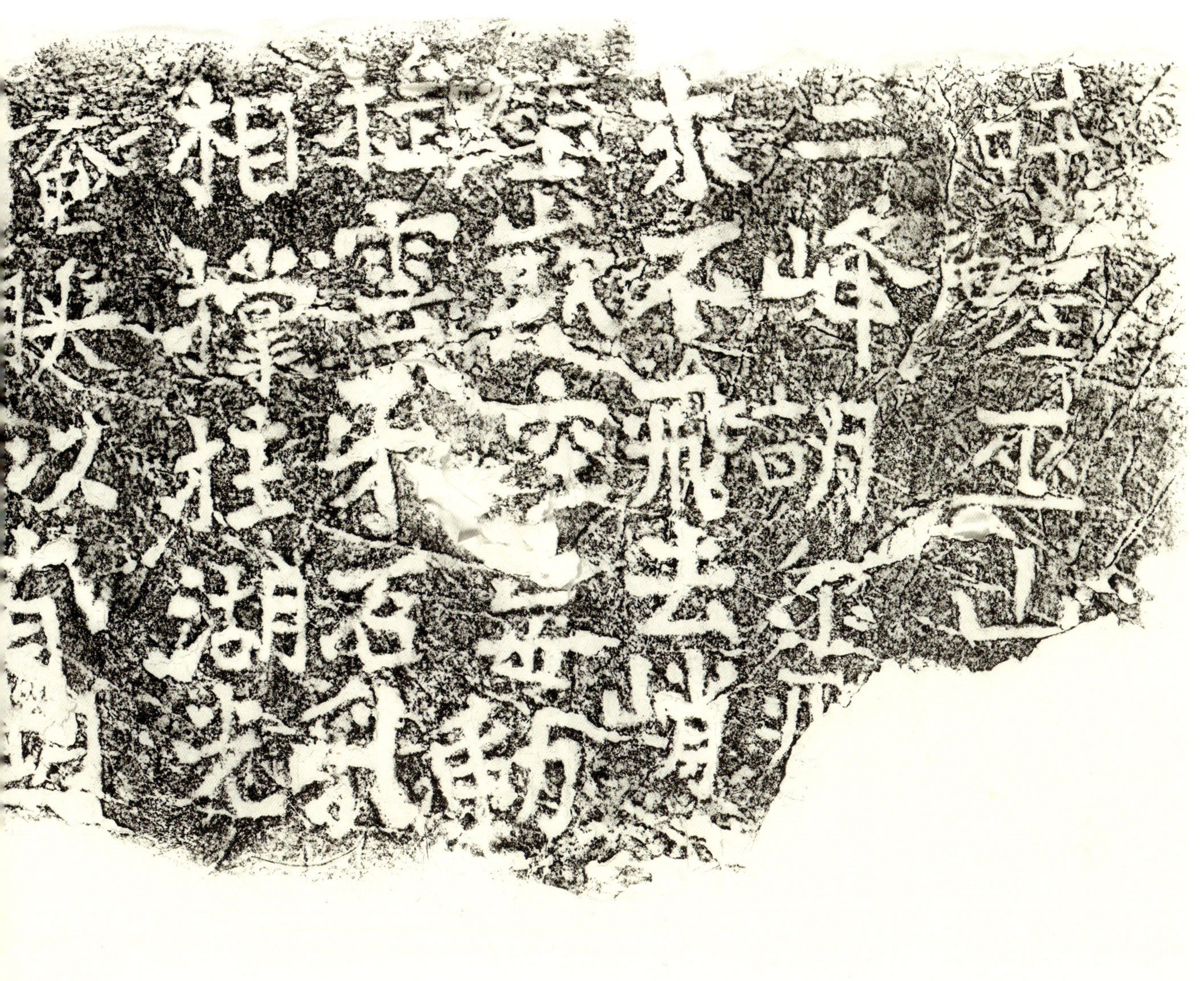

述略：

在青林洞口。楷书，13行，字径5—7厘米。著录于《武林访碑录》《灵隐寺志》《杭州金石志》等。

唐鹏，江苏丹徒人，正德三年（1508）进士，官礼部员外郎。后入为王阳明弟子。嘉靖年间，唐鹏、李梦阳、康海等人整理刊刻杨一清诗集《石淙诗稿》。

明 查仲道等题名

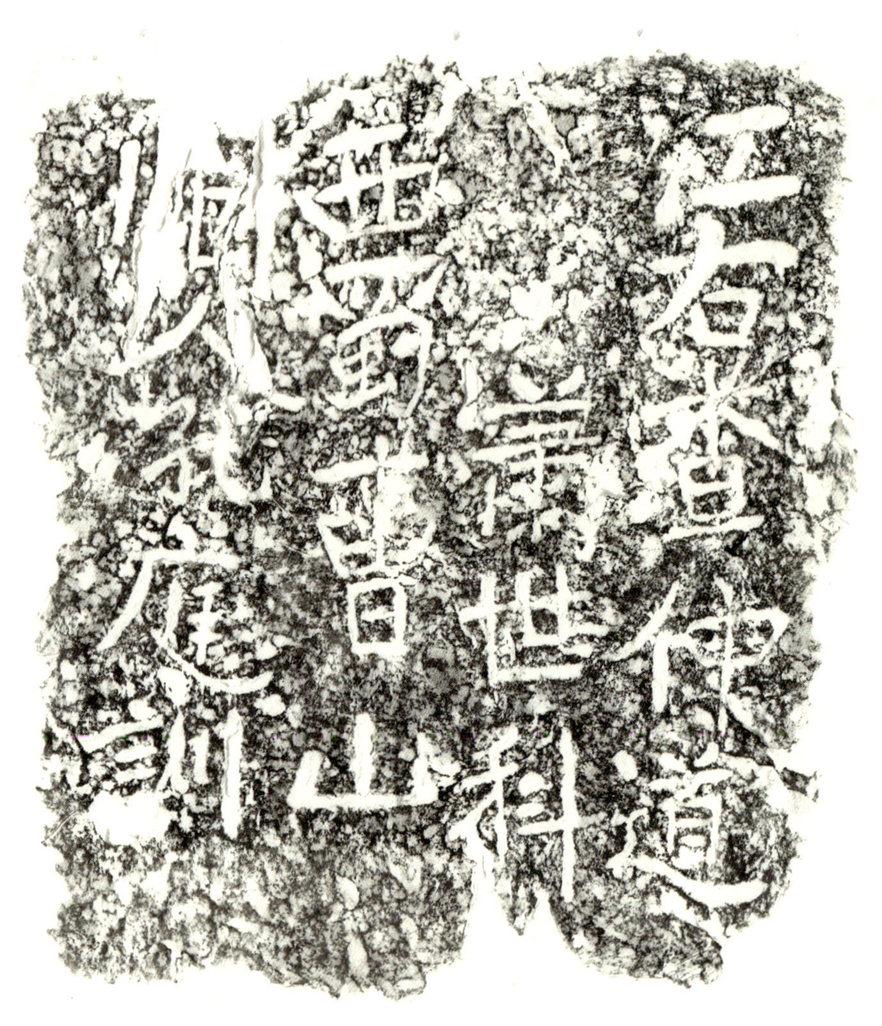

释文：

江右查仲道、/萧世科、/西蜀曹山、/閩人孔庭訓。

述略：

在青林洞口。楷书，4行，字径约15厘米。《两浙金石志》："崇宁元年查应辰等续题名，有'后百有四年'之语，此刻当在咸平二年，故列于此。旧志列四人，有西蜀曹山、闽人孔庭训，细详石刻，非一时书，而曹、孔明人，俱载《杭郡志》中，今特正之。《杭府志》又载：查仲道，字文夫，宁州人，嘉靖二年任杭州知府，抑姓氏偶同欤？"

又考曹、孔二人有正德间题名在南屏山慧日峰上，萧氏亦为明弘治时历官同知，细审是刻，当为明代所刊无疑。

查仲道，字文夫，江西南昌人。正德九年（1514）进士，授兵部主事，疏谏明武宗南巡，被杖几死。嘉靖初年，擢兵部郎中，出守浙江杭州府，后任福建汀州府知府，卒于官。

孔庭训，字东溪，福建永定（今属龙岩）人。弘治十四年（1501）举人，授杭州府通判，升湖州、绍兴二府同知，后迁刑部员外郎。

明 朱裳题名

释文：

朱裳。

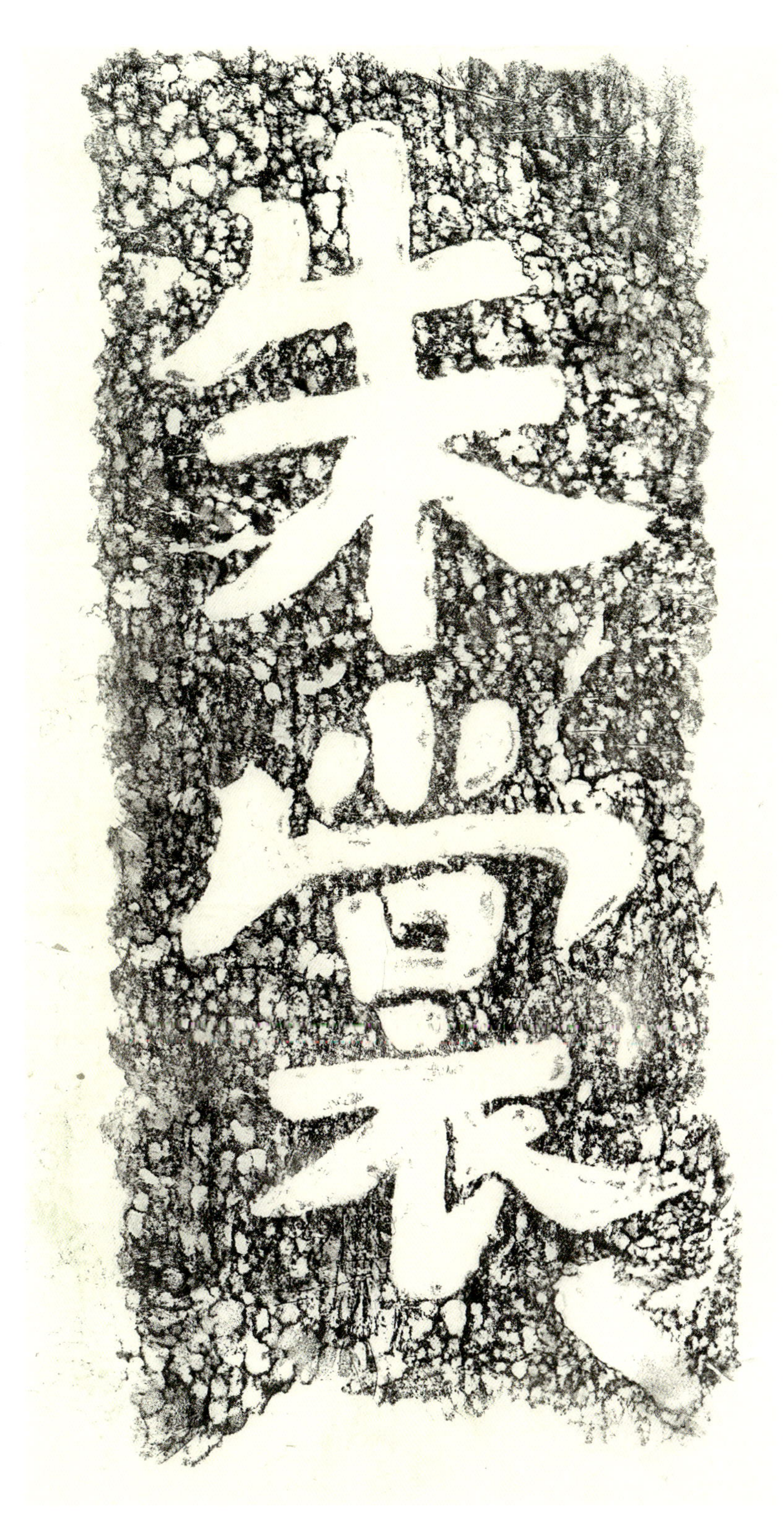

述略：

在青林洞外。楷书，1行，字径30厘米。

朱裳（1482—1539），字公垂，号安贫子，沙河（今属河北）人。正德九年（1514）进士，历任浙江副使、浙江左参政等，官至右副都御史、河道总督。隆庆年间，追赠户部右侍郎，谥端简。

在凤凰山通明洞，有"裳"字榜刻，字形与此相近，恐是朱裳另一处题名。

明 桑溥等题名

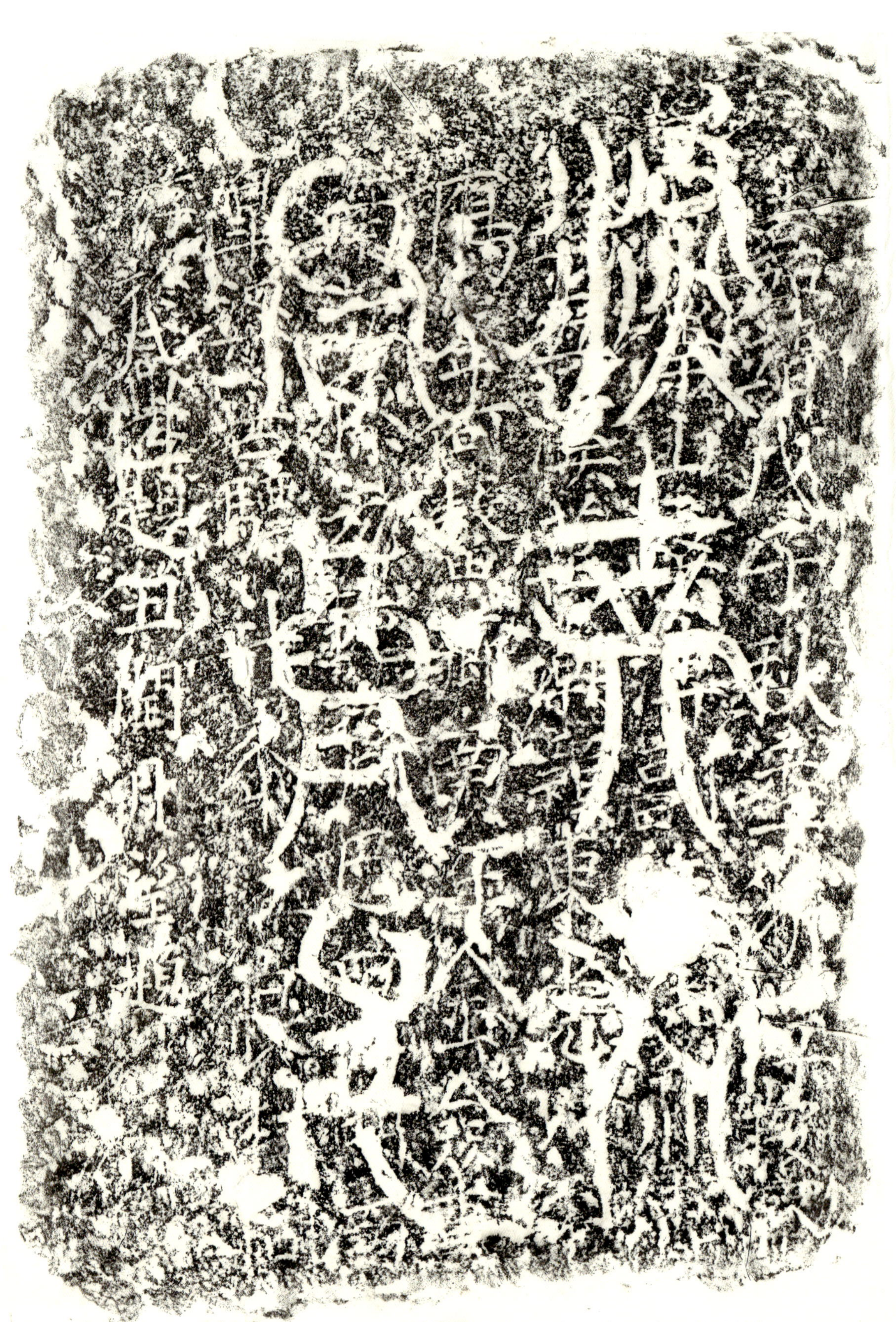

释文：

嘉靖戊子秋季，浙江按察/使澤山桑溥，副使凌川傅/鑰、五溪萬潮、穎東党以平、/雁峰何鰲、薌南汪金，僉事/南江孫元、鈍齋巴思明、南/皋梁世驃、斗峰江良材，同/遊於此題名。

述略：

在青林洞。楷书，7行，字径5厘米，横纵30厘米×45厘米。是刻覆刊于宋人潜说友题名之上。

嘉靖戊子，即嘉靖七年，公元1528年。

桑溥，字汝公，濮州（今河南濮阳）人，。明正德九年（1514）进士，正德十三年（1518）任华州知州，嘉靖六年（1527）任浙江按察使。

傅钥（1482—1540），字希准，号凌川，广宁卫（今辽宁北镇）人。正德六年（1511）进士，官至都察院右副都御史，巡抚河南。

万潮（1488—1543），字汝信，号五溪，进贤（今属江西）人。正德六年进士，官至延绥巡抚、右副都御史。万潮与舒芬、夏良胜、陈九川因上疏谏阻明武宗南巡，并称“江西四谏”。

党以平，字守衡，号颖东，钧州（今河南禹州）人。正德九年进士，官浙江按察司副使、都察院右副都御史等。

何鳌，字子鱼，号雁峰，顺德黄连（今属广东佛山）人。正德三年（1508）进士。历官庆元县知县、松江知府、湖广左布政使、浙江按察副使等。

汪金，正德九年进士，正德十四年（1519）任刑部主事。

孙元，安陆（今属湖北）人。正德六年进士。历任陕西道御史，翰林院编修，官终四川副使、户部尚书，太子太保孙交之子。

巴思明，新城（今山东桓台）人。正德九年进士，授行人。历兵科给事中，又以忤权奸，外补浙江按察佥事。

梁世骠（1495—1544），字应房，一字远之，号南皋，广东顺德人。正德十五年（1520）进士。

江良材，字汝器，江西贵溪人。正德九年进士，任佥事，后任广东按察副使。

《王阳明全集》附录门人程辉撰《丧纪》：“（嘉靖八年正月）丁卯，（王阳明）榇抵杭州府浙江驿。……按察使叶溥，副使傅钥、万潮、党以平、何鳌、汪金，佥事孙元、巴思明、梁世骠、江良材……各就位哭奠。”摩崖中诸人俱在。另《全集》中“叶溥”当为“桑溥”之误。

明 张问行等题记

释文:

明嘉靖戊子十月/十日，監察御史内/黄張問行，户部主/事平谷王鋭，工部/主事襄洹[垣]郭秉聰，/皆有事兩浙，邀予/爲湖山之游，廳就/諸洞書此。職方郎/中吴郡盧襄識。

述略:

在青林洞外。楷书，9行，字径6—9厘米，龛横纵90厘米×52厘米。

嘉靖戊子，公元1528年。

张问行，字子书，直隶内黄（今属河南安阳）人。正德十六年（1521）进士。先官闻喜知县，多惠政。擢御史，因言事被贬。后历任山西按察使、河南右布政使等。嘉靖二十五年（1546），以右副都御史巡抚延绥，同年引疾归。

王锐，迁安（今属河北）人，右副都御史。《畿辅通志》有载。

郭秉聪，字子愚，山西襄垣人。明嘉靖五年（1526）进士，授工部主事，升员外郎、郎中，官至通政司右通政。

卢襄，字师陈，吴县（今江苏苏州）人。嘉靖二年（1523）进士，官至兵部职方司郎中。世居苏州府城西南石湖芝秀堂，著有《石湖志略》。

明 薛竹居等题名

释文:

嘉靖壬辰夏初伏，薛竹居、薛東泓/來遊于此。竹鄰偕子希元。

述略:

在青林洞外。楷书，2行，字径5—7厘米，龛横纵26厘米×90厘米。著录于《武林灵隐寺志》《杭州金石志》《武林掌故丛编》等。

嘉靖壬辰，即嘉靖十一年，公元1532年。

薛侨（1500—1564），字尚迁，号竹居，广东揭阳人。嘉靖二年（1523）进士。六年（1527）授国子监助教。七年（1528），聘为顺天乡试同考官，后官南京司业。升工部主事，监理浙江南关。在任改廨舍，修关志。历升兵部员外、郎中。有《竹居薛先生文集》《一真录》《两浙南关志》等。

薛宗铠（1498—1535），字子修，号东泓，广东揭阳人，自幼推崇王阳明学。嘉靖二年，与其叔父薛侨同登癸未科进士。历任贵溪、将乐、建阳知县，礼科给事中、户科给事中。

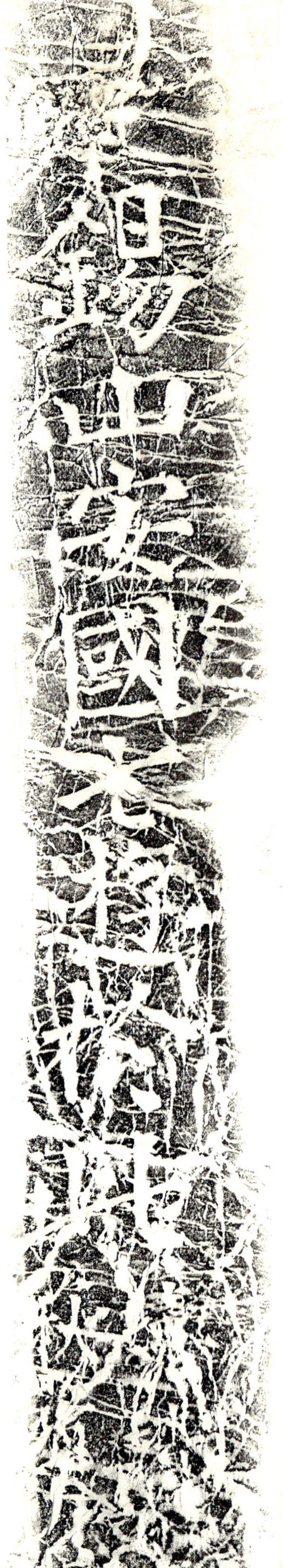

明 安国题名

释文:

锡山安國七遊於此。嘉靖秋□。

述略:

在玉乳洞。楷书，字径8厘米。著录于《武林灵隐寺志》《武林访碑录》《杭州府志》等。

安国（1481—1534），字民泰，号桂坡，无锡人。江南巨富，出版家、藏书家。用铜活字印刷了大量书籍，在我国印刷史和出版史上占有重要的地位。安国未应科举，嘉靖皇帝赐其“户部员外郎”衔。

明 龚用卿等题名

释文：

嘉靖丙/申春三/月望日，/東越/龔用卿、/陳坦、吴/曹察、楚/吴拱辰/同遊于此。/用卿書。

述略：

在青林洞外。楷书，10行，字径7厘米，龛横纵130厘米×42厘米。

嘉靖丙中，即嘉靖十五年，公元1536年。

龚用卿（1500—1563），字鸣治，号云冈，怀安（今属福州）人。嘉靖五年（1526）丙戌科状元，官至南京国子监祭酒。曾参与编纂《大明会典》。

余人待考。

张庭玉乳洞诗刻

释文：

镜裡湖光畫裡山，/竹西茅屋有無間。/泉聲不斷雲霞爛，/仙子騎羊自往還。/一生落落好清狂，/過眼雲煙木掛陽。試/上北高峰頂上，與君携/手看扶桑。/五兀山人，/丙申春三月。

述略：

在玉乳洞。草书，约10行，字径2厘米，龛横纵45厘米×27厘米。著录于《武林灵隐寺志》。

嘉靖丙申，即嘉靖十五年，公元1536年。

张庭（1491—1559），字子家，号五兀山人，夹江（今属四川）人。嘉靖进士。历任吏部文选郎中等，博学有才识。官浙江佥宪时，宁忤权臣也不侵扰百姓。著有《兀山存稿》《岷峨志》等。

明 张庭青林洞诗刻

释文:

花月湖山氣已凋，東風/相月泛春濤。重巖紫/翠連三竺，别徑風光轉/六橋。汀草晴薰輕快/緩，檣牙醉倚碧波/遥。近傍况有仙郎/在，從此船來不用摇。/嘉靖十五年三月同友人/泛遊玉峰下賦此。/五兀山人張庭稿。

述略:

在青林洞外。行书，约10行，龛横纵47厘米×40厘米，字径3厘米。

嘉靖十五年，公元1536年。

明 邓文等题名

释文：

镇守仁菴鄧文，/御史裕齋盧問之，/主事静軒盧耿麒，/嘉靖丙辰仲夏望。

述略：

在青林洞。楷书，4行，字径5厘米，横纵30厘米×45厘米。

嘉靖丙辰，即嘉靖三十五年，公元1556年。

邓文，据《明史》，时任镇守浙江内官监太监。邓文与卢问之、卢耿麒有同年题名刊于石屋洞。

卢问之，字宗审，朔州（今属山西）人。正德九年（1514）进士，历官御史大理寺丞、山东按察佥事，于泰山书院故址建仰德堂，为三贤祠之创始。

卢耿麒，字仁淑，滦州（今属河北）人。嘉靖癸未（1523）进士，授工部主事，历员外郎。出为陕西佥事，屯田甘肃。著有《蓝山集》。

释文：

（上）理公之塔。

（下）慧理大師塔銘。/理公本靈山羅漢，垂跡晋咸和間，鷲飛猿/騰，先來震旦，公錫後落。飯而問之，誰摘陶/輪，若猶磨磑，會物不遷，乃歸院焉，宋之靈/隱寺也。俄窺神足，围相塈周。開寶三載，崇/爲方墳，直清繞橋，在式公新開澗上，青烏/氏曲鈐回龍，則凡骨僭入塔矣。萬曆丁亥，/夏雨夜圮。庚寅春，釋如通祓穢新之，檀者/程理，于時崩石洞扃公所，周身可撫也。當/期覩史下生，乘鷲呼猿而回龍華，乃稱回/龍哉，梵網戒衆。虞淳熙庸作銘辭，銘曰：/石燕拂雲，嶺鷲入吴。公錫于飛，/猿心可呼。安安而遷，月運雲駛。/生滅毀成，亦復如是。謂公蓋殝，/雞足與夷。謂輪蓋傾，鰲足與支。/幡摇烏驚，拱積星礙。骨妖斯濯，/墨囊虚佩。如梵天宫，乘往當來。/南紅泗影，不騫不摧。/皇明萬曆十八年歲在庚寅仲春望日/白下弟子程理書。

述略：

在理公塔二层。榜题楷书，4字，字径12厘米；正文行书，字径约3厘米，字龛横纵80厘米×46厘米。著录于《武林掌故丛编》《杭州金石志》等。

明万历十八年（1590），理公塔由灵隐寺住持如通重建，由虞淳熙撰、程理书塔铭嵌于第二层。该塔为六角七层石塔，高9米，第三层刻有《金刚经》及“南无宝藏胜佛”“光明净域”等字，第四层以上皆刻佛像。塔旁理公岩刻有梵文，意为“莲花中有白玉”。

虞淳熙，字长孺，号德园，钱塘（今浙江杭州）人。万历十一年（1583）进士，官至吏部稽勋司郎中。后因党论而归田。著有《德园集》《孝经集灵》等。

明 理公塔佛号题刻

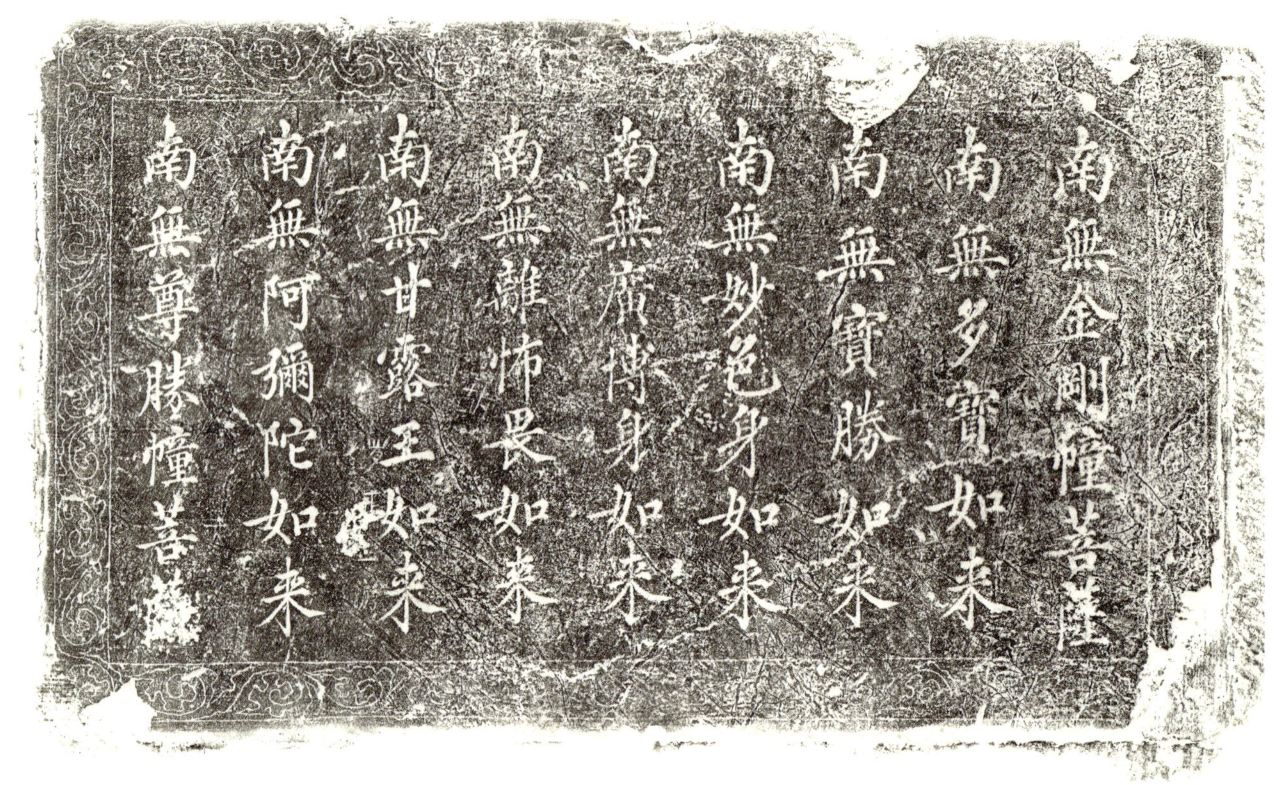

释文：

略。

述略：

在理公塔二层。楷书，9行，字径3.5—5.5厘米，横纵80厘米×47厘米。

明 理公塔经咒题刻

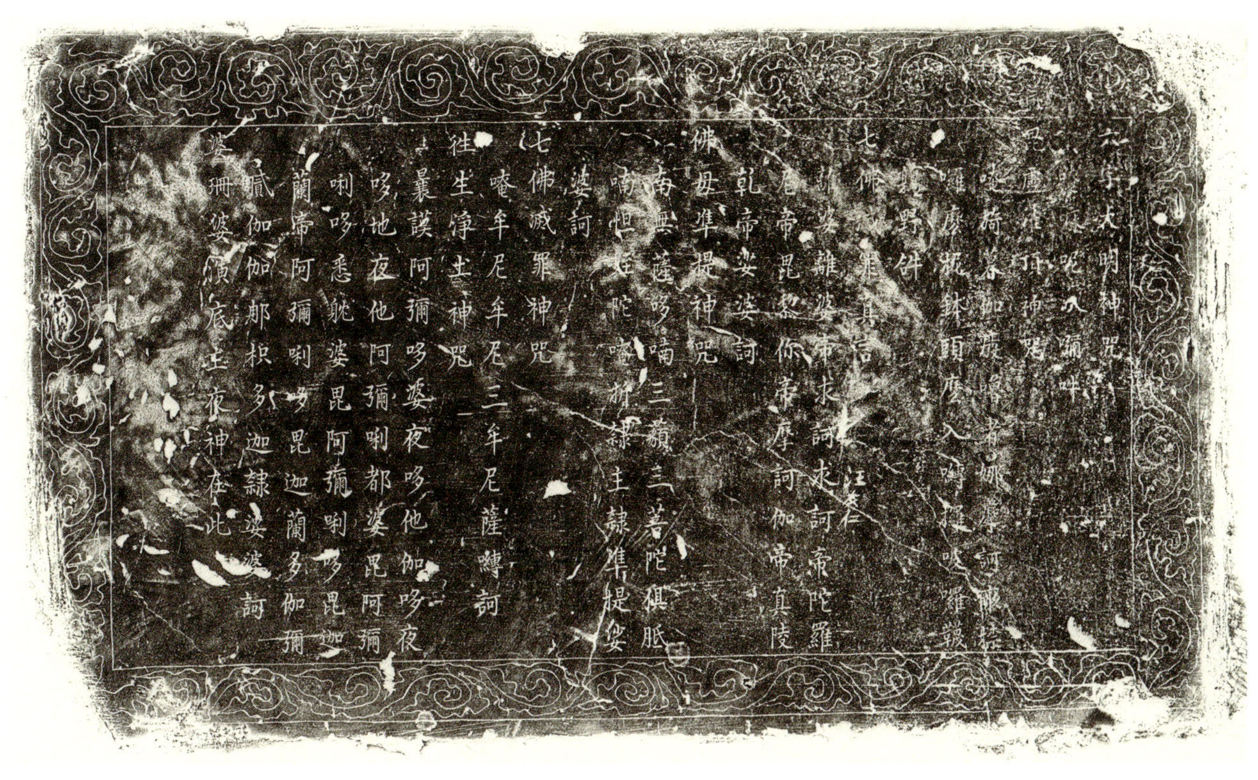

释文：

略。

述略：

在理公塔二层。楷书，23行，字径1.5—2厘米。横纵80厘米×46厘米。其内容为六字大明神咒。

明 理公塔六字真言题刻

释文：

唵嘛呢叭㖿吽。

述略：

在理公塔三层。楷书，字径约10厘米，横纵113厘米×37厘米。

明 理公塔南无宝幢胜佛题刻

释文：

南無寶幢勝佛。

述略：

在理公塔三层。行书，字径约8厘米，横纵108厘米×38厘米。

明 理公塔光明净域题刻

释文:

光明净域。

述略:

在理公塔三层。行书，字径约12厘米，横纵95厘米×36厘米。

明 程理书理公塔《金刚经》题刻一组

释文：

略。

述略：

在理公塔三层。楷书，字径1.5厘米。高31厘米，宽99—102厘米。

金剛般若波羅蜜經
如是我聞一時佛在舍衛國祇樹給孤獨園與大比
丘眾千二百五十人俱爾時世尊食時著衣持鉢入
舍衛大城乞食於其城中次第乞已還至本處飯食
訖收衣鉢洗足已敷座而坐時長老須菩提在大眾
中即從座起偏袒右肩右膝著地合掌恭敬而白佛
言希有世尊如來善護念諸菩薩善付囑諸菩薩世
尊善男子善女人發阿耨多羅三藐三菩提心云何
應住云何降伏其心佛言善哉善哉須菩提如汝所
說如來善護念諸菩薩善付囑諸菩薩汝今諦聽當
為汝說善男子善女人發阿耨多羅三藐三菩提心
應如是住如是降伏其心唯然世尊願樂欲聞佛告
須菩提諸菩薩摩訶薩應如是降伏其心所有一切
眾生之類若卵生若胎生若濕生若化生若有色若
無色若有想若無想若非有想非無想我皆令入無
餘涅槃而滅度之如是滅度無量無數無邊眾生實
無眾生得滅度者何以故須菩提若菩薩有我相人
相眾生相壽者相即非菩薩復次須菩提菩薩於法
應無所住行於布施所謂不住色布施不住聲香味
觸法布施須菩提菩薩應如是布施不住於相何以
故若菩薩不住相布施其福德不可思量須菩提於
意云何東方虛空可思量不不也世尊須菩提南西
北方四維上下虛空可思量不不也世尊須菩提菩
薩無住相布施福德亦復如是不可思量須菩提菩
薩但應如所教住須菩提於意云何可以身相見如
來不不也世尊不可以身相得見如來何以故如來
所說身相即非身相佛告須菩提凡所有相皆是虛
妄若見諸相非相即見如來須菩提白佛言世尊頗
有眾生得聞如是言說章句生實信不佛告須菩提
莫作是說如來滅後後五百歲有持戒修福者於此
章句能生信心以此為實當知是人不於一佛二佛
三四五佛而種善根已於無量千萬佛所種諸善根
聞是章句乃至一念生淨信者須菩提如來悉知悉
見是諸眾生得如是無量福德何以故是諸眾生無
復我相人相眾生相壽者相無法相亦無非法相何
以故是諸眾生若心取相即為著我人眾生壽者若
取法相即著我人眾生壽者何以故若取非法相即
著我人眾生壽者是故不應取法不應取非法以是

[illegible]
[illegible]誦此經所得功德於我所供養諸佛功德百
分不及一千萬億分乃至算數譬喻所不能及須菩
提若善男子善女人於後末世有受持讀
誦此經所得功德我若具說者或有人聞心即狂
亂狐疑不信須菩提當知是經義不可思議果報
亦不可思議爾時須菩提白佛言世尊善男子善女人
發阿耨多羅三藐三菩提心云何應住云何降伏其
心佛告須菩提善男子善女人發阿耨多羅三藐三
菩提心者當生如是心我應滅度一切眾生滅度一
切眾生已而無有一眾生實滅度者何以故須菩提
若菩薩有我相人相眾生相壽者相即非菩薩所以
者何須菩提實無有法發阿耨多羅三藐三菩提心
者須菩提於意云何如來於然燈佛所有法得阿耨
多羅三藐三菩提不不也世尊如我解佛所說義佛
於然燈佛所無有法得阿耨多羅三藐三菩提佛言
如是如是須菩提實無有法如來得阿耨多羅三藐
三菩提須菩提若有法如來得阿耨多羅三藐三菩
提者然燈佛即不與我授記汝於來世當得作佛號
釋迦牟尼以實無有法得阿耨多羅三藐三菩提是
故然燈佛與我授記作是言汝於來世當得作佛號
釋迦牟尼何以故如來者即諸法如義若有人言如
來得阿耨多羅三藐三菩提須菩提實無有法佛得
阿耨多羅三藐三菩提須菩提如來所得阿耨多羅
三藐三菩提於是中無實無虛是故如來說一切法
皆是佛法須菩提所言一切法者即非一切法是故
名一切法須菩提譬如人身長大須菩提言世尊如
來說人身長大即為非大身是名大身須菩提菩薩
亦如是若作是言我當滅度無量眾生即不名菩薩
何以故須菩提實無有法名為菩薩是故佛說一切
法無我無人無眾生無壽者須菩提若菩薩作是言
我當莊嚴佛土是不名菩薩何以故如來說莊嚴佛
土者即非莊嚴是名莊嚴須菩提若菩薩通達無我
法者如來說名真是菩薩須菩提於意云何如來有
肉眼不如是世尊如來有肉眼須菩提於意云何如
來有天眼不如是世尊如來有天眼須菩提於意云
何如來有慧眼不如是世尊如來有慧眼須菩提於
意云何如來有法眼不如是世尊如來有法眼須菩

[illegible]何以故若是微塵眾實有者
[illegible]者何佛說微塵眾即非微塵眾是名微塵
眾世尊如來所說三千大千世界即非世界是名世界
何以故若世界實有者即是一合相如來說一合相
即非一合相是名一合相須菩提一合相者即是不
可說但凡夫之人貪著其事須菩提若人言佛說我
見人見眾生見壽者見須菩提於意云何是人解我
所說義不不也世尊是人不解如來所說義何以故
世尊說我見人見眾生見壽者見即非我見人見眾
生見壽者見是名我見人見眾生見壽者見須菩提
發阿耨多羅三藐三菩提心者於一切法應如是知
如是見如是信解不生法相須菩提所言法相者如
來說即非法相是名法相須菩提若有人以滿無量
阿僧祇世界七寶持用布施若有善男子善女人發
菩提心者持於此經乃至四句偈等受持讀誦為人
演說其福勝彼云何為人演說不取於相如如不動
何以故

一切有為法　如夢幻泡影
如露亦如電　應作如是觀

佛說是經已長老須菩提及諸比丘比丘尼優婆塞
優婆夷一切世間天人阿修羅聞佛所說皆大歡喜
信受奉行
金剛般若波羅蜜經終
時
皇明萬曆十有八年歲在庚寅孟夏八日
欽差蘇杭等處提督織造司禮監太監孫隆勒石

石刻金剛經後跋
夫諸佛應世雖為一大事因緣設教[illegible]法界無非接
物利生之教[illegible]相拈是時緣與
[illegible]菩提[illegible]應如是住如是降伏其
[illegible]應無所住而
生其心[illegible]頭自古解空不許
離聲色似聽孫猿月下啼般若玄旨斯之謂歟昔
一理公飛錫入吳呼猿出洞事畢入定全身不散今
此方墳有金剛堅固不壞者也余叨覽聖教依皈

明 谢时臣等题名

释文：

長洲謝時臣、/劉商、/姚楝到。

述略：

在玉乳洞。楷书，3行，字径3厘米。

谢时臣（1487—1567后），字思忠，号樗仙，吴县（今江苏苏州）人。能诗，长于山水、花卉，善隶书。绘画兼取吴派与浙派的特点，作品多长卷巨幅。

姚栋，常熟人。刘商为苏州刻工，石屋洞亦有题名。俱晚明时人，生平待考。

明 焦煜八面玲珑题刻

释文：

八面玲瓏。/焦煜题。

述略：

在青林洞外。楷书，榜题字径20厘米，落款字径6厘米，字龛横纵94厘米×35厘米。

焦煜，字伯升，别号城山，太平（今安徽黄山）人。嘉靖二年（1523）进士，官刑部主事、浙江按察司佥事、福建参议。据旧志，有民呼之为“焦青天”。书有《太平县重建土地记碑》。

明 焦煜天削芙蓉题刻

释文：

天削芙蓉。/宛陵焦煜题。

述略：

在青林洞上。楷书，正文字径17—19厘米，落款字径6厘米，字龛横纵45厘米×82厘米。著录于《增修云林寺志》。

明 西来居士等题名

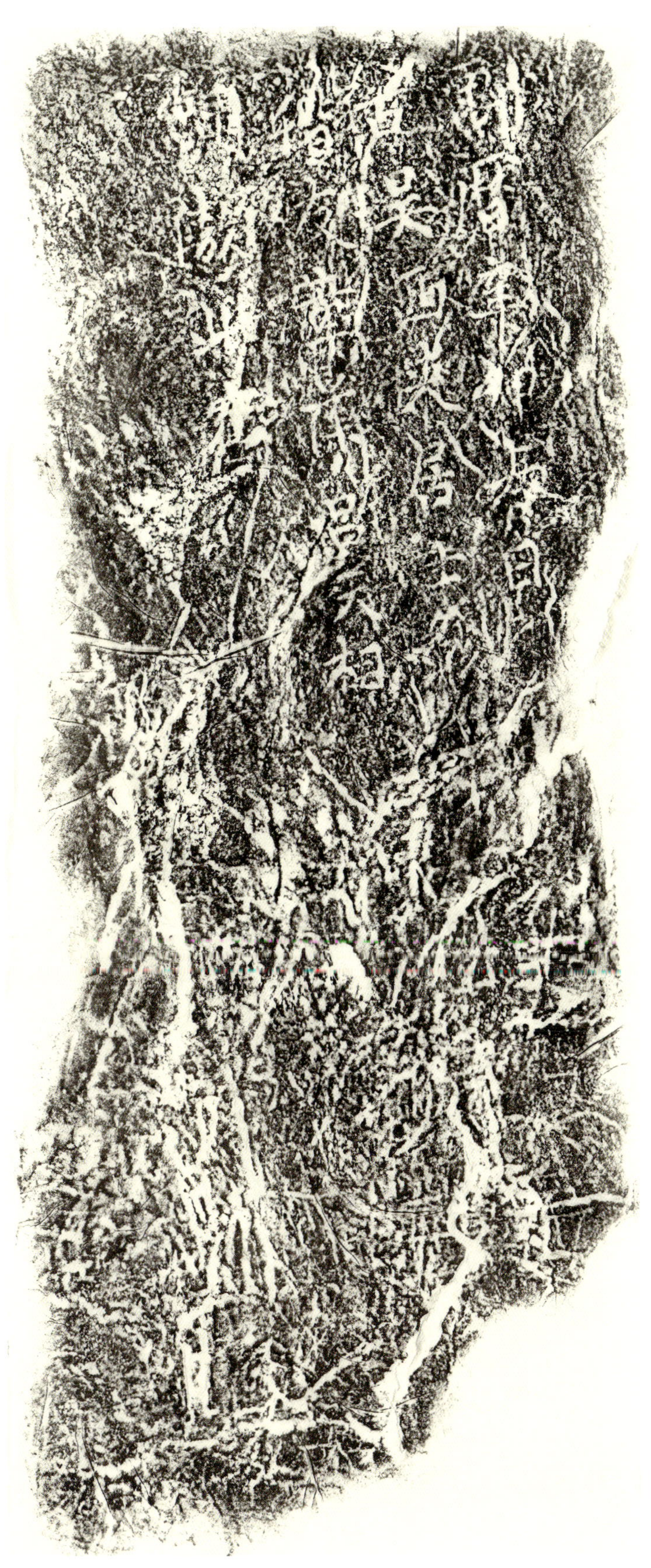

释文：

萬曆辛卯春日，/古吴西來居士錢/偕友章藻、吕天相，/嘯傲此窟。

述略：

在玉乳洞。楷书，4行，字径3厘米。未见著录。

万历辛卯，即万历十九年，公元1591年。

章藻，苏州人。明代著名刻工。文徵明、王世贞等俱盛赞其为当世刻工第一高手。吴中名流名品多由章氏摹刻上石。

余人待考。

明 孙克弘题名

释文：

萬曆丁酉仲春六日，/漢陽守華亭雪居孫/克弘游此漫書。

述略：

在龙泓洞口。隶书，三行，字径3厘米。

万历丁酉，即万历二十五年，公元1597年。

孙克弘（1533—1611），字允执，号雪居，华亭（今上海松江区）人。画家、书法家、藏书家。以父荫入仕，官至汉阴知府，因忤高拱罢官，归。工诗文，擅书法。楷书仿宋克，隶篆追踪秦汉。精写生花鸟，晚年作山水。又好写笠屐小像，饶有古意。

此题刻书风工饬，书学汉碑，结字古穆，有别于吴门时风。

明 孙克弘题刻

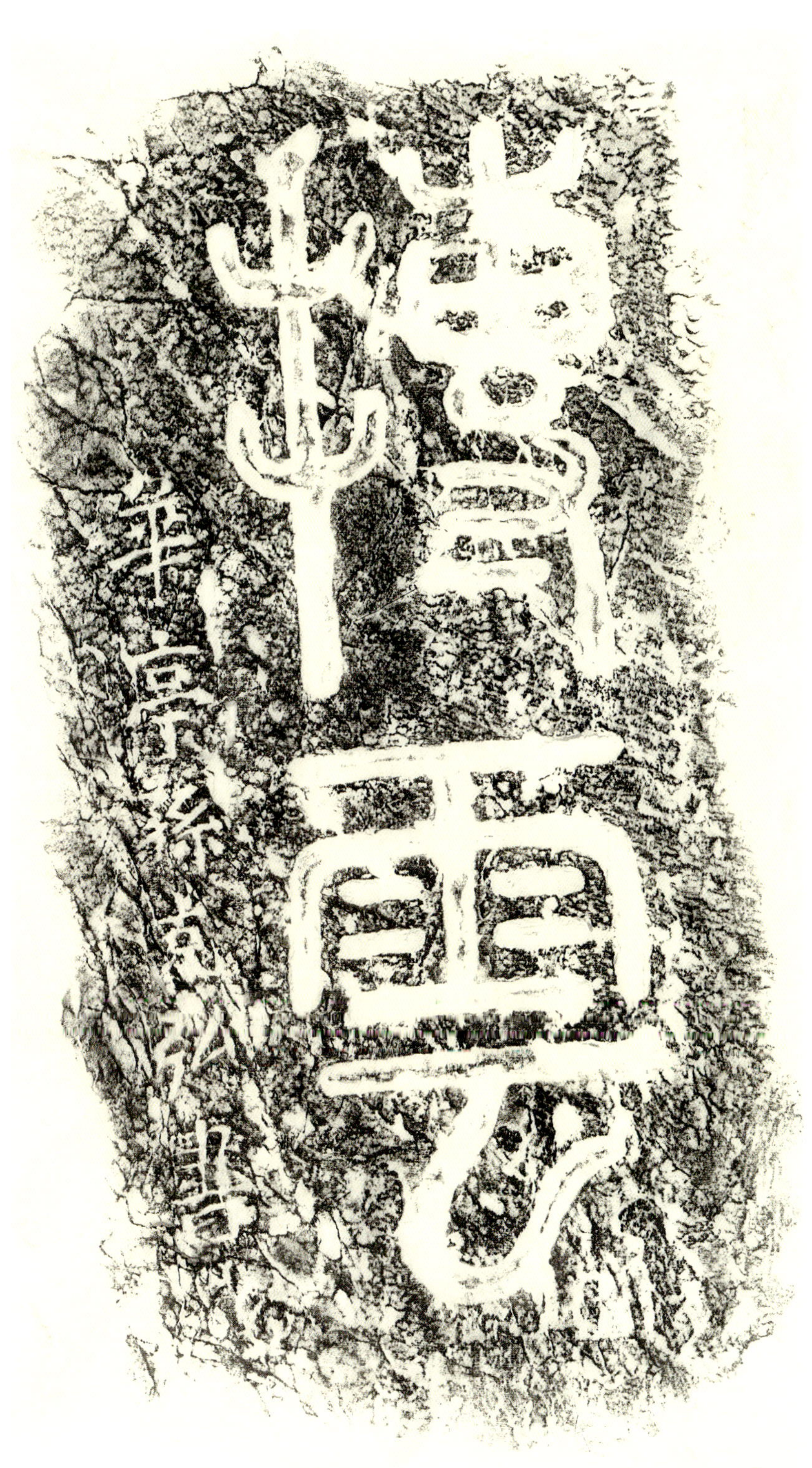

释文：

摶雲。/華亭孫克弘書。

述略：

在龙泓洞。篆书，正文字径16厘米，落款字径4厘米。

书风胎息唐宋，运笔流丽，工稳圆融。

明 李时学等题名

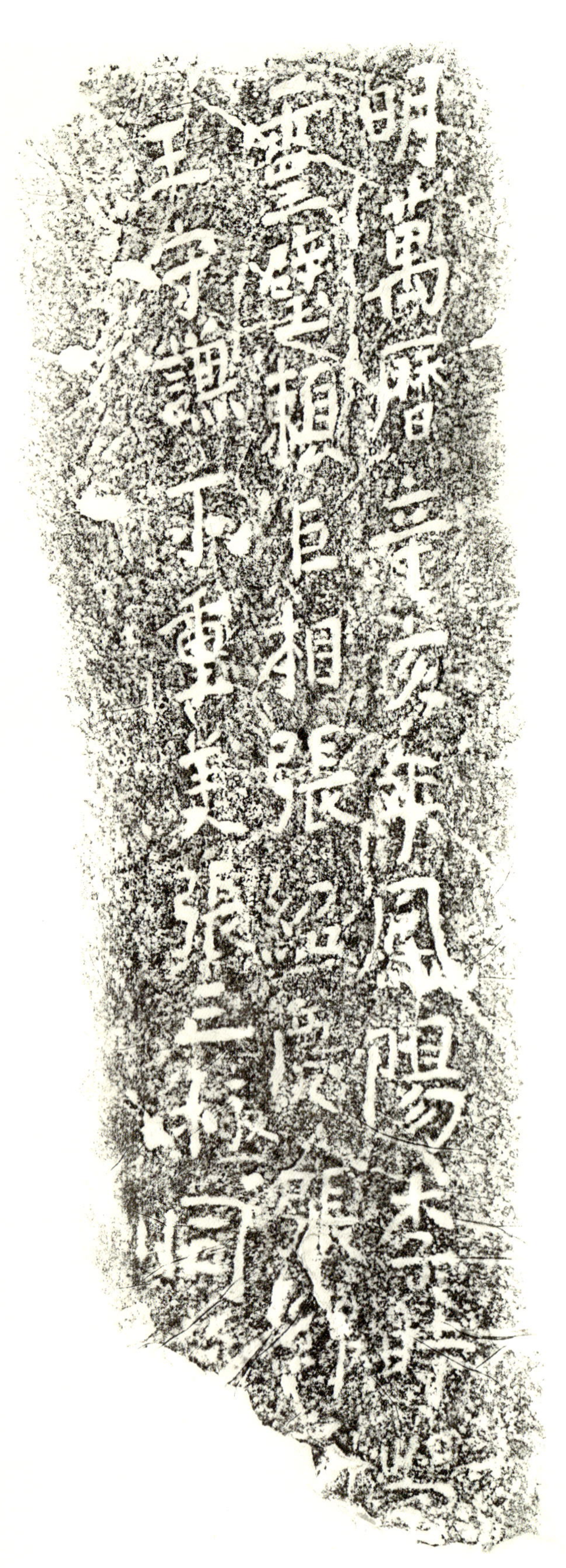

释文：

明萬曆辛亥年，鳳陽李時學、/靈璧賴巨相、張紹慶、張綿、/王守謙、丁重美、張三極同遊。

述略：

在青林洞。楷书，3行，字径3—4厘米。

万历辛亥，即万历三十九年，公元1611年。

王守谦，字道光，号凤竹，灵璧（今属安徽）人。岁贡生，历和州训导，清河教谕。万历三十年（1602），提学表其门曰“纯孝”。著有《灵璧石考》。

张三极，临清州（今山东临清）人。万历十年（1582）举人，万历二十年（1592）进士。授直隶顺天府教授。

余人待考。

明 苏茂相题刻

释文：

天子萬壽。/天啓元年春正月吉旦，/都御史臣蘇茂相恭立。

述略：

在龙泓洞口。楷书，大字字径60厘米，落款字径13厘米。

天启元年，公元1621年。

苏茂相（1566—1630），字宏家，号石水，泉州晋江（今属福建）人。御史苏士润侄。万历二十年（1592）进士，授户部主事，曾任浙江巡抚、两淮督抚等。苏氏在吴山亦有摩崖。

明 □盛纪题名

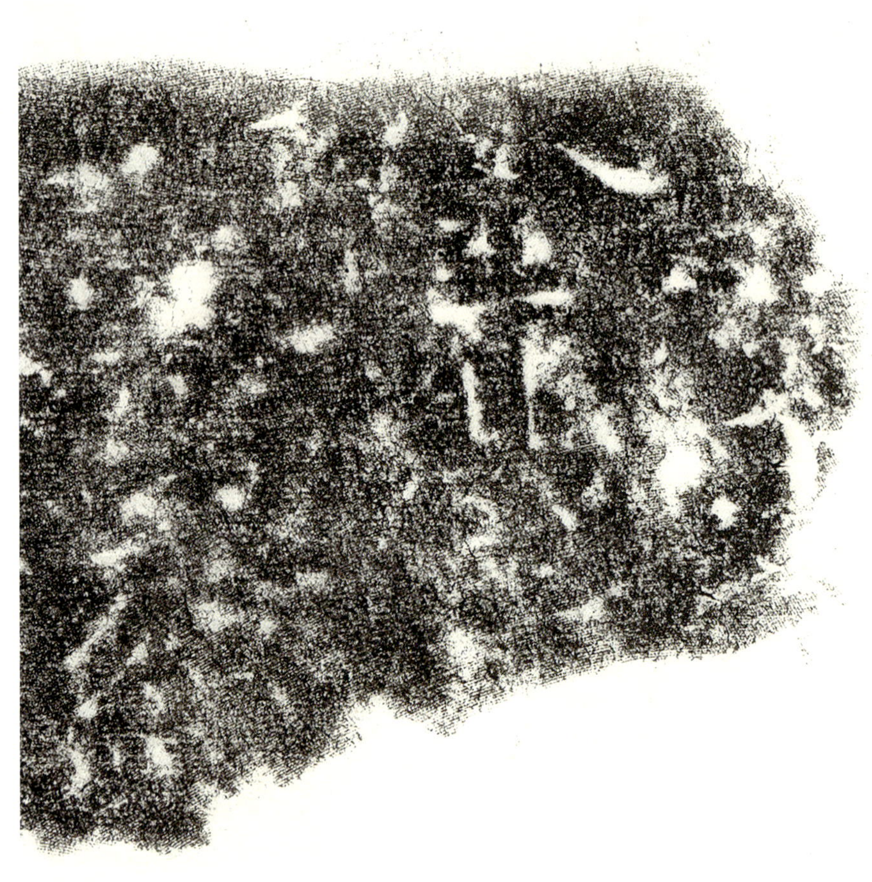

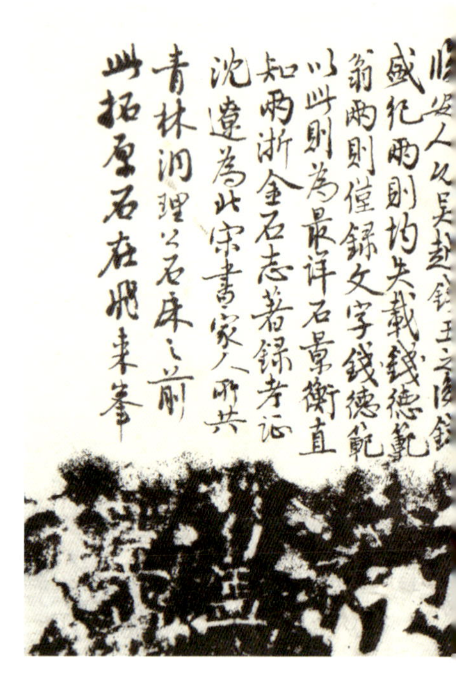

释文：

□盛紀/金臺。

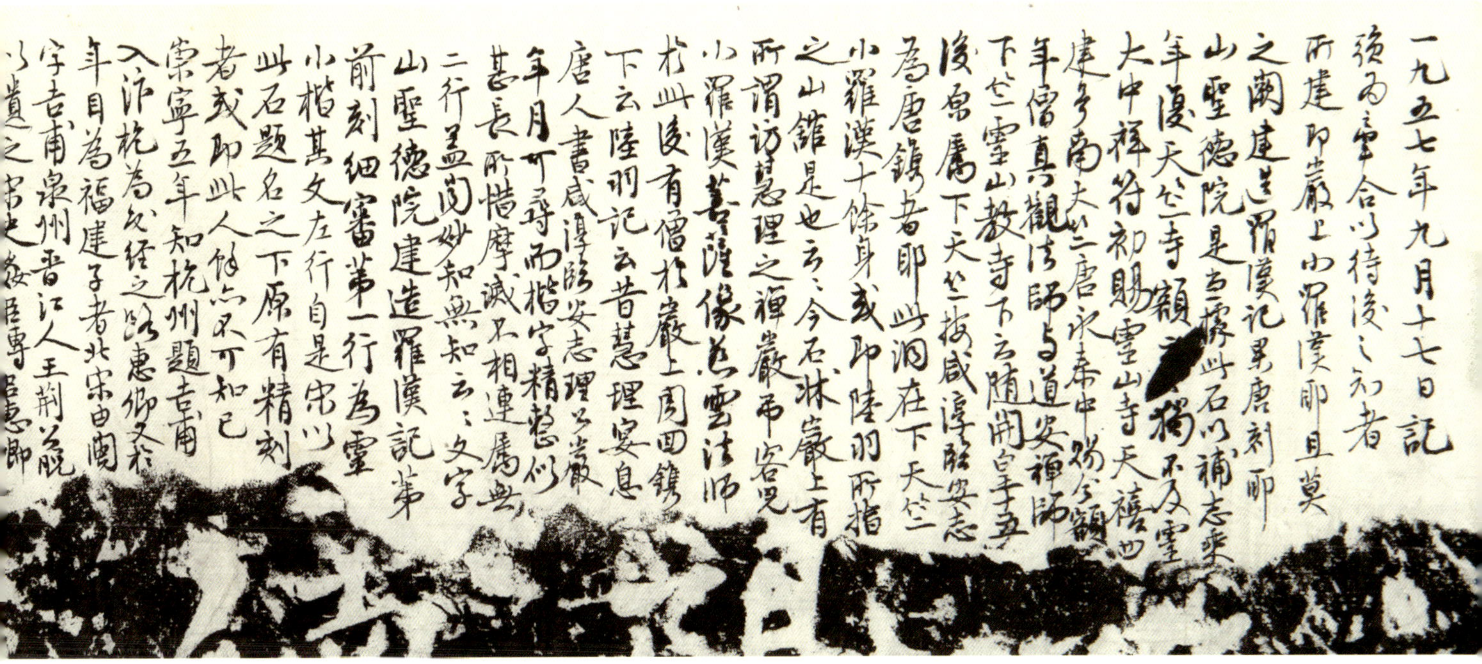
一九五七年九月十七日記
須而雲合以待後之知者
所建即巖上小羅漢耶且莫
之閣建造羅漢記果唐刻耶
山聖德院是否據此石以補志乘
年復天竺寺額獨不及靈
大中祥符初賜靈山寺天禧四
建多南天竺唐永泰中號分額
年曾真觀法師與道安禪師
下竺靈山教寺下云隋開皇十五
後晉屬下天竺按咸淳臨安志
為唐鑴者耶此洞在下天竺
小羅漢十餘身或即陸羽所指
之山錯是也云云今石林巖上有
所謂訪慧理之禪巖而容見
小羅漢菩薩像為靈法師
於此後有僧於巖上周回鑴
下云陸羽記云昔慧理宴息
唐人書咸淳臨安志理公巖
年月可尋而楷字精整似
甚長所惜摩滅不相連屬無
二行蓋閱妙知無知云云文字
山聖德院建造羅漢記第
前刻細審第一行為靈
小楷其文左行自是宋以
此石題名之下原有精刻
者或即此人餘亦不可知已
崇寧五年知杭州題吉甫
入汴杭為必經之路惠卿父於
年目為福建子者北宋由閩
字吉甫泉州晉江人王荊公親
以遺之書史參政事呂惠卿

朱家济墨迹

述略:

在青林洞理公床。楷书，2行，字径3厘米。

此题名在宋直翁等题名之后，朱家济、沙孟海诸家定为独立一段，两位皆有墨迹考证传世。

明 罗浮洞天题刻

释文：

羅浮洞天。

述略：

在青林洞外。行书，字径14厘米，龛横纵87厘米×28厘米。罗浮山在广东，自汉代以来就是修仙圣地，为道家洞天之一。

明 象鼻峰题刻

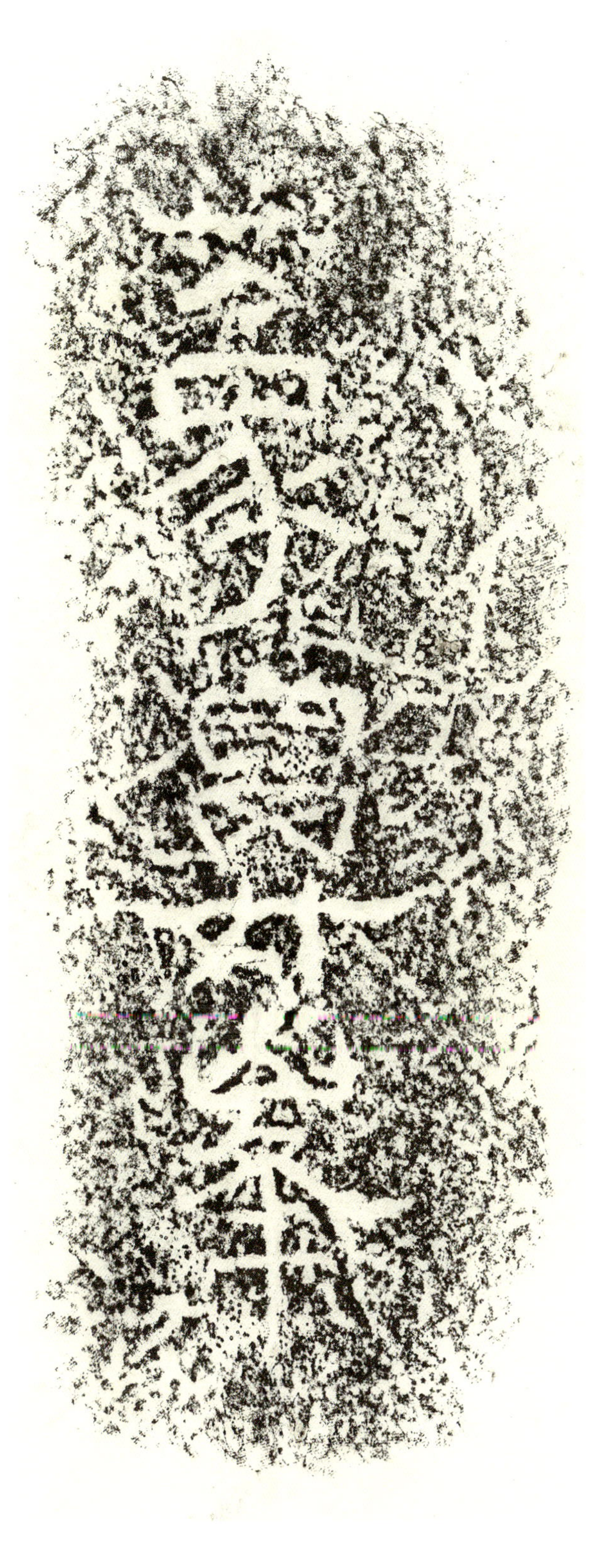

释文：

象鼻峯。

述略：

在三生石。隶书，1行，字径4厘米。

书风端庄妍美，有宋明人气度，故附于此。

明 三生石题刻

释文：

三生石。

述略：

在三生石。横列，1行，篆书，字径近30厘米。

该题刻篆法工稳，线条匀称，由书风判断，恐是明人所书，故附于此。

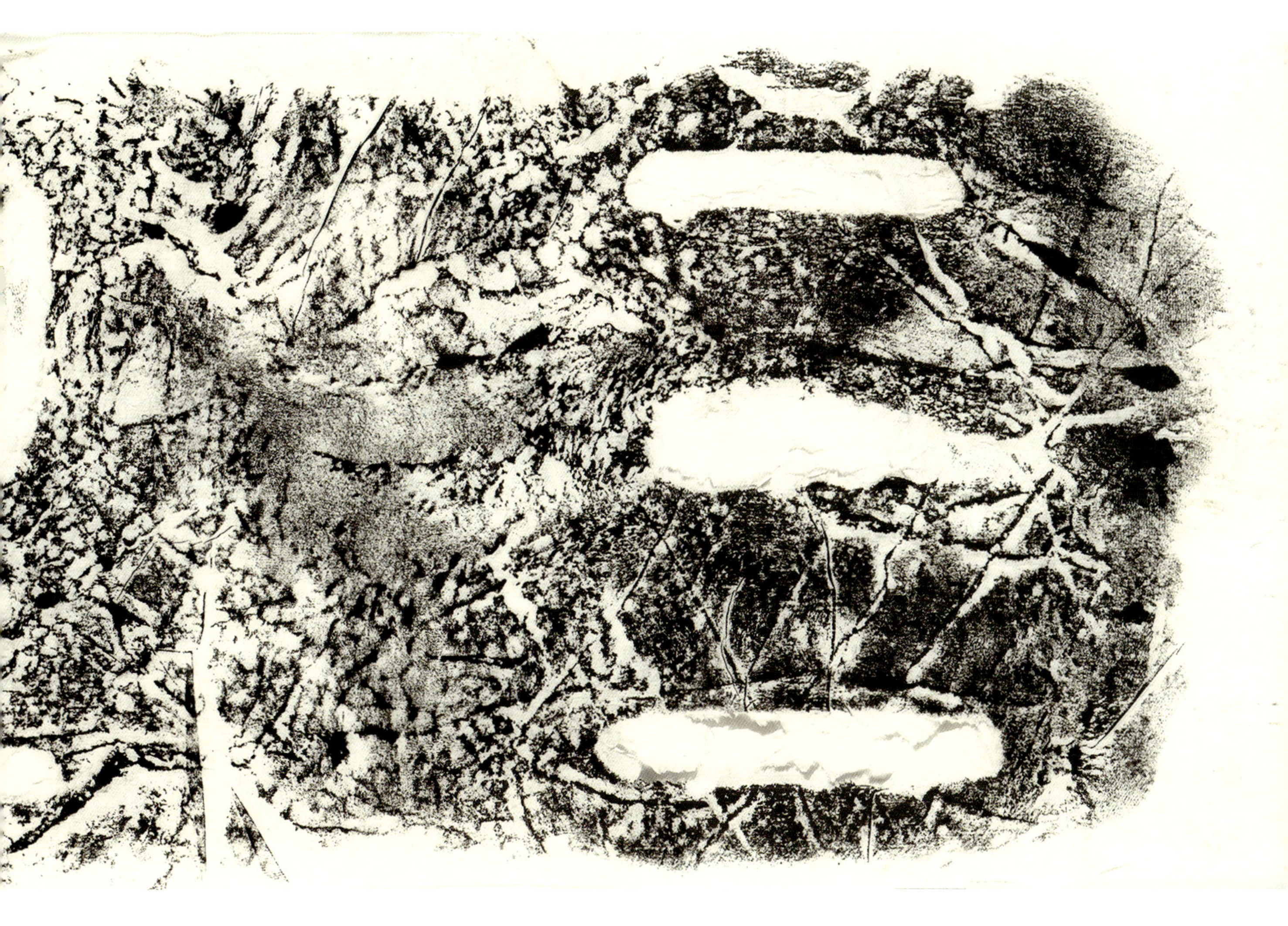

清 康熙帝飞来峰题刻

释文：

飛來峰。/康熙三十八年春三月。

述略:

在冷泉溪侧。楷书，大字字径45厘米，小字字径3厘米，龛横纵200厘米×80厘米。钤印：康熙御笔之宝。钤印宽8厘米，印文字径2厘米。

此是飞来峰景区唯一的康熙御笔摩崖石刻。

康熙三十八年，公元1699年。

爱新觉罗·玄烨（1654—1722），清朝皇帝，年号康熙。在位期间六次南巡，曾莅临飞来峰。书法学董，有董其昌中正秀美之姿。

清 康熙残题名一

释文：

康熙甲/武陵□/侍行□/中□□/育錢/霑同。

述略：

在龙泓洞。楷书，6行，字径8厘米。中为别刻所覆。

清 康熙残题名二

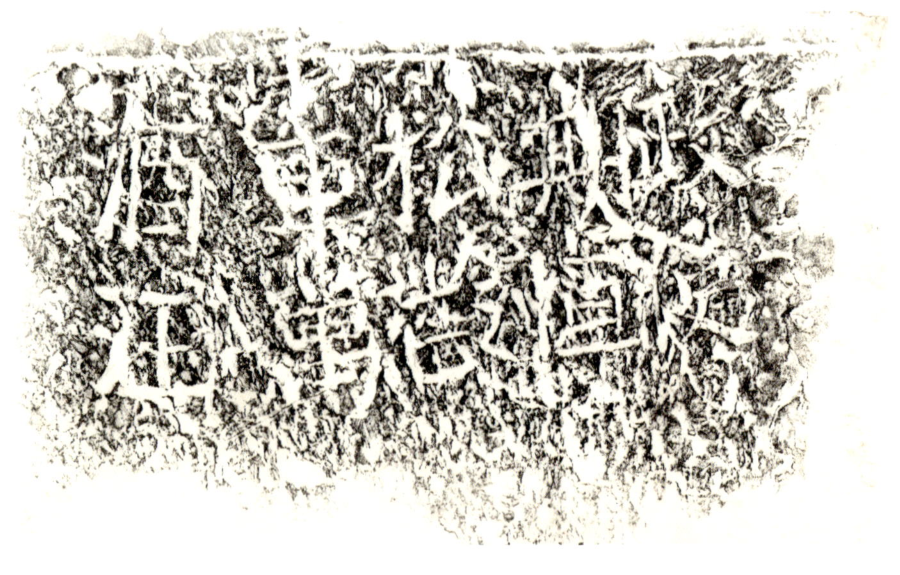

释文：

□政使/□期恒/□松龄/□車萬/□酒汪。

述略：

在龙泓洞。楷书，5行，字径8厘米。中为别刻所覆。

清 乾隆八年诗刻

释文:

南無阿彌陀佛。/□□□□撰拜立。/愛河千尺浪，普海望［萬］重波。/浴［欲］免輪迴苦，大衆念彌陀。/弟子□發願求往往[生]，唯願/慈悲哀攝受，歸命禮三寶。/乾隆捌年十月吉日。

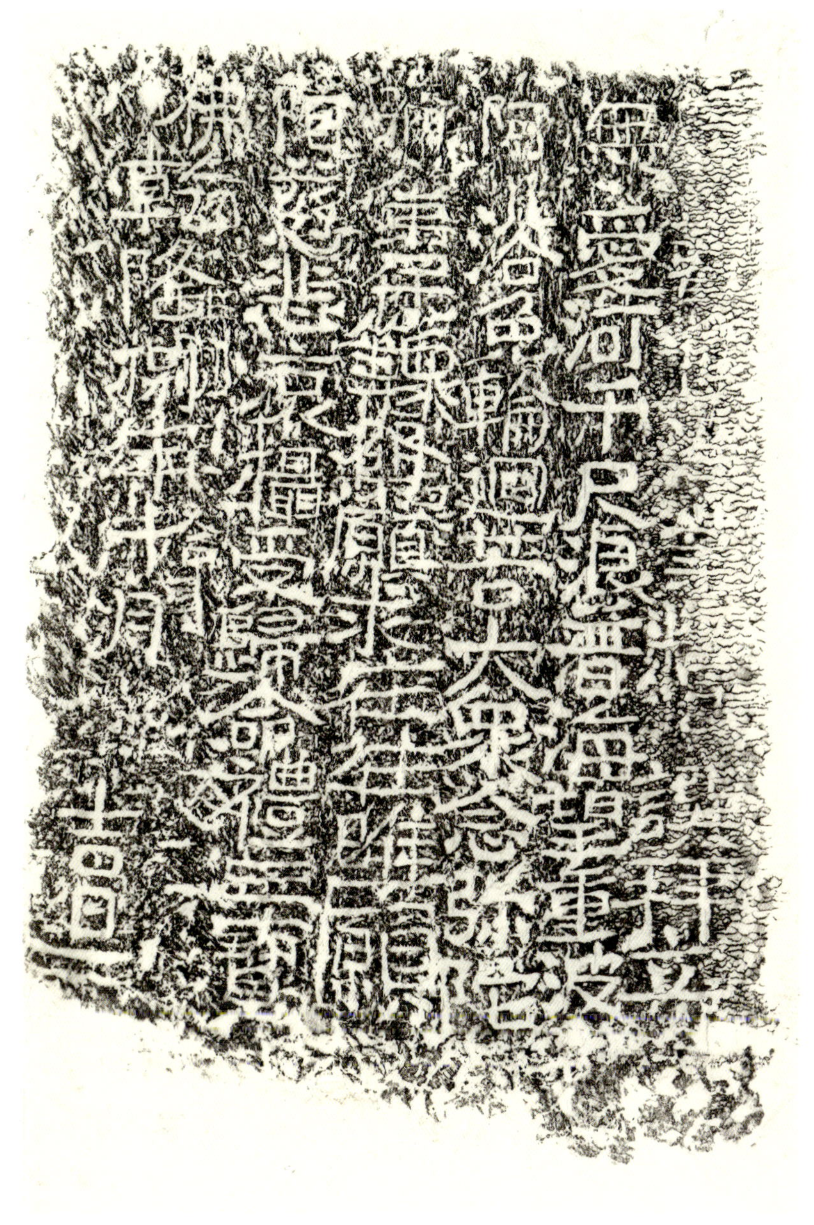

述略:

在玉乳洞。隶书，6行，字径8厘米。

乾隆八年，公元1743年。

清 黄易等题名

释文：

乾隆乙卯冬日/錢唐黄易小松、/金匱錢泳立群/同來。

述略：

在龙泓洞。隶书，4行，字径5厘米，龛横纵35厘米×38厘米。

乾隆乙卯，即乾隆二十四年，公元1759年。

黄易（1744—1802），字大易，号小松、秋盦，又号秋影庵主、散花滩人。钱塘（今浙江杭州）人，钱塘黄氏八世。兼擅篆刻，与丁敬并称“丁黄”，为“西泠八家”之一。

钱泳（1759—1844），字立群，号台仙，一号梅溪，金匮（今江苏无锡）人。清代著名学者，精研金石碑版之学，著有《履园丛话》等。

书法淳古，以钱泳苏州孔庙四书相较，此题名当为钱氏亲笔。

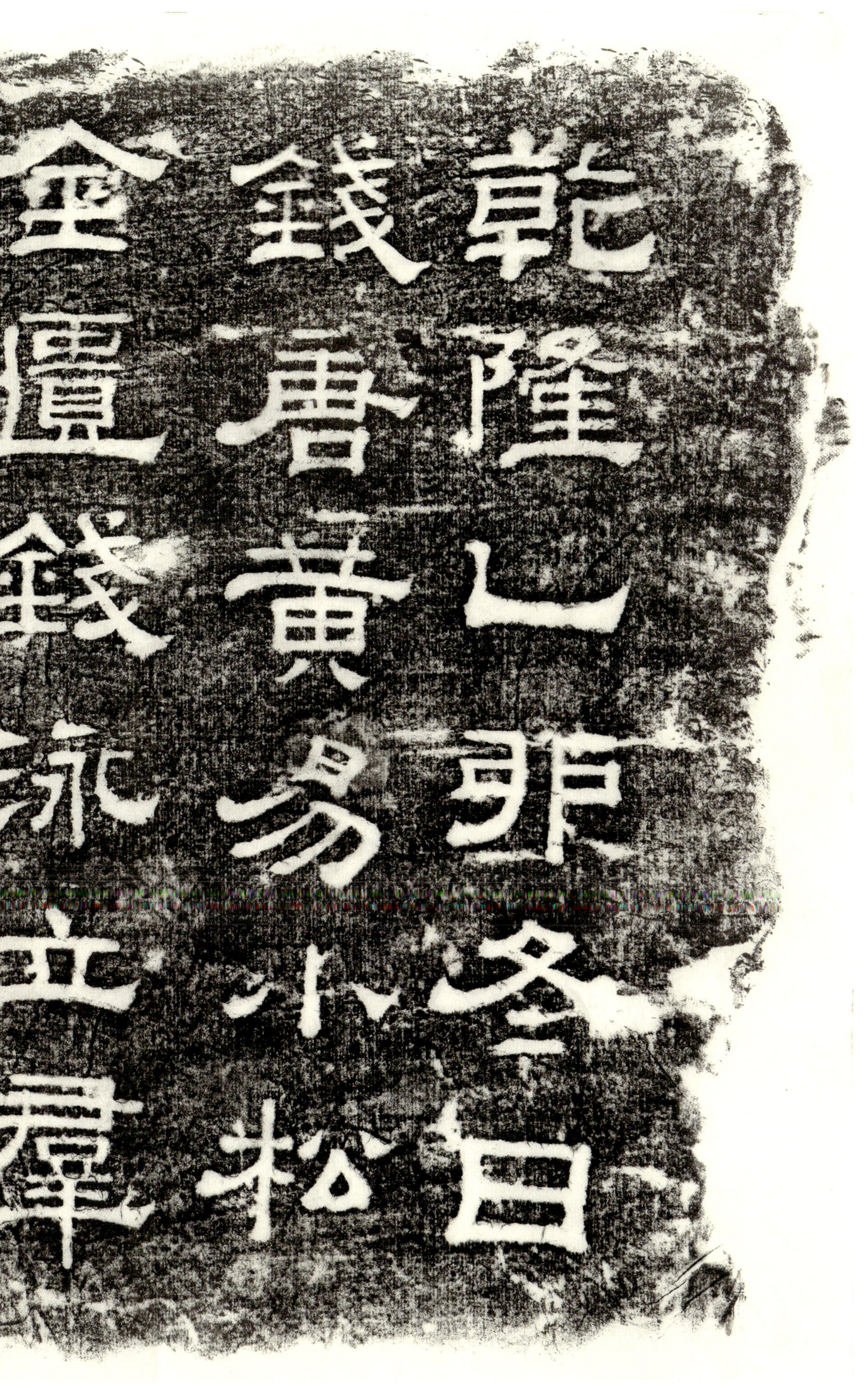
乾隆乙卯冬日
錢唐黃易小松
金壇錢泳立羣

清 钱泳诗刻

释文:

巖中清/磬僧定/起，洞口緑/樹仙家/春。/梁溪錢泳樵/黄山谷書。

述略：

在龙泓洞。行书，7行，字径3—5厘米不等。款前后覆刻“光绪二年”残记二则，无法卒读。

此诗刻为钱泳摹黄庭坚体，结字中宫紧凑，笔画开张，逼肖山谷。为钱泳摩崖中难得之佳品。

清 乾隆帝无不奇题刻

释文:

無不奇。

述略:

在下天竺。草书，字径25厘米，有字龛，横纵50厘米×164厘米。钤印：古稀天子之宝。钤印宽9厘米，印文字径2厘米。题写于乾隆四十五年（1780），著录于《南巡盛典》。

爱新觉罗·弘历（1711—1799），清朝皇帝，别署长春居士、信天主人，晚号古稀天子、十全老人。年号“乾隆”。

该题刻为乾隆帝罕见的草书榜书，线条浑圆雄强，少提按变化，姿态左右舒展，宽博开张。

清 乾隆帝秀拔题刻

释文：

秀拔。

述略：

在下天竺。行书，字径42厘米，有字龛，横纵145厘米×75厘米。钤印：古稀天子之宝。印文宽11厘米，印文字径3厘米。题于乾隆四十五年（1780），著录于《南巡盛典》。

清 陈希濂题刻

释文：

冷泉。/乾隆六十年七月，/錢唐陳希濂題。

述略：

在冷泉溪侧。隶书，榜题字径30厘米，落款字径5厘米。

乾隆六十年，公元1795年。

陈希濂，字秉衡，号瀫水、石萝庵主，钱塘（今浙江杭州）人。嘉庆三年（1798）举人，工隶书，与黄易相契。著有《西湖棹歌》。

陈氏富收藏，与西泠诸家友善。此处隶书用笔淳厚，结体古拙。取汉石经法度，又不失灵动。为清代隶书佳构。

清 秦瀛等题名

释文：

杭嘉湖兵備道無錫秦瀛、監察御史錢塘/潘庭筠、訓導錢塘陸夢熊、諸生桐城胡震、/仁和邵志純、州同知錢塘項墉，同遊靈隱/寺，歷磴尋妙應院松靄山房，觀前人名蹟，/登冷泉亭，烹龍井茶，探呼猿洞。題名者，項/墉也。時乾隆六十年十一月三日。

述略：

在龙泓洞内。隶书，左行，6行，字径7厘米，横纵62厘米×136厘米。

乾隆六十年，公元1795年。

秦瀛，字凌沧，号小岘，江苏无锡人。乾隆三十九年（1774）举人，丙申（1776）召试，授内阁中书，官至刑部侍郎。有《小岘山人集》。

是题名为钱塘项墉所书。项氏为王昶门人，善诗，亦为金石之学，其书法汉晋，兼取宋人意趣，此刻秀美沉稳，即是明证。

杭嘉湖兵備道無錫秦瀛監察御史錢塘
構庭藹訓導錢塘陸夢熊諸生桐城胡虔
仁和邵志純州同知錢塘項墉同遊靈隱
寺歷磴尋妙應院松鶴山房觀前人名蹟
登冷泉亭烹龍井茶探呼猿洞[illegible]
墉也時乾隆六十年十一月二[illegible]

清 宋大樽等题名

释文：

嘉慶二年八月/望，仁和宋大樽，/江寧劉瀓，錢唐/陳希濂、金棻，江/陰孔昭孔來此。

述略：

在龙泓洞。隶书，5行，每行6字，字径4厘米，横纵31厘米×39厘米。

嘉庆二年，公元1797年。

宋大樽（1746—1804），字左彝，号茗香、名香，仁和（今浙江杭州）人。乾隆三十九年（1774）举人。官国子监助教，有《学古集》《牧牛村舍诗钞》。

刘瀓，字清宇，号季萼，江宁（今江苏南京）人。诸生，工书画。著有《季萼诗钞》。

金棻，字诵清，钱塘（今浙江杭州）人。监生，后补员外郎。

孔昭孔（1769—1831），字微明，一字味茗，江阴（今属江苏）人。孔广居之子。以刻碑帖为业。有《说文疑疑续》《夏小正考正》。

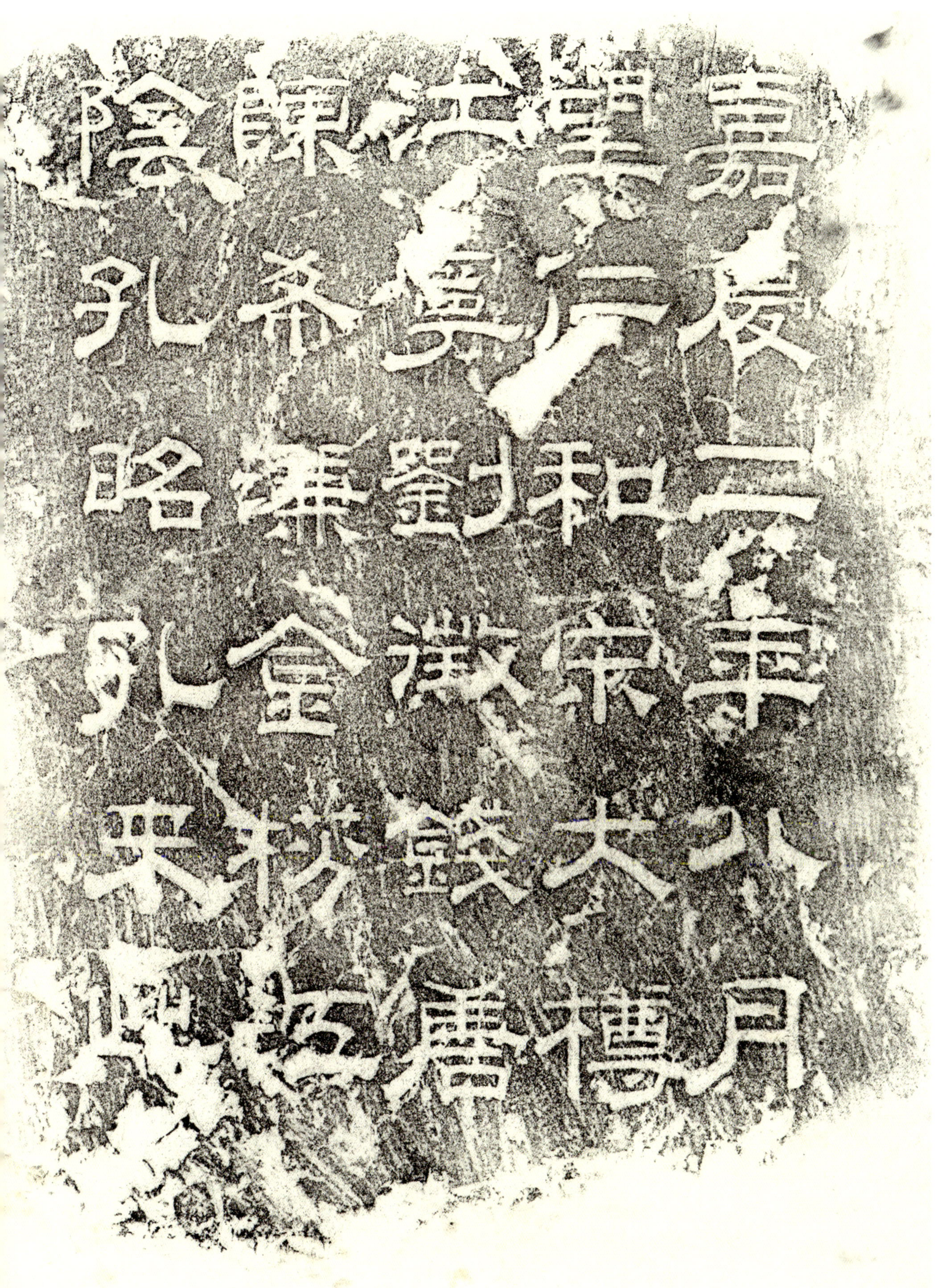

清 阮嗣兴等题名

释文：

嘉慶丁巳冬日，儀徵/阮嗣興、江德地，甘泉/耿弓同遊，海鹽吴/厚生勒石。

述略：

在青林洞。行草书，4行，字径约3厘米。

嘉庆丁巳，即嘉庆二年，公元1797年。

阮嗣兴，廪生。著有《采椒堂文稿》。

江德地，扬州人。清嘉庆时期诗人，工篆刻。

吴厚生，海盐人。清篆刻家。

清 玉德题刻

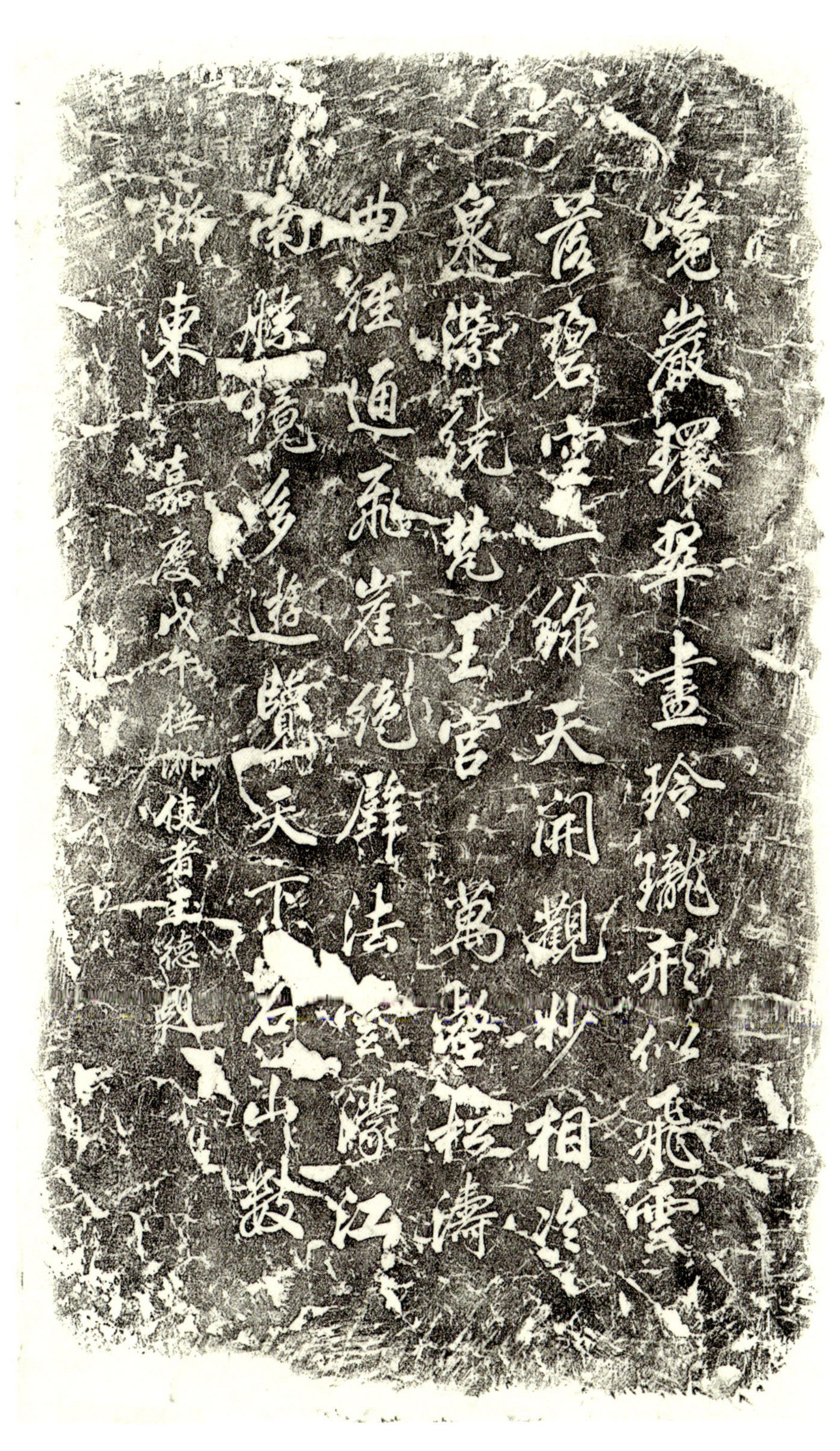

释文：

巉巖環翠盡玲瓏，形似飛雲/落碧空。一綫天開觀妙相，冷/泉瀠繞梵王宮。萬壑松濤/曲徑通，飛崖絶壁法雲濛。江/南勝境多遊覽，天下名山數/浙東。嘉慶戊午撫浙使者玉德題。

述略：

在龙泓洞。6行，字径2厘米，横纵44厘米×36厘米。

嘉庆戊午，即嘉庆三年，公元1798年。

玉德（？—1809），字达斋，瓜尔佳氏，清满洲正红旗人。乾隆间由官学生补中书，迁刑部侍郎等。嘉庆间调任浙江巡抚，累官闽浙总督。后因获罪，发配伊犁。

清 阮元题名

释文：

禮部右侍郎儀/徵阮元常來遊/此。吴厚生刻。

述略：

在玉乳洞。楷书集柳字，3行，字径3厘米，横纵26厘米×35厘米。据年谱考证，是刻时间约为嘉庆三年（1798）。

阮元（1764—1849），字伯元，号芸台、雷塘庵主、揅经老人、怡性老人，仪征（今江苏扬州）人。经学家、训诂学家、金石学家。乾隆五十四年（1789）进士，曾任浙江学政、浙江巡抚、湖广总督、两广总督、云贵总督等职。晚年官拜体仁阁大学士，致仕后加官至太傅。主编《两浙金石志》，为重要的金石学资料。

禮部右侍郎儀
徵阮元常來遊
此
吳厚生刻

清 玉德诗刻

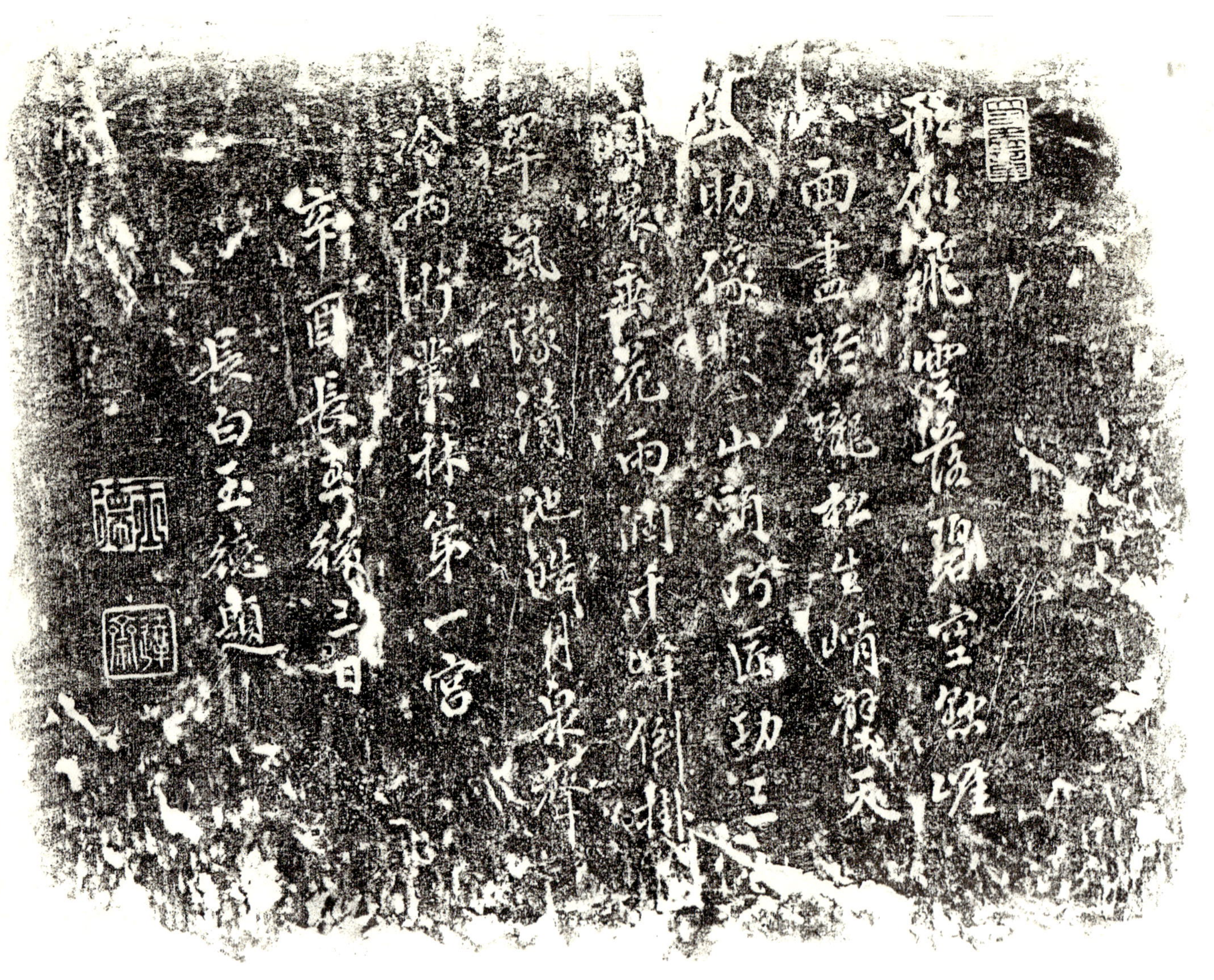

释文：

形似飛雲落碧空，懸崖/八面盡玲瓏。松生峭壁天/工助，像鑿山頭巧匠功。三/洞環垂花雨潤，千峰倒掛/翠嵐濛。清池皓月泉聲/冷，兩浙叢林第一宫。/辛酉長至後三日，/長白玉德題。

述略：

在玉乳洞。行书，8行，字径5厘米，横纵90厘米×53厘米。右上钤：大司马章（朱文）；左下钤：玉德（白文）、达斋（朱文）。

辛酉，即嘉庆六年，公元1801年。

清 关槐诗刻

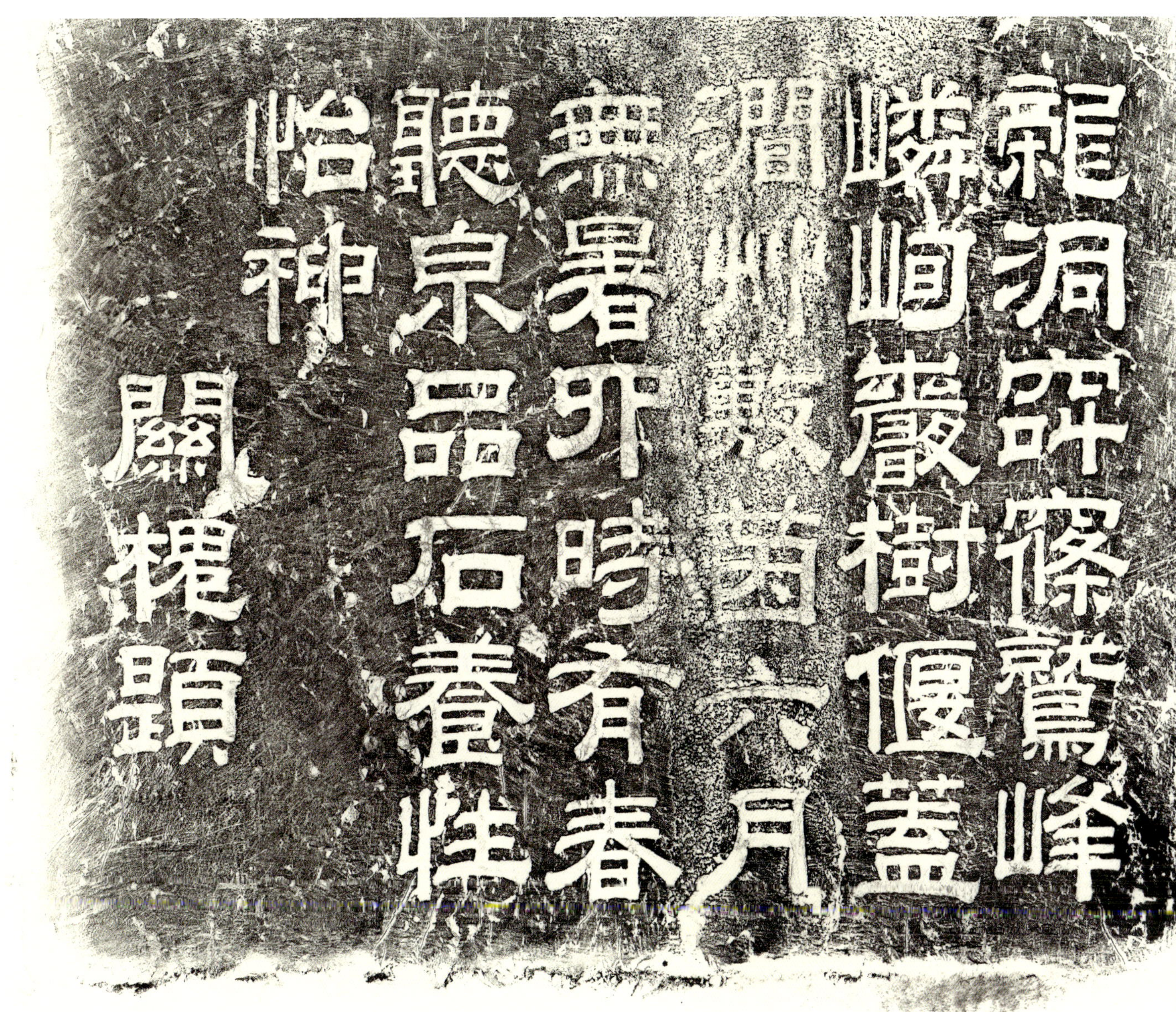

释文:

龍洞窈窕，鶩峰/嶙峋。巖樹偃蓋，/澗草敷茵。六月/無暑，四時有春。/聽泉品石，養性/怡神。/關槐題。

述略:

在龙泓洞。隶书，7行，字径约9厘米，龛横纵78厘米×35厘米。

关槐（1749—1806），字晋卿、晋轩，号云岩、曙笙、柱生、青城山人，仁和（今浙江杭州）人。乾隆四十五年（1780）传胪，官翰林院编修，礼部侍郎，供奉内廷。山水画入宋元之室，苍润恬静。

关槐工画，亦善书法。此刻有沉肃之气，点画雄强，布白整饬，虽于山林间，同感庙堂之境。

清 吴荣光题名

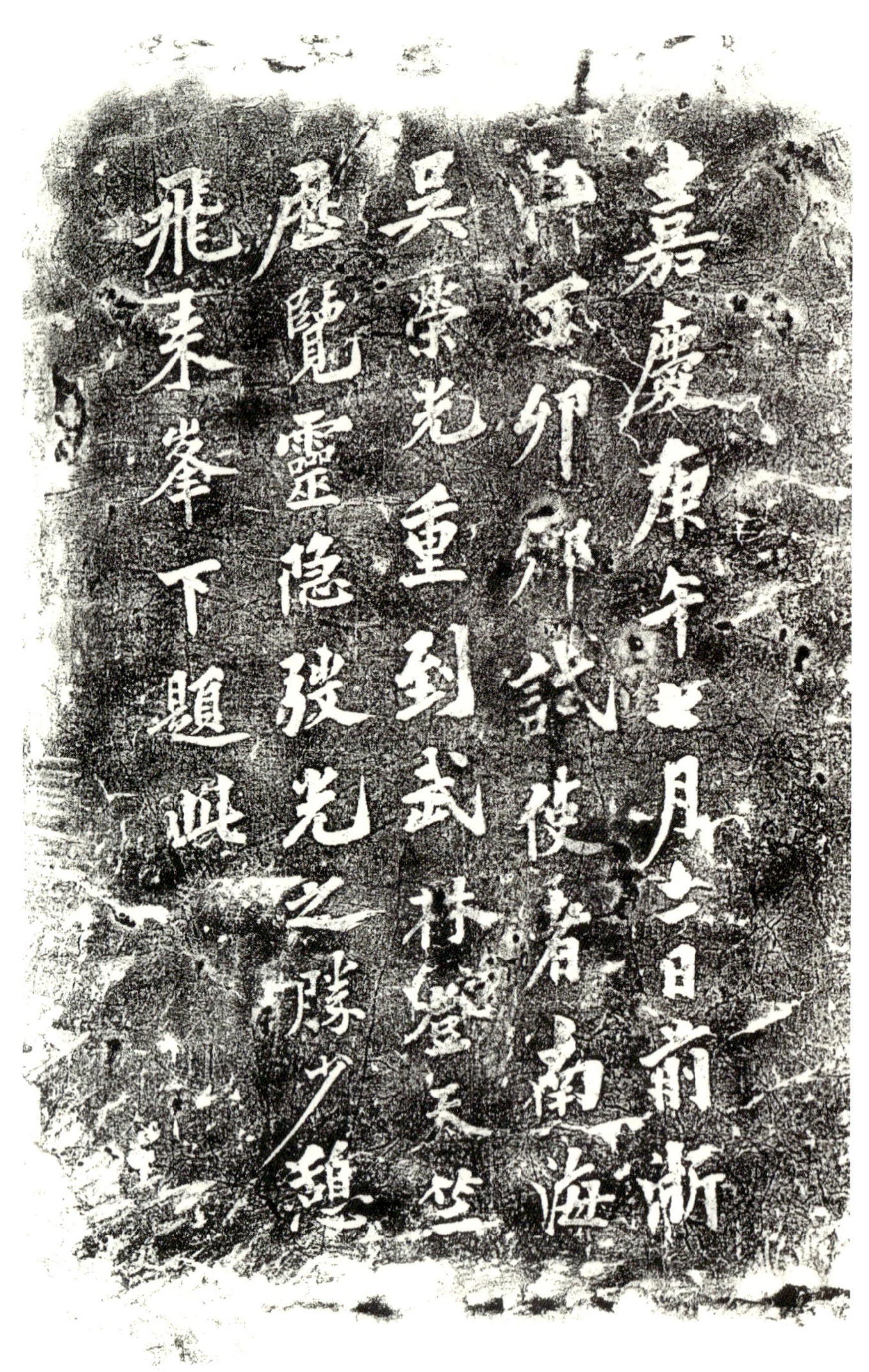

释文：

嘉慶庚午七月二日，前浙/江丁卯鄉試使者、南海/吴榮光，重到武林。登天竺/歷覽靈隱弢光之勝，少憩/飛來峰下題此。

述略：

在龙泓洞。行楷书，5行，字径3厘米，横纵33厘米×41厘米。

嘉庆庚午，即嘉庆十五年，公元1810年。

吴荣光（1773—1843），字伯荣，一字殿垣，号荷屋、可庵，晚号石云山人，别署拜经老人，南海（今广东佛山）人。诗人、书法家、鉴藏家。嘉庆四年（1799）进士，由编修官擢御史。道光中，任湖南巡抚、湖广总督，后坐事降为福建布政使。著有《石云山人集》。

清 顾沅题记

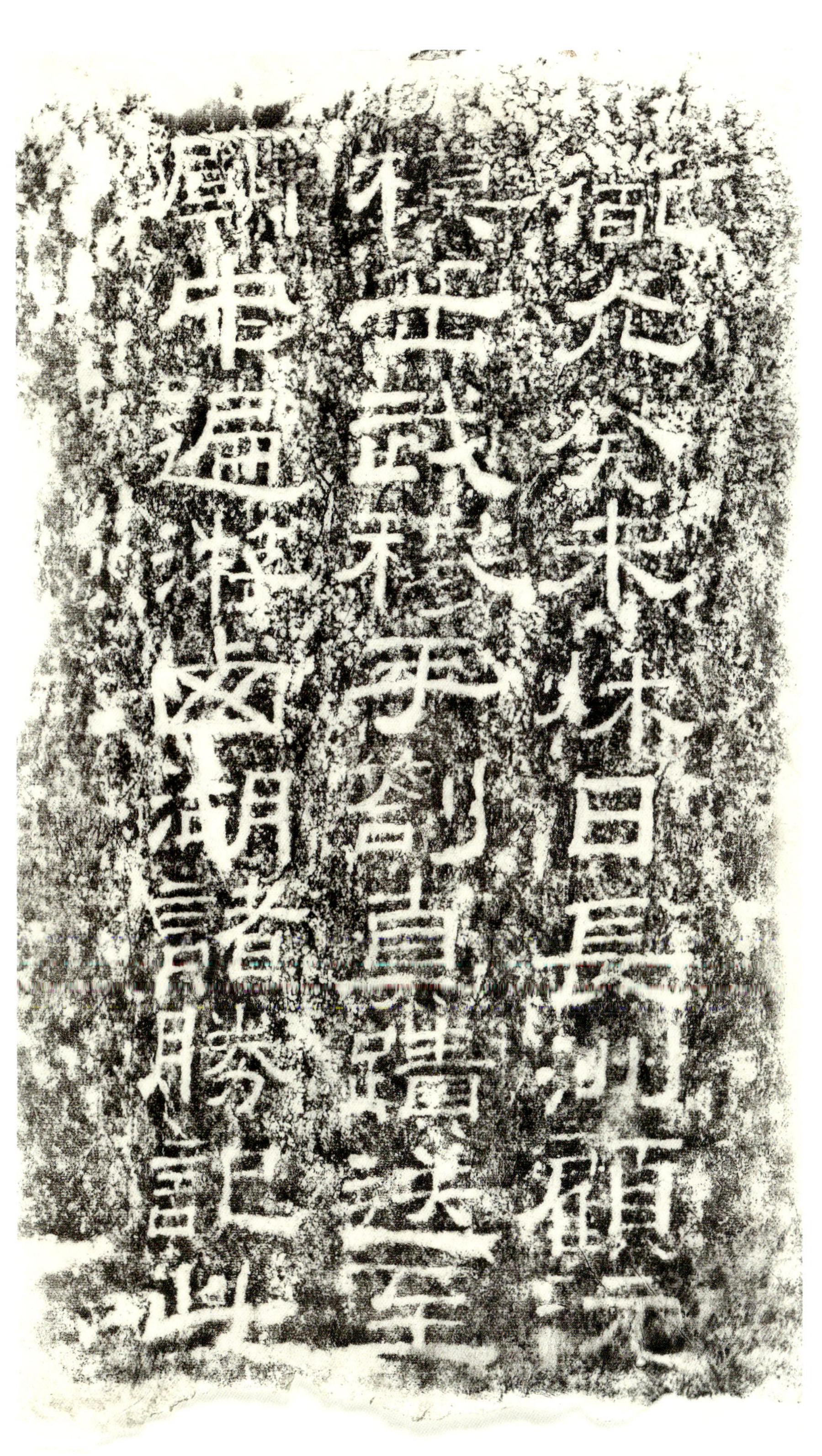

释文:

道光癸未秋日，長洲顧沅/模《岳武穆手劄》真蹟送至/廟中，遍游西湖諸勝，記此。

述略:

在冷泉溪侧。隶书，3行，字径3厘米。

道光癸未，即道光三年，公元1823年。

顾沅（1799—1851），字澧兰，号湘舟，又自号沧浪渔父，长洲（今江苏苏州）人。道光间官教谕，收藏金石、书籍甚富，颇多秘本、善本，建怀古书屋、艺海楼庋藏载籍。著有《游山小草》等。

清 方可中题名一

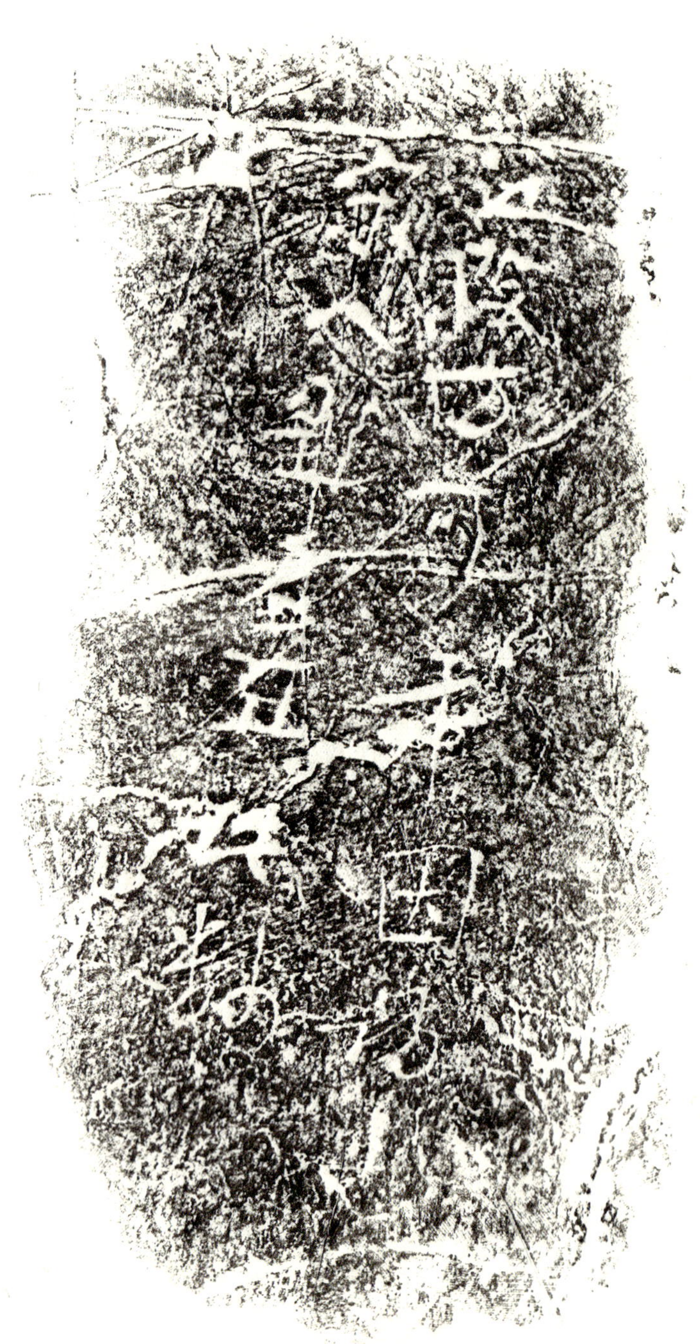

释文:

江陰方可中因訪/宋人題名在此數/日。

述略:

在青林洞。草书，3行，字径2厘米，横纵13厘米×18厘米。

方可中，江阴（今属江苏）人，活跃于清代道光前后。据刻于唐开成五年（840）的大禹陵《往生碑》徐荣题记，道光二十八年（1848），会稽禹寺僧人掘地得碑，江阴人方可中曾洗拓往示绍兴知府徐荣。

清 方可中题名二

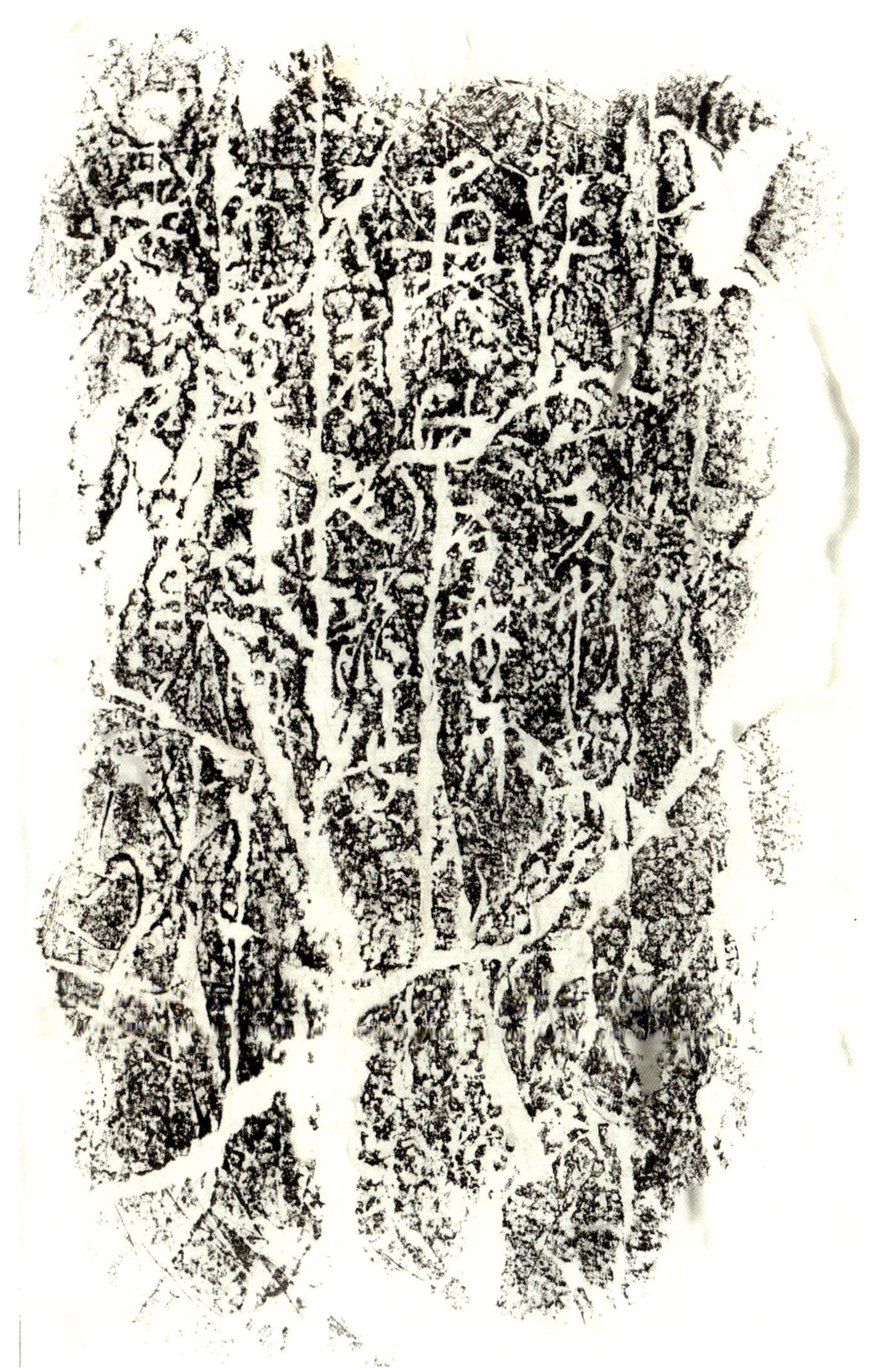

释文：

江陰方可中吴/興訪石林并/其弟文龍、方/外友普光同/來。丁亥三月。

述略：

在青林洞。草书，字径2厘米。

丁亥，即道光七年，公元1827年。

清 曹宗瀚等题名

释文：

道光丙申七月，儀封/曹宗翰、海昌朱芳、/嘉禾汪之虞、江陰/方可中同游靈隱。

述略：

在青林洞。隶书，4行，行字不等，字径3厘米，字龛横纵23厘米×30厘米。

道光丙申，即道光十六年，公元1836年。

曹宗瀚，字岚樵，兰仪（今河南兰考）人。嘉庆十八年（1813）举人，刑部主事，历官给事中。

汪之虞，本名照，字驺卿，桐乡（今属浙江）人。徐问蘧婿。尝从西梅（顾洛）、石如（江介）、次闲（赵之琛）诸君游。

清 吴国宝题名

释文

长洲吴/國寶來。

述略:

在龙泓洞。行楷书，2行，字径8厘米。

吴国宝，号秀峰、雪峰，长洲（今江苏苏州）人，清代著名刻工，活动于道光前后。有多处摩崖散见于西湖诸山。

此题名取法黄庭坚，字势开张，用笔沉稳，饶有宋人意趣。

清 赵之琛等题记

释文：

道光丁酉仲春五日，同錢唐王泰安伯、/王脩延年、姚鎮撫之，仁和章黼次白、/錢廷薫秋峴，品泉于此，偏覽題名，惜/姓氏之湮滅，悲歲月之不居，弔古感今，/竟夕始返。仁和錢廷朖摩崖記。/同里羅文鑑察書，趙之琛次閑鐫。

述略：

在龙泓洞。隶书，6行，字径8—10厘米不等。此为西泠名家赵之琛亲刻，殊为珍贵。

道光丁酉，即道光十七年，公元1837年。

王泰，字安伯，仁和（今浙江杭州）人。贡生，候选员外郎。

章黼，字次白，仁和（今浙江杭州）人。诗人，嘉庆时优贡生，曾在西湖书院、紫阳书院、崇文书院任职。

钱廷薰，字品阶，号秋岘，仁和（今浙江杭州）人。道光十一年（1831）优贡生，十四年（1834）举人，会稽教谕。

钱廷朖，又作廷烺，字小谢，仁和（今浙江杭州）人。钱枚子。诸生，官江苏昆山知县。著有《小谢词存》。

罗文鉴，号秋墅，仁和（今浙江杭州）人。郡增生，诗人，曾组织振绮堂诗社。

赵之琛（1781—1852），字次闲，号献父、献甫，又号宝月山人，斋号补罗迦室，钱塘（今浙江杭州）人。工各体书法，兼擅山水、花鸟。嗜古，好金石，篆刻得陈豫钟传，博采众长，“西泠八家”之一。

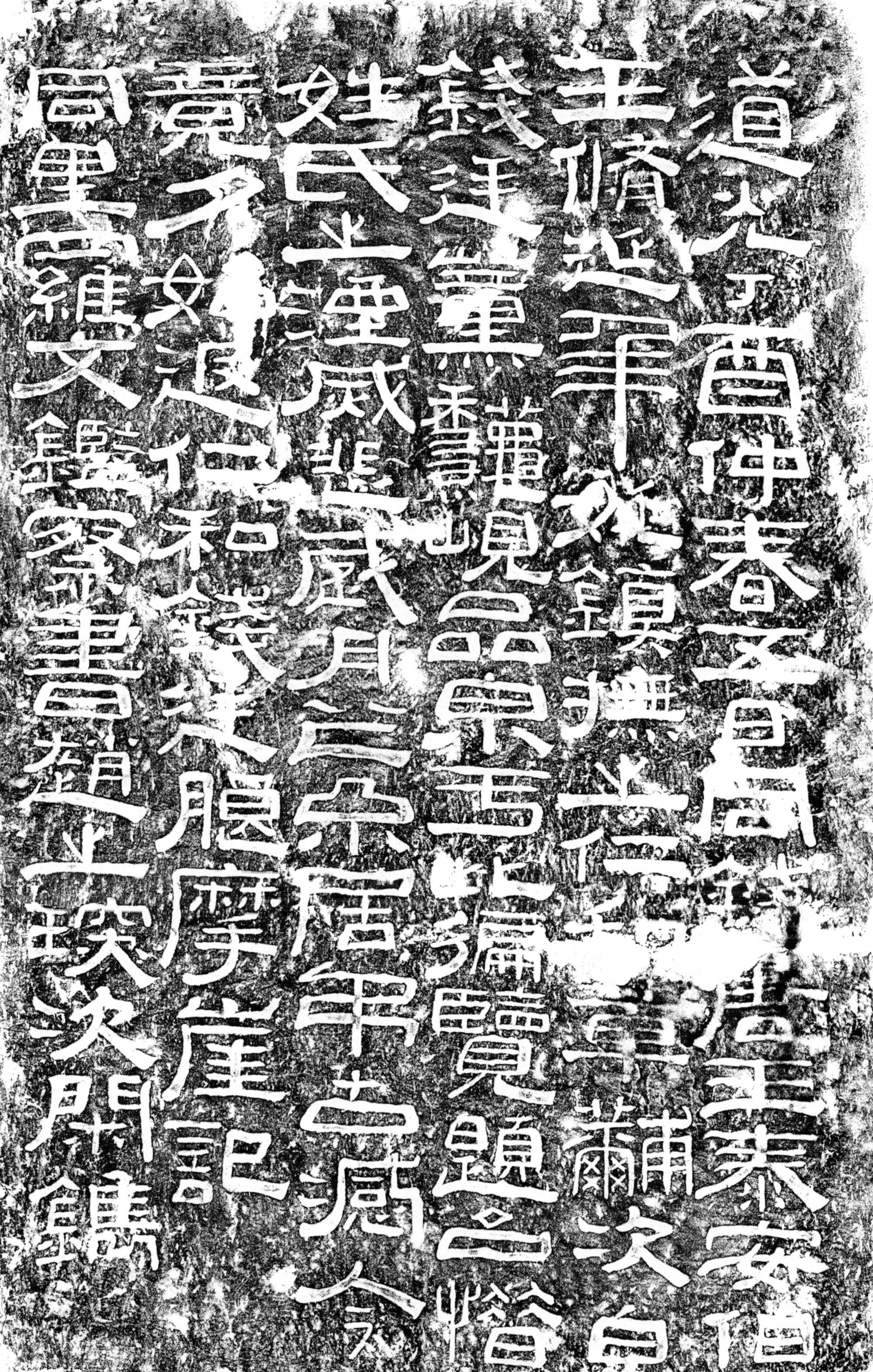

清 徐楙等题名

釋文:

大清道光十有/七年，歲次丁酉/三月戊寅朔，錢/唐徐楙、王懋，桐/鄉汪之虞，平江/黄濬、陸紹景遊。

述略:

在青林洞。行书，6行，字径40厘米，横纵72厘米×132厘米。

道光十七年，公元1837年。

徐楙，字仲繇，号问蘧，又号问瞿、问渠、年道人，钱塘（今浙江杭州）人。活动于清代嘉庆、道光年间，诸生。嗜古，工诗文，精校雠，能书法，善画，工篆刻，取法浙派。著有《问蘧庐诗词》《漱玉词笺》。

王懋，清代进士，官至上书房行走。有“小朱子”之誉。

黄浚（1779—1859后），字睿人，号壶舟，台州太平（今浙江温岭）人。自幼博览诗书，深为士林器重。道光二年（1822）进士，任江西雩都知县，历署萍乡、临川、东乡、赣县、彭泽诸县及南安同知等职。题名中黄浚署平江，不知是否同一人。

陆绍景，字念初，号研北，吴县（今江苏苏州）人。工书，为当时书画名家李福入室弟子。

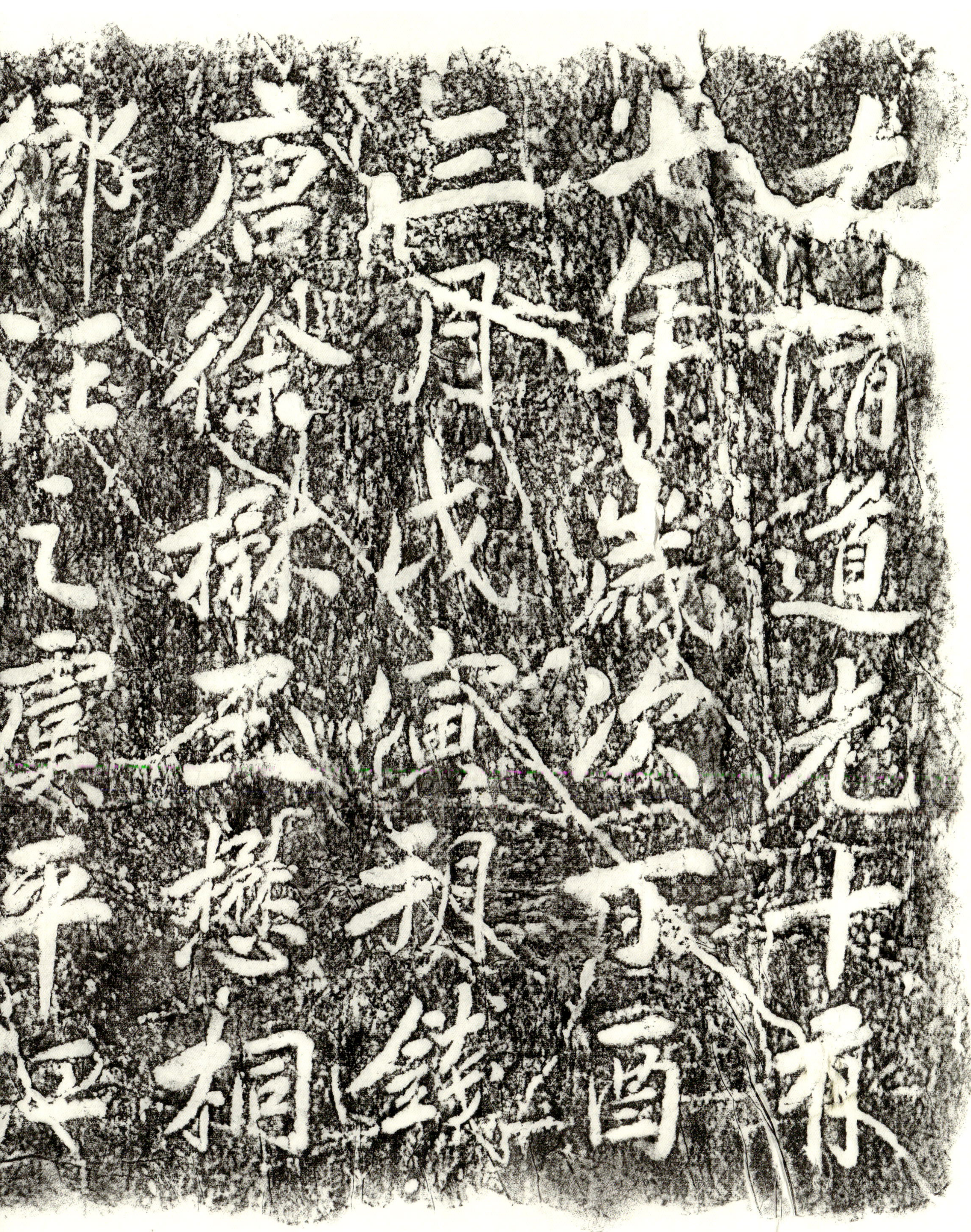

清 瞿中溶等题名

释文：

道光丁酉重/陽，畻城瞿中/溶偕武林族/弟世瑛、友人/姑蘇葉汝蘭、/武林徐楙、汪/之虞同游天/竺、靈隱諸山。

述略：

在青林洞。行楷书，8行，字径3厘米。

道光丁酉，公元1837年。

瞿中溶（1769—1842），字木夫，又字镜涛、苌生，晚号木居士、木夫老人等，江苏嘉定（今属上海）人。清乾嘉之际著名学者。

瞿世瑛，字良玉，号颖山，钱塘（今浙江杭州）人。清藏书家，有藏书楼清吟阁。

叶汝兰，字香浦，号退庵。乾隆四十二年（1777）拔贡生，在任京官时，买宅海波（寺）市街，即朱彝尊“古藤书屋”旧居。平生致力于学，又工书法，独喜《圣教序》。

清 钱廷朖题刻

释文：

一綫天。/道光十七年九月丙子朔丁酉，仁和錢廷朖小謝謹題。

述略：

在龙泓洞。隶书，2行，正文字径20厘米，款字5厘米。

道光丁酉，公元1837年。

清 王泰等题名

释文：

一線天觀/音洞。/道光丁酉冬，偕錢廷烺/遊，住僧屬。王泰書。

述略：

在龙泓洞。楷书，4行，正文字径12厘米，落款字径4厘米。

道光丁酉，公元1837年。

清 道光丁酉残题名

释文:

道光丁酉□□□□清/同弟□□□同遊。

述略:

在青林洞。楷书，2行，字径1—2厘米。

道光丁酉，公元1837年。

清 王鸿等题名

释文：

道光廿四年四月八日，/章武王鴻，郡人趙鶴、/趙之琛、何曜辰、姜同，/金城鄒在衡、在官、/龔袗、陳元禄同遊。

述略：

在龙泓洞。隶书，5行，字径6—9厘米不等。

道光廿四年，公元1844年。

王鸿（1806—？），又名王鹄，字子梅，长洲（今江苏苏州）人，官聊城县丞。

赵鹤，字鸣皋，号白山，榆次（今属山西）人。诸生。性孤高，嗜金石文字，善草书，画兰竹亦以草书法行之。

清 蔡锡琳诗刻

释文:

訪古入山深，靈境在何許。流/水問前因，三生石不語。/道光二十五年乙未八月既望，石門蔡笑拈錫琳遊/雲林詩，嘉興友人張廷濟爲書石。

述略:

在龙泓洞口。行书，4行，大字字径5厘米，小字字径2厘米，龛横纵33厘米×87厘米。

道光二十五年，公元1845年。

蔡锡琳，字笑拈，又字广文，号小砚，石门（今浙江桐乡）人。增贡生，能诗，与张廷济、应嗣良为忘年之交。工篆隶，著有《移云轩笔记》《语溪所知集》《梅花犹是庐稿》等。其所题刻绉云峰，为江南名石，尚在西湖北岸之竹素园。

张廷济（1768—1848），原名汝林，字顺安，一字说舟，又字作田，号叔未，又号海岳庵门下弟子，晚年号眉寿老人，嘉兴（今属浙江）人。嘉道间著名金石学家。善书画，能篆隶，精行楷。工诗词。著有《桂馨堂集》。

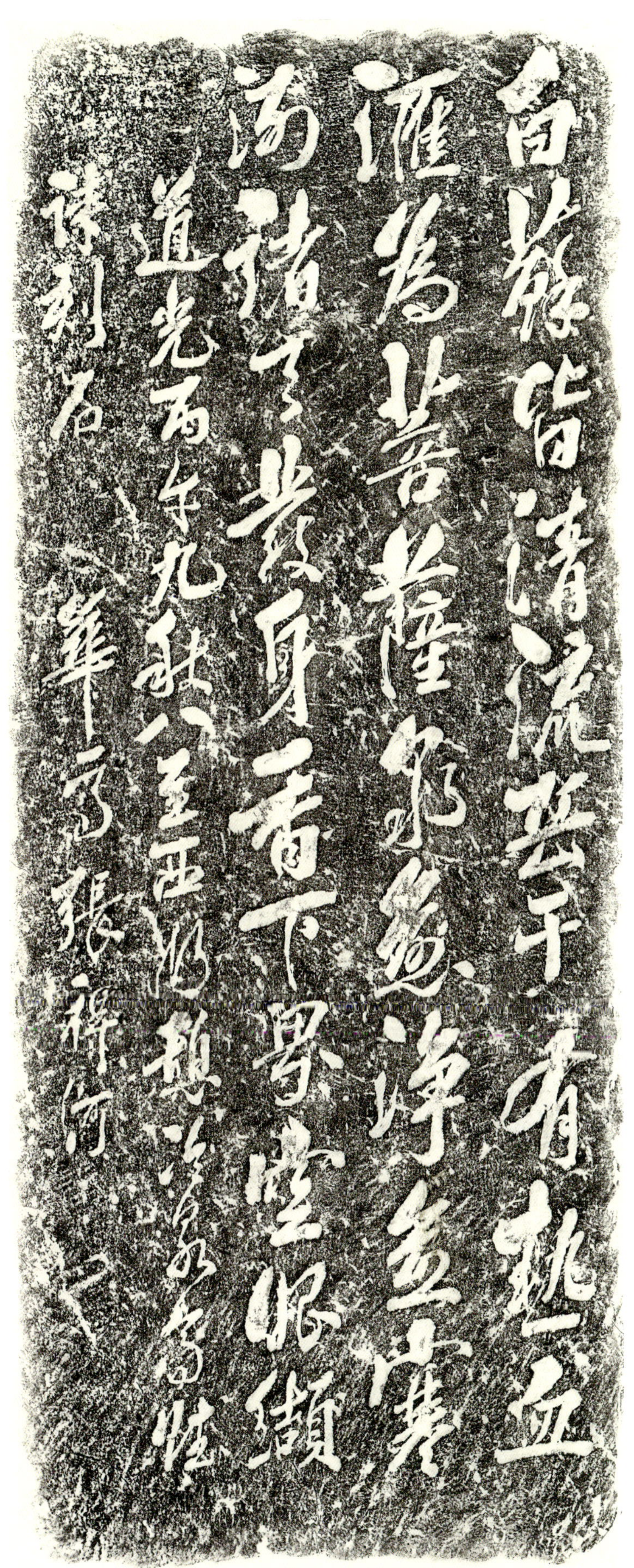

清 张祥河题记

释文：

白蘇皆清流，岳于有熱血。/匯爲菩薩泉，愈净愈寒/冽。諸天發身香，下界空眼纈。/道光丙午九秋八至西湖，憩冷泉亭，賦/詩刻石。華亭張祥河。

述略：

在冷泉溪侧。行草书，5行，大字字径7—10厘米，落款字径4—5厘米，字龛横纵51厘米×132厘米。

道光丙午，即道光二十六年，公元1846年。

张祥河（1785—1862），字元卿，江苏华亭（今上海松江）人。工诗词，善画梅，嘉庆二十五年（1820）进士，官至工部尚书。著有《小重山房诗词全集》等。

清 何绍基题记

释文：

道光庚戌六月，偕海昌朱心蘭伯/蘭、净慈寺住持達受六舟，同游靈/隱，觀書藏，步至弢光看江，迴憩飛/來峰下，徧涉洞穴諸奇，酌茗於冷/泉亭而去。道州何紹基子貞記。

述略：

在冷泉溪侧。行书，5行，字径约10厘米。

道光庚戌，即道光三十年，公元1850年。

何绍基（1799—1873），字子贞，号东洲，晚号蝯叟，湖南道州（今道县）人。道光十六年（1836）进士，历官翰林院编修，国史馆和武英殿纂修、总纂，四川学政。因上书陈时务十二事，被降职。后主讲山东、湖南书院。晚年主持苏州、扬州书局。有《东洲草堂诗集》《东洲草堂文钞》。

朱伯兰，浙江海宁人，朱诵清之子。朱诵清有《冷泉秋话图》，何绍基曾作《书朱诵清〈冷泉秋话图〉后》。

达受（1791—1854），俗姓姚氏，字六舟，又字秋楫，自号万峰退叟，浙江海宁人，剃度于海宁白马庙。喜翰墨，与阮元、何绍基、戴熙投契。曾先后主西湖净慈寺、苏州沧浪亭（大云庵）。

清 管庭芬题名

释文：

咸豐辛亥五月。/海昌管庭芬來。

述略：

在冷泉溪侧。楷书，2行，字径4厘米。

咸丰辛亥，即咸丰元年，公元1851年。

管庭芬（1797—1880），原名怀许，又名廷芬，字培兰、子佩，号芷湘，晚号笠翁等，浙江海宁人。学者、画家，诸生。能诗文，善画山水，尤善兰竹，亦精鉴赏、校勘。尝佐钱泰吉纂修《海昌备志》。编著有《芷湘吟稿》《芷湘笔乘》等。

清 钱松等题记

释文：

元周伯温理公䃮摩厓，/經明郎仁寶剔除苔蘚，/題表當世，今又二百餘年，/復無知者。咸豐癸丑六月，/皆胡鼻山訪之不獲。越/七日重來，乃得。遂屬鼻/山題識䃮下，俾後來者易/采訪焉。錢唐錢松叔蓋記。

述略：

在青林洞理公岩。左行，隶书，8行，字径7厘米。

咸丰癸丑，即咸丰三年，公元1853年。

胡震（1817—1862），字不恐，号鼻山，一号胡鼻山人，别号富春大岭长，富阳（今属浙江杭州）人。诸生，侨寓上海。习摹印，嗜金石，深究篆、籀、八分、六书、小学。

钱松（1818—1860），初名松如，字叔盖，号铁庐、耐青、西郊等。钱塘（今浙江杭州）人。擅长书法篆刻，为时人所重“西泠八家”之一。曾摹刻汉印二千方，浑厚朴茂，意境高古，著有《铁庐印谱》。

來訪燕錢唐錢松耐青記
山題識礹下俾後來者多
乞自東來乃得遂廬鼻
翁胡鼻山訪之余遂跋
復罪知者咸豐歲在未月
碩表當世今之二百餘年

清 胡震题刻

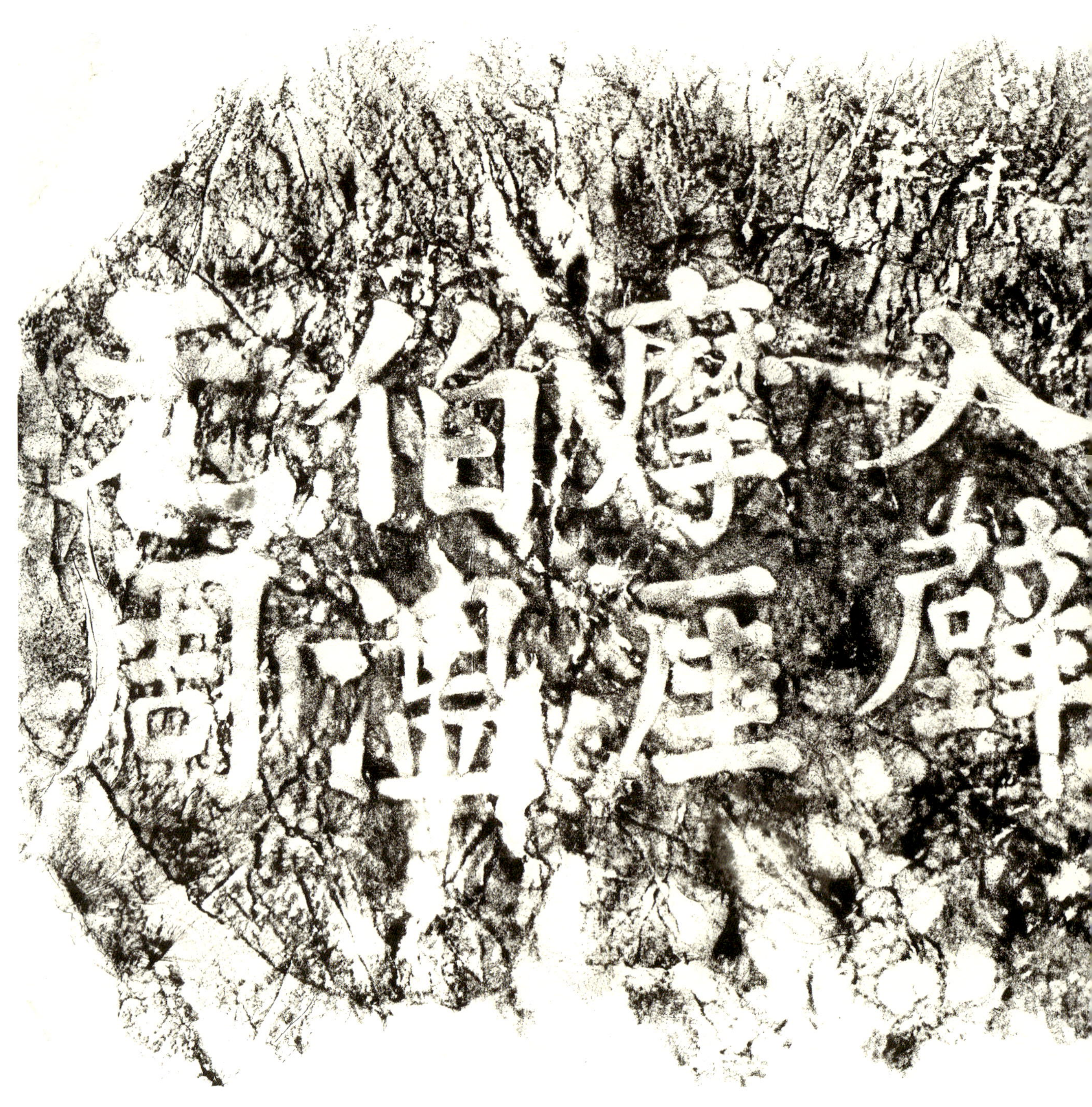

释文：

元周/伯温/摩厓/入壁/五步。胡鼻山/胡震题。

述略：

在青林洞。左行，楷书，正文5行，字径9厘米；款2行，字径3厘米。

清 曹抡选题刻

释文：

息羽聽經。/咸豐乙卯孟秋，/天台曹壽人題。

述略：

在龙泓洞口。题名隶书，字径20厘米；款字行书；字龛横纵125厘米×50厘米。钤印：右上“天台”（朱文）；左下“寿人”（白文）。

咸丰乙卯，即咸丰五年，公元1855年。

曹抡选（1801—1871），字德辉、寿人，浙江天台人。诸生。才识渊博，工诗，善行草、隶篆。并擅医术，传种牛痘之方，名闻遐迩。

清 潘介繁题名

释文:

咸豐九年己未莫春，/古吴潘介繁紀遊。

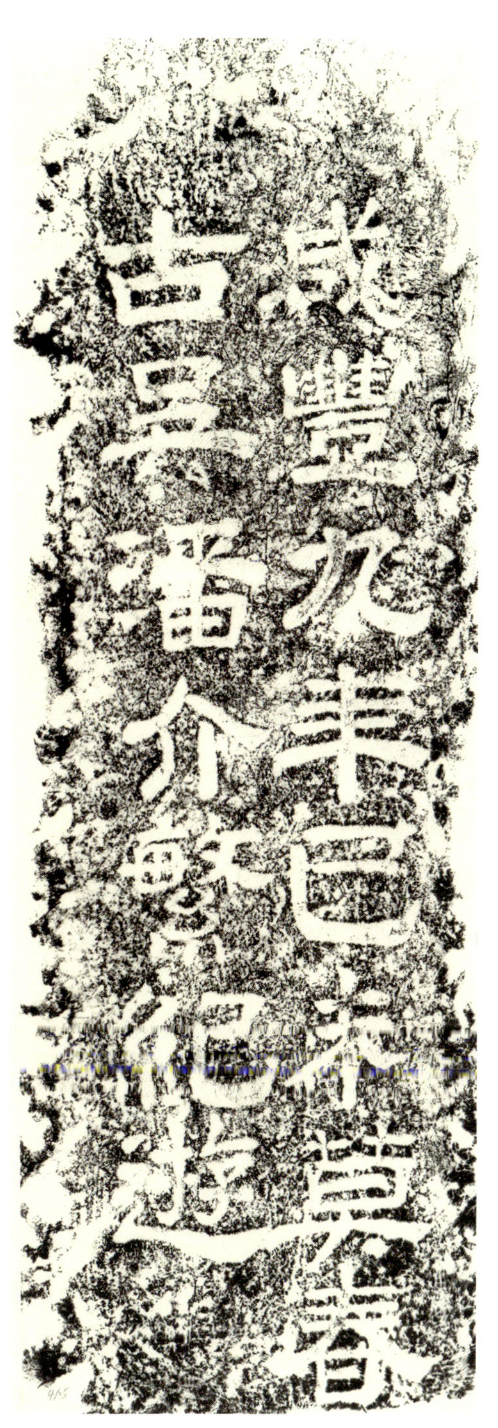

述略:

在冷泉溪侧。隶书，2行，字径10厘米。

咸丰九年，公元1859年。

潘介繁（1829—1893），字谷人，号茮坡，亦作椒坡，又号桐西，吴县（今江苏苏州）人。喜藏书，工书法。

清 薛时雨等题名

释文：

全椒薛時雨將去杭州，與/沈景脩、高人驥、丁丙、譚獻、/吴恒同宿靈隱話别，明日/山僧東周導訪唐盧元輔/詩刻，徧觀宋元題名，記此。/時同治乙丑十月七日。

述略：

在龙泓洞口。行楷书，6行，字径6厘米，字龛横纵56厘米×95厘米。

同治乙丑，即同治四年，公元1865年。

薛时雨（1818—1885），字慰农，一字澍生，晚号桑根老农。安徽全椒人。咸丰三年（1853）进士，授嘉兴知县。后官至杭州知府，兼督粮道，代行布政、按察两司事。著有《藤香馆诗删》等。

沈景修（1835—1899），字蒙叔，一作梦粟，号蒙庐、汲民等。秀水（今浙江嘉兴）人，居闻湖（今嘉兴王江泾）。咸丰十一年（1861）拔贡。历署萧山县、宁波府训导等。善诗文。著有《蒙庐诗》等。

高人骥，字呈甫，号穆生，仁和（今浙江杭州）人。同治九年（1870）举人，曾任杭州崇文书院监院、山阴县训导。

丁丙（1832—1899），字松生，号松存，别署钱塘流民、八千卷楼主人、竹书堂主人等。钱塘（今浙江杭州）人。晚清著名藏书家、慈善家。

谭献（1832—1901），原名廷献，一作献纶，字仲修，号复堂、仲仪等。仁和（今浙江杭州）人。清代词人，编著有《复堂诗》《复堂文》《复堂词》《复堂日记》等。

吴恒，字仲英，号颂音，晚号鹤翁，仁和（今浙江杭州）人。曾任松江海防同知。善诗词书画。

《复堂诗》卷四《灵隐山游》诗序："十月六日，吴恒仲英招同丁丙松生、高人骥呈甫、沈景修蒙叔陪前知杭州府全椒薛先生宿云林寺，明日遍览岩洞，题名而归。"与石刻相互印证。

书法颜真卿，与何绍基等皆具时风。

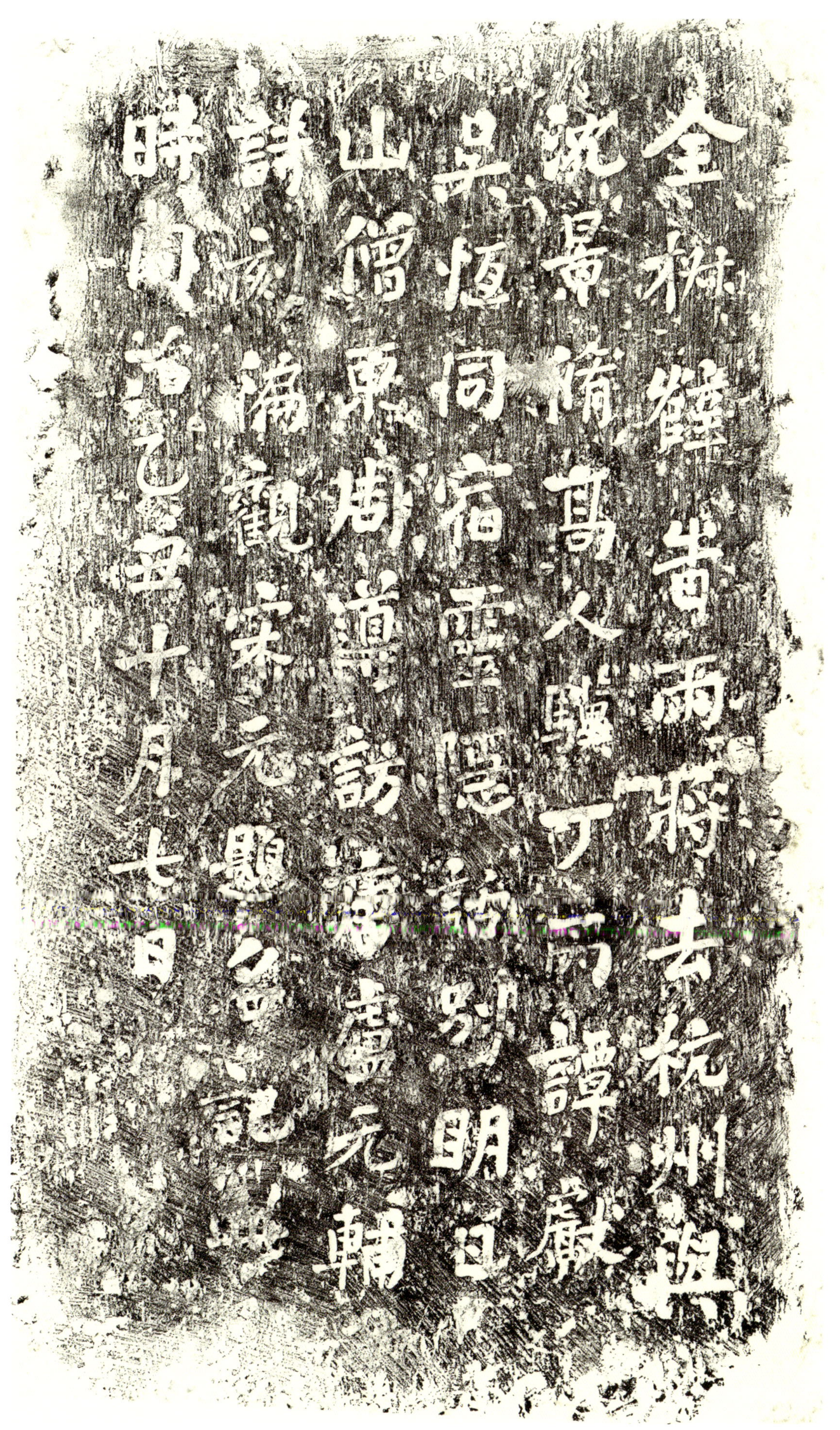
全椒薛時雨將去杭州與
沈景脩葛人驥丁丙譚獻
吳恒同宿靈隱話別明日
山僧東崖導訪唐盧元輔
詩刻偏觀宋元題名記
時同治乙丑十月七日

清 潘曾玮等题名

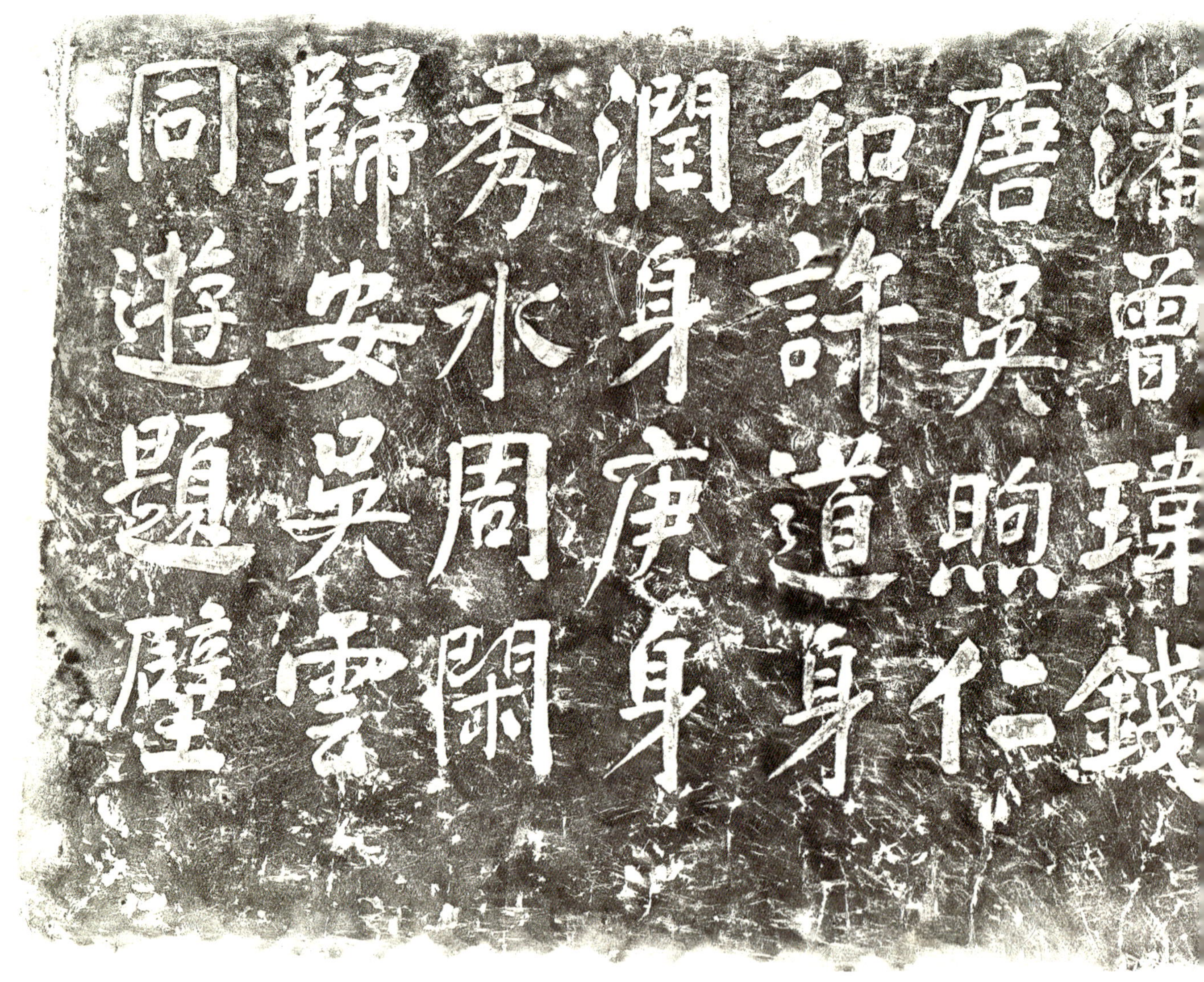

释文:

同治六年/丁卯冬十/一月，吴縣/潘曾瑋，錢/唐吴煦，仁/和許道身、/潤身、庚身，/秀水周閑，/歸安吴雲/同遊題壁。

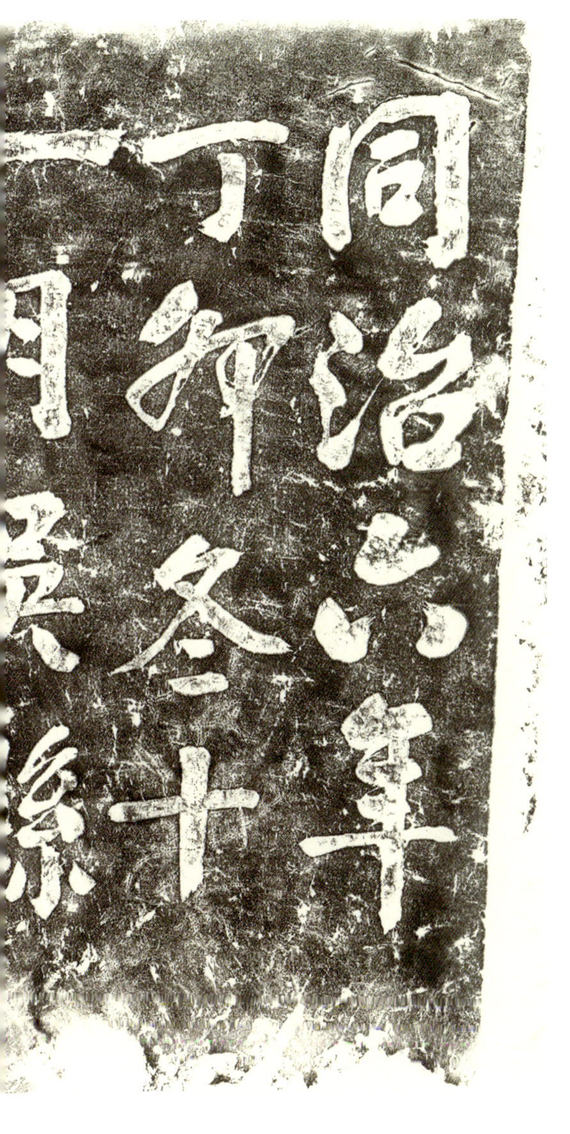

述略：

在青林洞。大字榜书，10行，字径9—12厘米，横纵145厘米×80厘米。

同治六年，公元1867年。

潘曾玮（1818—1886），字宝臣，又字玉淦、季玉，吴县（今江苏苏州）人。历官刑部郎中，后闲居苏州。

吴云（1811—1883），字少青，一作少甫，号平斋，晚号退楼主人，归安（今浙江湖州）人。道光诸生，咸丰间总理江北大营营务及筹军饷，擢苏州知府。收藏鼎彝、碑帖、名画、古印、宋元书籍甚富，精鉴别与考据。

吴煦（1809—1872），字晓帆，又字晓舫，晚号荔影，又号秦望山民（樵），钱塘（今浙江杭州）人。历官松江知府、江苏巡抚等。著有《清来堂书目》。

许道身，字缘仲，号蕉林，仁和（今浙江杭州）人。国学生，以办团练出力由知县而升知府、按察使、布政使、广东高廉兵备道。许乃谷二子。

许庚身（1825—1893），字星叔。同治元年（1862）进士，历任军机大臣兼总理各国事务、兵部尚书、吏部尚书、方略馆总裁、会典馆总裁。卒谥恭慎，晋赠太子太保。许乃谷五子。

许润身，咸丰举人，二品道员，江苏海运总办。许乃谷三子。

周闲（1820—1875），字存伯、小园，号范湖居士、存翁，秀水（今浙江嘉兴）人，后居上海。同治初官新阳令。善画花卉，尤工篆刻。

该题名为吴云手笔。有颜鲁公风范，沉着雄健。

清 俞樾夫妇题名

释文:

同治七年秋/九月德清俞/樾、仁和姚文/玉夫妇同遊。

述略:

在青林洞。篆书，4行，字径8厘米。此摩崖记录于俞樾先生日记。

同治七年，公元1868年。

俞樾（1821—1907），字荫甫，自号曲园居士，浙江德清人。清末著名学者、文学家、经学家、古文字学家、书法家。清道光三十年（1850）进士，曾任翰林院编修。俞樾后受咸丰皇帝赏识，放任河南学政，罢官后移居苏州，潜心学术达40余载。海内外学者尊之为朴学大师。现代诗人俞平伯的曾祖父，章太炎、吴昌硕、日本井上陈政皆出其门下。

姚文玉（1820—1879），俞樾表姐，后为妻子。

该题刻为清代大儒俞樾先生篆书，书宗唐篆，有玉箸意趣。笔法沉雄，布白严整，又不乏空灵。为清代飞来峰摩崖的上佳之品。

清 丁兆佳题名

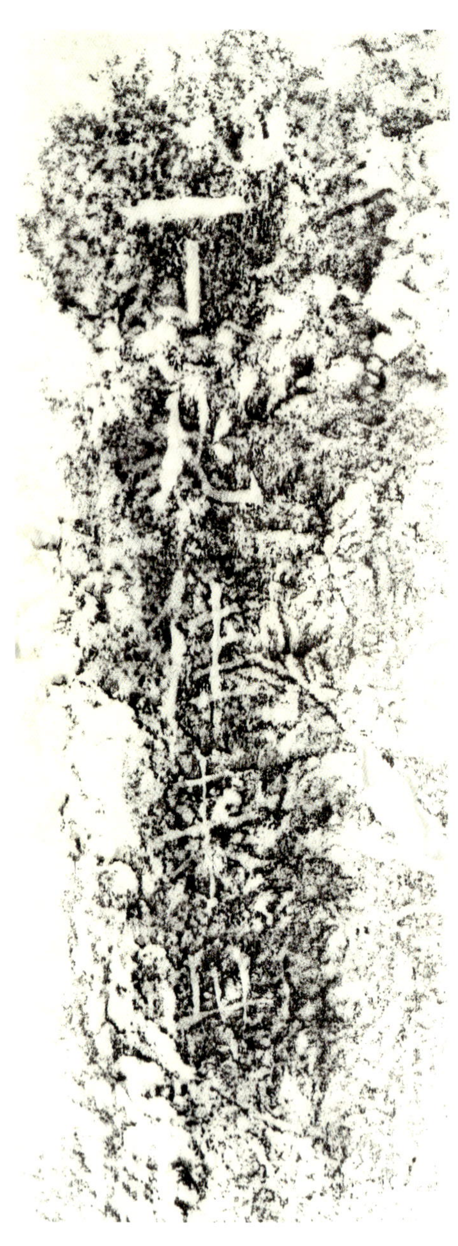

释文：

丁兆佳來此。

述略：

在青林洞。楷书，字径3厘米。

释文：

同治己巳/莫春，吴縣/顧曰棟，吴/大根、大澂/同來游此。

述略：

在龙泓洞。5行，篆书，横纵90厘米×77厘米，字径10厘米。

同治己巳，即同治八年，公元1869年。

吴大根（1833—1899），吴大澂之兄。

吴大澂（1835—1902），初名大淳，字止敬，又字清卿，号恒轩、愙斋、白云山樵、二田居士等，吴县（今江苏苏州）人，祖籍安徽歙县。同治七年（1868）进士，历官陕甘学政、翰林院编修、左副都御史、湖南巡抚等。工篆籀书法。编著有《说文古籀补》《古玉图考》等。

此吴氏兄弟登科之后所为。吴大澂以封疆大吏专擅翰墨已属罕见。该题名古穆清雅、书风淳朴，为吴氏早期书风。篆法平整匀称，盘曲之势足见气度。

清 吴大澂等题名

清 吴大澂题刻

释文：

冷泉。/吴大澂。

述略：

在冷泉溪南岸。题名篆书，横列1行，字径35厘米；款隶书，字径6厘米。

是刻当与龙泓洞题名同时。吴氏收藏青铜礼器甚夥，常借以滋养书法。于古籀文中得法，“冷泉”二字，即有金文趣味，用笔凝重，线条厚实，韵律感极强。想是其彼时力作。

清 顾文彬等题记

释文：

同治十二/年九月廿/三日元和/顧文彬遊/此題名。招/吴廷康校/視山石，命/工刻字，兒/子承之侍。

述略：

在龙泓洞。篆书，9行，字径9厘米。用《天发神谶》笔意。

同治十二年，公元1873年。

顾文彬（1811—1889），字蔚如，号子山，又号叔瑛、紫珊、艮盦、艮庵、过云楼主，元和（今江苏苏州）人，顾麟士的祖父。诗人、词人、书画家、鉴藏家。

吴廷康，字赞甫，一字康甫，号元生，又号晋斋，晚号茹芝，安徽桐城人。工书善画，清蒋宝龄《墨林今话》曰："康甫篆、隶、铁笔，直窥汉人。"有《慕陶轩古砖录》。

是刻书法得三国名碑《天发神谶》书风。险峻奇崛，结字方阔，刊刻锋芒毕露，极具野趣。字法高古，为当时人炫技之作。

清 徐三庚等题名

释文:

上虞徐金罍/至此數十次，/甲戌九月三日，/偕高要何遽/奩觀徧摩/厓題記。

述略:

在龙泓洞口。隶书，6行，字径3厘米。

甲戌，当为同治十三年，公元1874年。

徐三庚（1826—1890），字辛谷，号井罍，别号金罍山民、似鱼室主、余粮生，上虞（今属浙江绍兴）人。精于金石文字，善篆隶书。其印曾风靡一时，对日本篆刻界产生相当影响。著有《金罍山民印存》二卷。

何瑗玉，字叔子，号蘧庵，别号莲身居士，广东高要人。诸生，以荐官翰林院待招。精鉴别，能书，工画。著有《书画所见录》。

清 何瑗玉诗刻

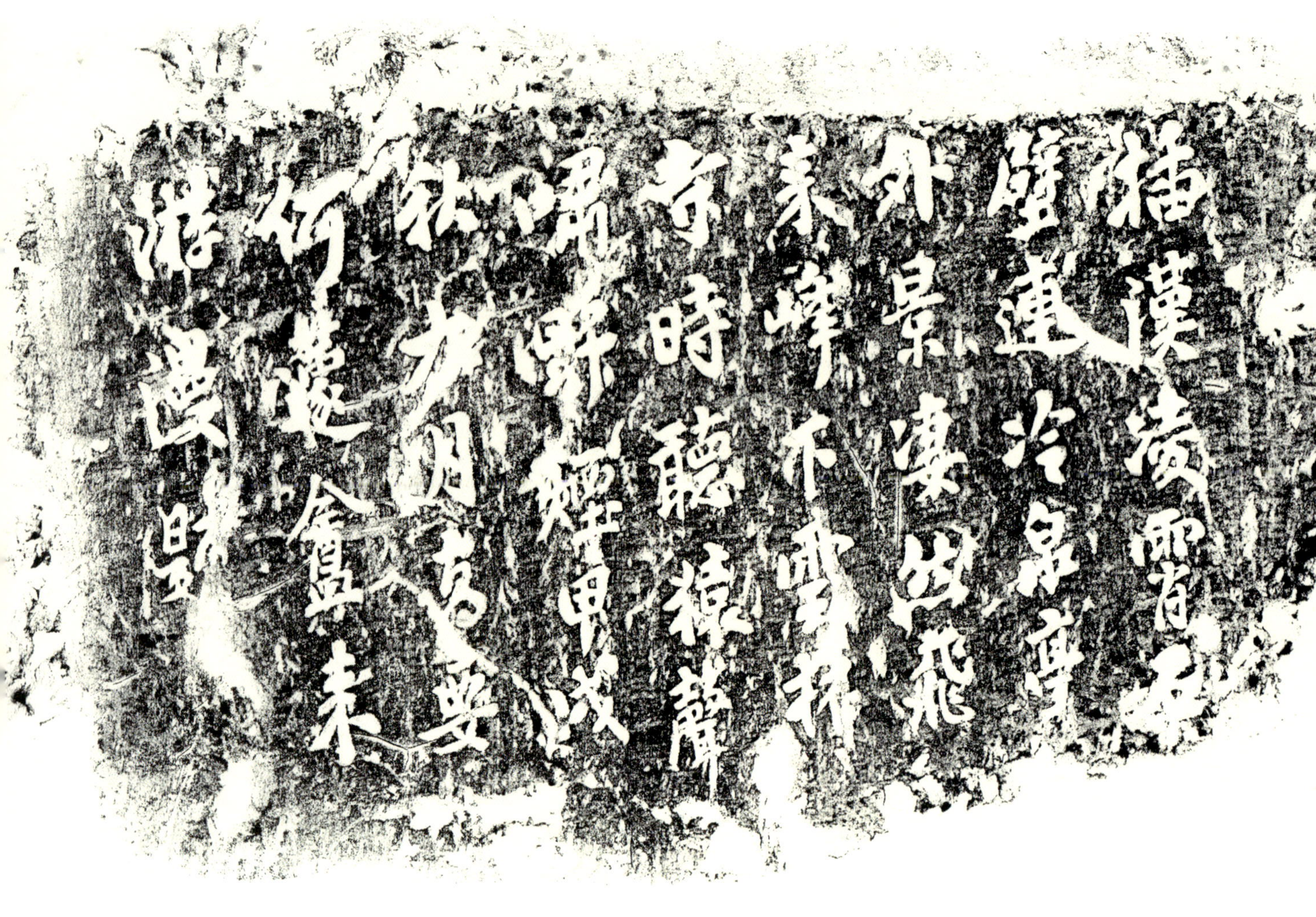

释文：

插漢凌霄石/壁連，冷泉亭/外景淒然。飛/来峰下雲林/寺，時聽猿聲/嘯野煙。甲戌/秋九月，高要/何蘧盦来/游漫題。

述略：

在龙泓洞外。行楷书，9行，字径4厘米。甲戌，公元1874年。

清 徐嗣元等题名

释文：

光绪丁亥七月既望，/仁和徐嗣元起莽，山/陰吴隱石泉，泉唐吴誥/子洛子、大受若虛同遊。/泉唐周茂俊士豪、/仁和葉銘盤新。

述略：

在青林洞。隶书，6行，字径4厘米。

光绪丁亥，公元1887年。

清 吴隐等题名

释文：

光绪丁亥七月既/望，山陰吴隱石泉，/仁和徐嗣元起莽、/葉銘盤新，錢唐周/茂俊士豪、吴誥子/洛子、大受若虚同/遊。

述略：

在龙泓洞。隶书，7行，字径5厘米。

光绪丁亥，即光绪十三年，公元1887年。

吴隐（1867—1922），原名金培，字石泉、石潜，号潜泉，又号遁盦，浙江绍兴人。“天下第一名社”杭州西泠印社创始人之一。近代篆刻家，习镌碑版，擅刻印，治六书甚勤。又汇集《遁盦印存》《印汇》等。

叶铭（1867—1948），即叶为铭，谱字盘新，字品三，号叶舟。原籍安徽歙县，世居浙江杭州。博学多识，善刻石、拓碑，精金石考据。光绪甲辰（1904），与丁辅之、王福庵、厉良玉、吴隐在杭州孤山共同创设西泠印社。

徐嗣元，号起庵，杭州人，著名温病学家王孟英弟子，辑有《起盦印谱》。

吴诰，字子洛，号幻琴，杭州人。诸生。工书画，精篆刻。著有《蘧庐印谱》《犀香馆诗存》。

吴大受，字若虚，号石畲，钱塘（今浙江杭州）人。受业于诂经精舍。光绪十一年（1885）乡试举人。官通州知州。工山水。

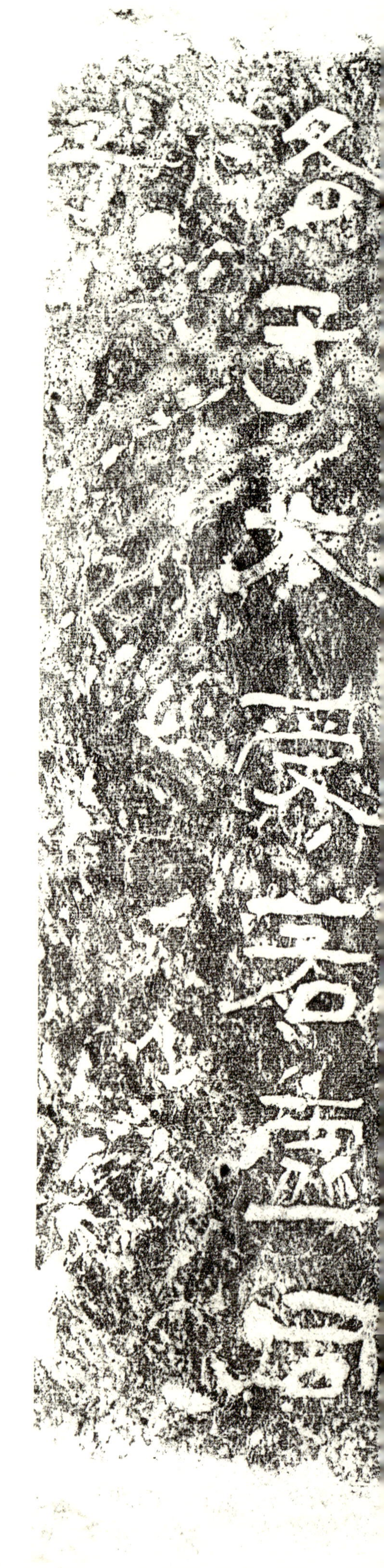

允福可哉七月既
望山陰吳隱石泉
任伯淦嗣元起蒼
葉銘盤新錢塘周
[illegible]豫女豪吳語[illegible]

清 源蓝水九题名

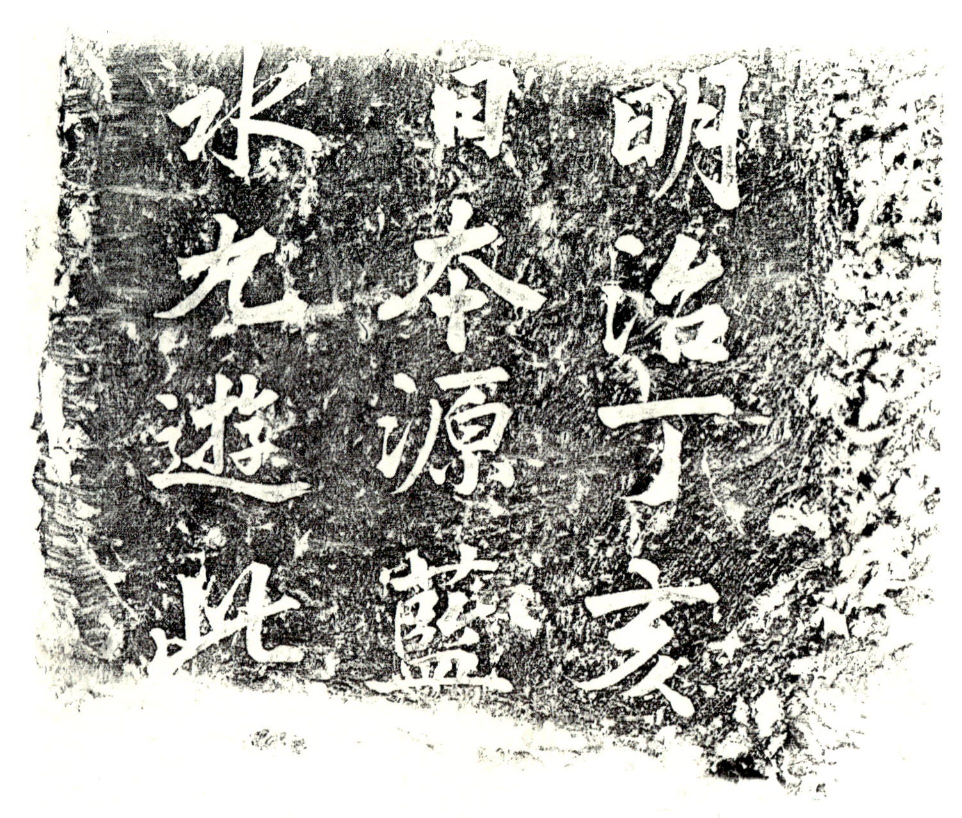

释文

明治丁亥，/日本源藍/水九遊此。

述略：

在龙泓洞。楷书，3行，字径7厘米。

明治丁亥，即光绪十三年，公元1887年。

源蓝水九，日本人，生平不详，活跃于明治年间，1887年来华游飞来峰并在此题刻。

清 翁长森题记

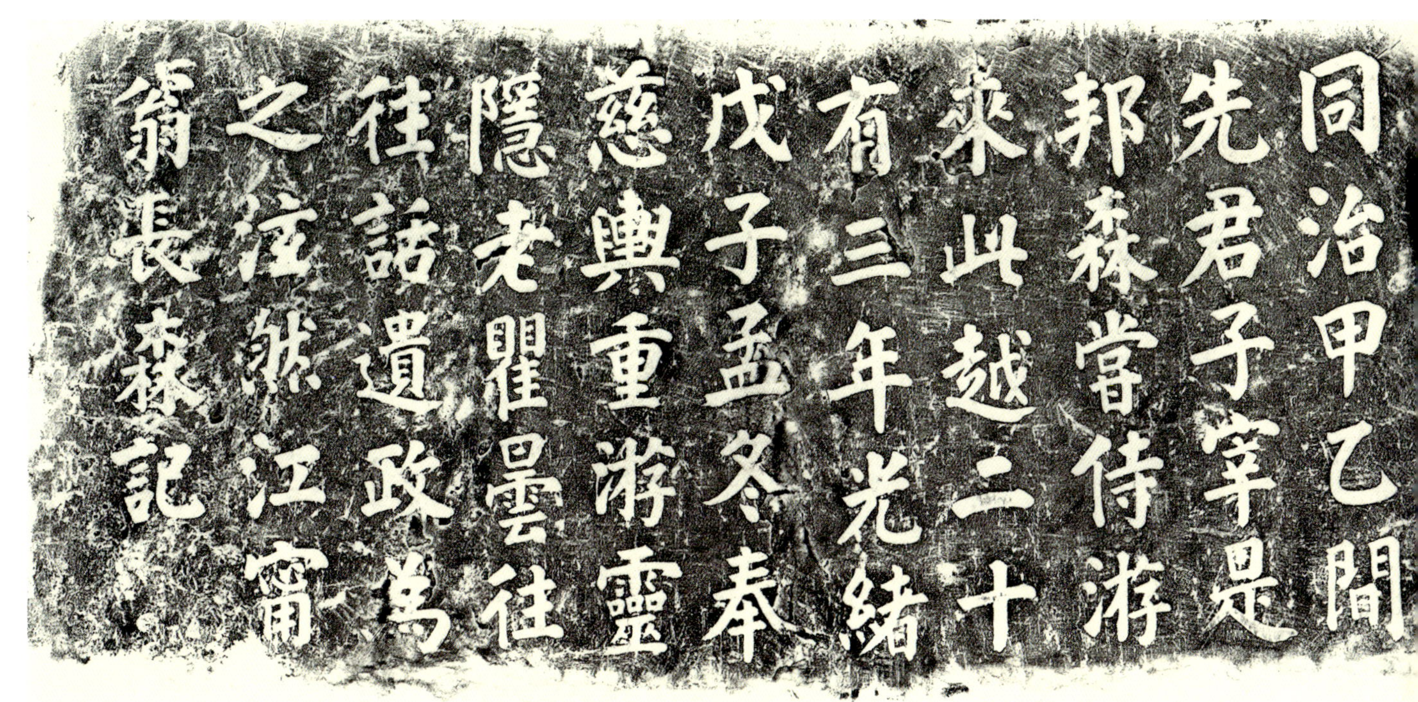

释文:

同治甲乙間，/先君子宰是/邦，森甞侍游/來此。越二十/有三年，光緒/戊子孟冬，奉/慈輿重游靈/隱，老瞿曇往/往話遺政，爲/之泫然。江甯/翁長森記。

述略:

在青林洞。楷书，11行，字径15厘米。

光绪戊子，即光绪十四年，公元1888年。

翁长森（1856—1914），字铁梅，号恒斋，江宁（今江苏南京）人。历任浙江安吉、临海、新城等县知县。翁氏有茹古阁刊书多种。

清 陈明达题记

释文:

知足長樂。/庚寅仲秋，陳明達誌。

述略:

在龙泓洞口。楷书，正文横列1行，字径12厘米；款2行，字径3厘米。

庚寅，当为光绪十六年，公元1890年。

视其书法时风，为清末赵之谦一路，故附于此。

清 日下部鸣鹤题名

释文:

大日本明治/廿四年夏六/月日下鳴鶴/來游於此。

述略:

在龙泓洞。隶书，4行，字龛横纵55厘米×55厘米，字径9厘米。

明治廿四年，即光绪十七年，公元1891年。

日下部鸣鹤（1838—1922），本名东作，字子旸，号东屿、翠雨、野鹤、老鹤、鹤叟，别署兰石山房、墨皇室等，日本近江彦根人。日本近代书道之父、鸣鹤流派的创始人、日本明治时代最著名的书法家之一。与中林梧竹、严谷一六并称为“明治三笔”。

此刻受北碑影响颇深，线条雄浑，布字整饬，结字娟秀，足见其法得杨守敬真传。

清 日下部鸣鹤题刻

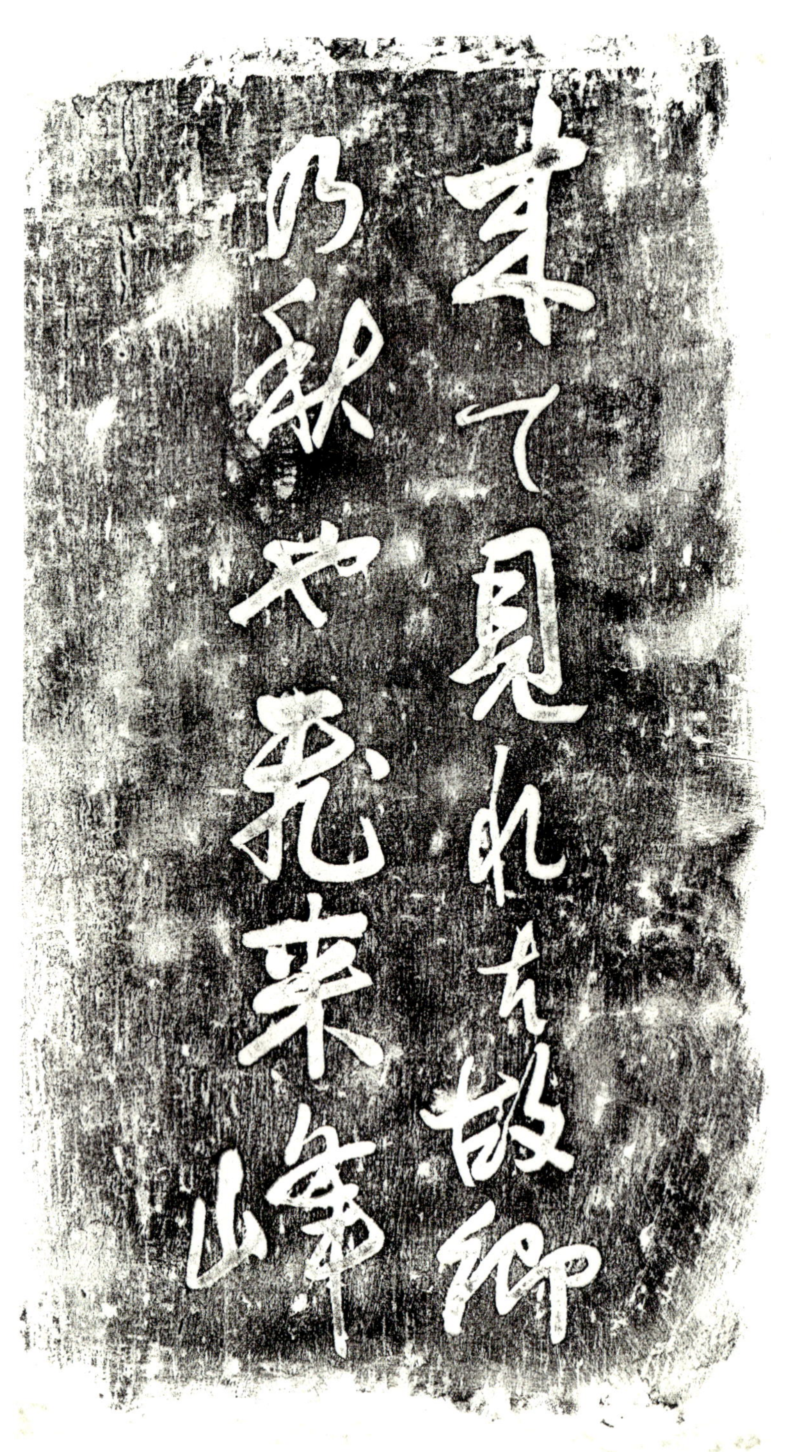

释文：

来て見れは故鄉/の秋や飛来峰。

述略：

在龙泓洞。行书，2行，字径5—7厘米。

此题刻为日文，大意为：来到这里，看到故乡的秋和飞来峰。

据日本德岛县立文书馆藏拓本，此题刻出自日下部鸣鹤。

该刻清秀隽雅，足可见晚清日本受我国书风影响之盛。

清 戴小泉等题名

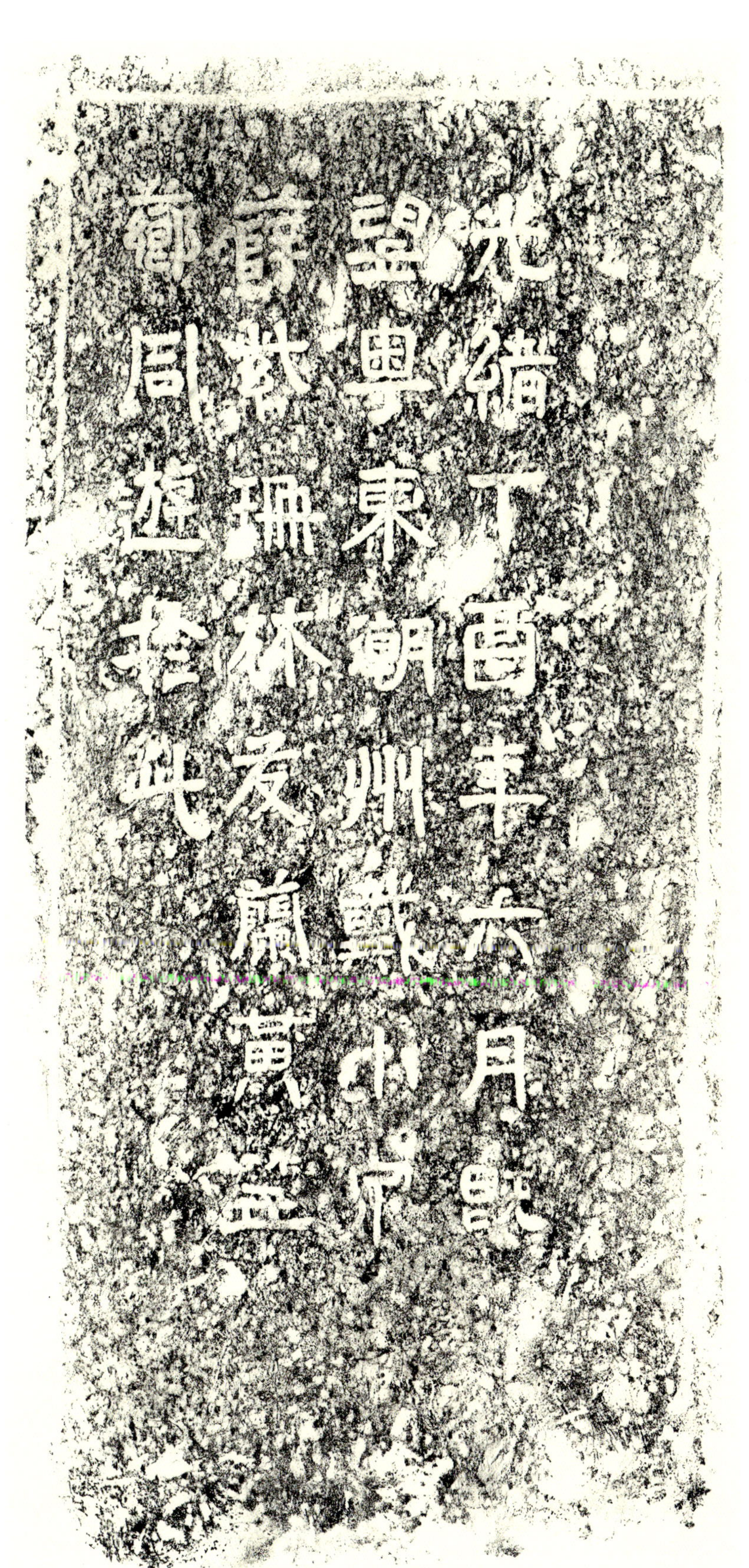

释文:

光緒丁酉年六月既/望，粤東潮州戴小泉、/薛紫珊、林友蘭、黃笠/薌同遊於此。

述略:

在龙泓洞。隶书，4行，字径8厘米。

光绪丁酉，即光绪二十三年，公元1897年。

黄霖泽，字笠芗。海阳（今安徽休宁）人，近代印章收藏家。寓居广东潮州。

清 杨葆光等题名

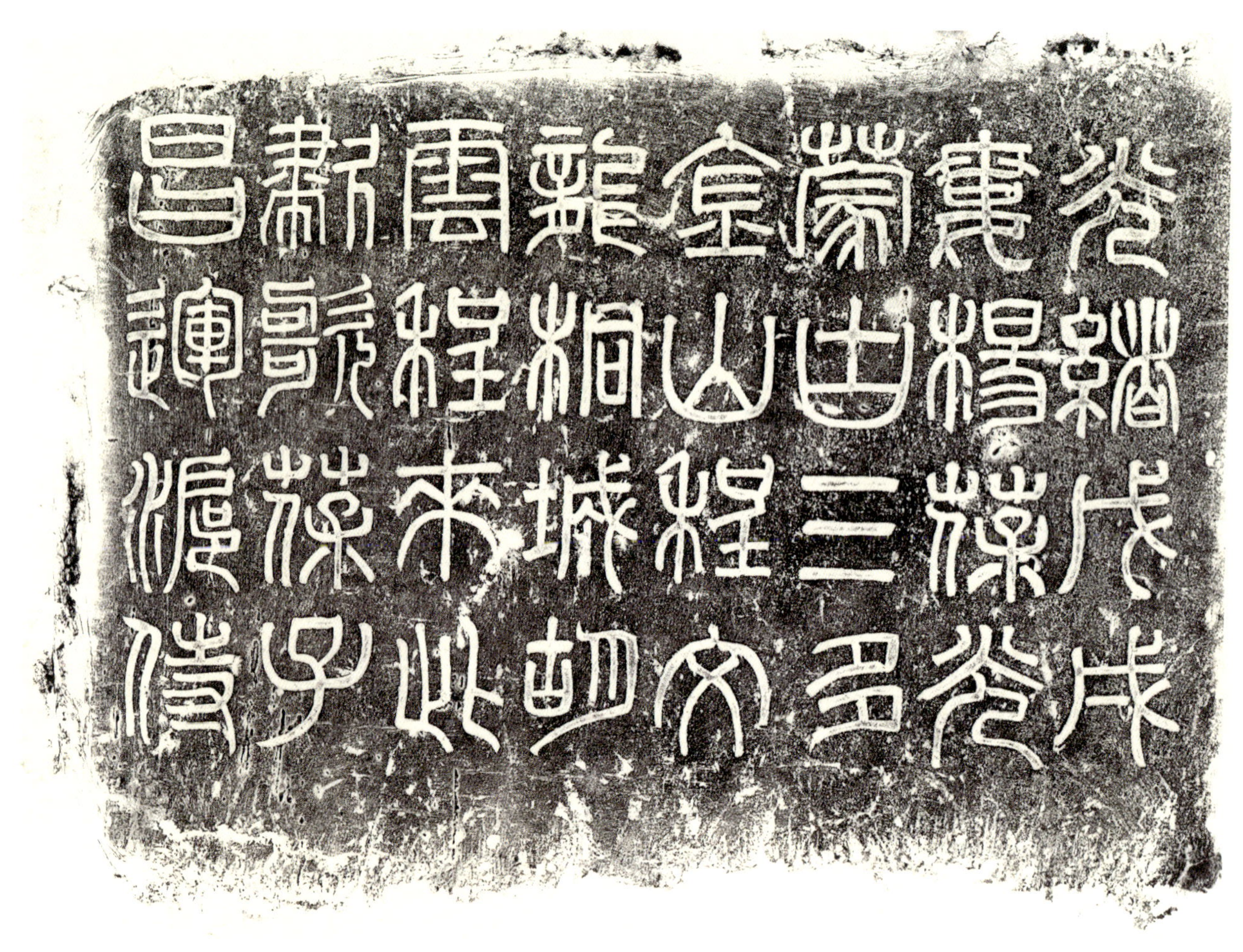

释文：

光緒戊戌，/婁楊葆光、/蒙古三多、/金山程文/龍、桐城胡/雲程來此/嘯歌。葆子/昌運、滬侍。

述略：

在龙泓洞。篆书，8行，字径7厘米。

光绪戊戌，即光绪二十四年，公元1898年。

杨葆光（1830—1912），字古酝，号苏庵，别号红豆词人，华亭（今上海松江区）人。官龙游、新昌知县。尝任豫园书画慈善会会长，又任丽则吟社社长。

三多（1871—1941），字六桥，蒙古族。生于杭州，历任三等驻军都尉、杭州府知府、浙江武备学堂总办、洋务局总办等。书画家。

程文龙，字云岑，江苏金山（今属上海）人。光绪年间为浙江余姚知县，有治绩。入民国后，一度担任司法部秘书。钱币收藏家。

杨昌运，字小盦，工山水。杨葆光子。

杨昌沪，杨葆光子。

余不详。

篆书兼具隶意，古雅厚重，简净严整，意态从容。

清 校长题刻

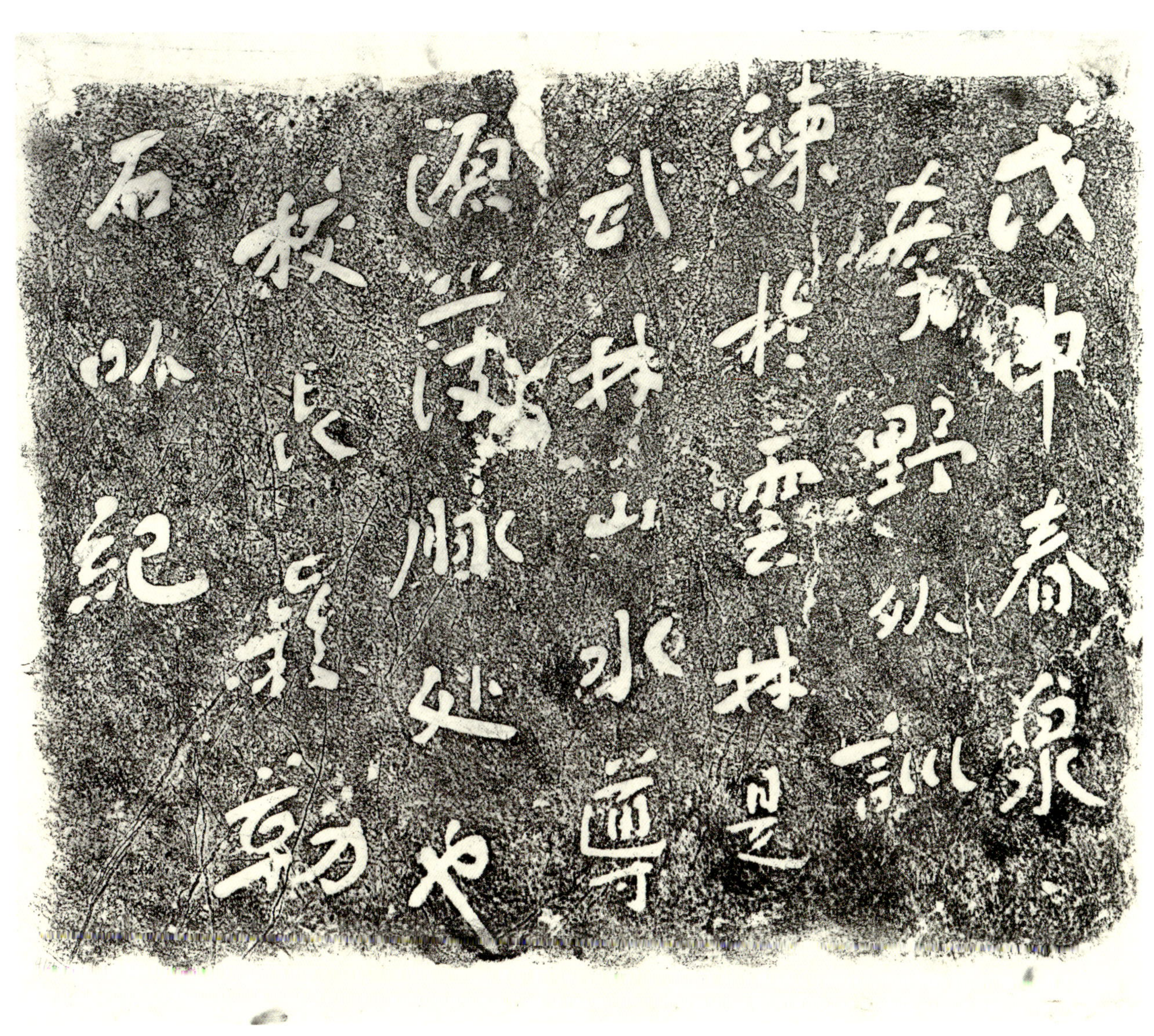

释文：

戊申春，泉/學野外訓/練於雲林，是/武林山水導/源發脉處也。/校长□，勒/石以紀。

述略：

在龙泓洞。草书，7行，字径5厘米，字龛横纵55厘米×43厘米。

戊申，即光绪三十四年，公元1908年。

行笔凝练，结体散淡，有禅意。

清 伊象昂题名

释文:

光绪三十有/四年重陽前/弌日錢塘令/伊象昂來游。

述略:

在龙泓洞。隶书，4行，字径7厘米。

光绪三十四年，公元1908年。

伊象昂，时任钱塘县令。

此刻隶书为晚清时风，伊氏书风有如伊秉绶、伊立勋皆如此，线条流畅有力，结体工整刚劲，渊源古朴。

清 哈麟等题名

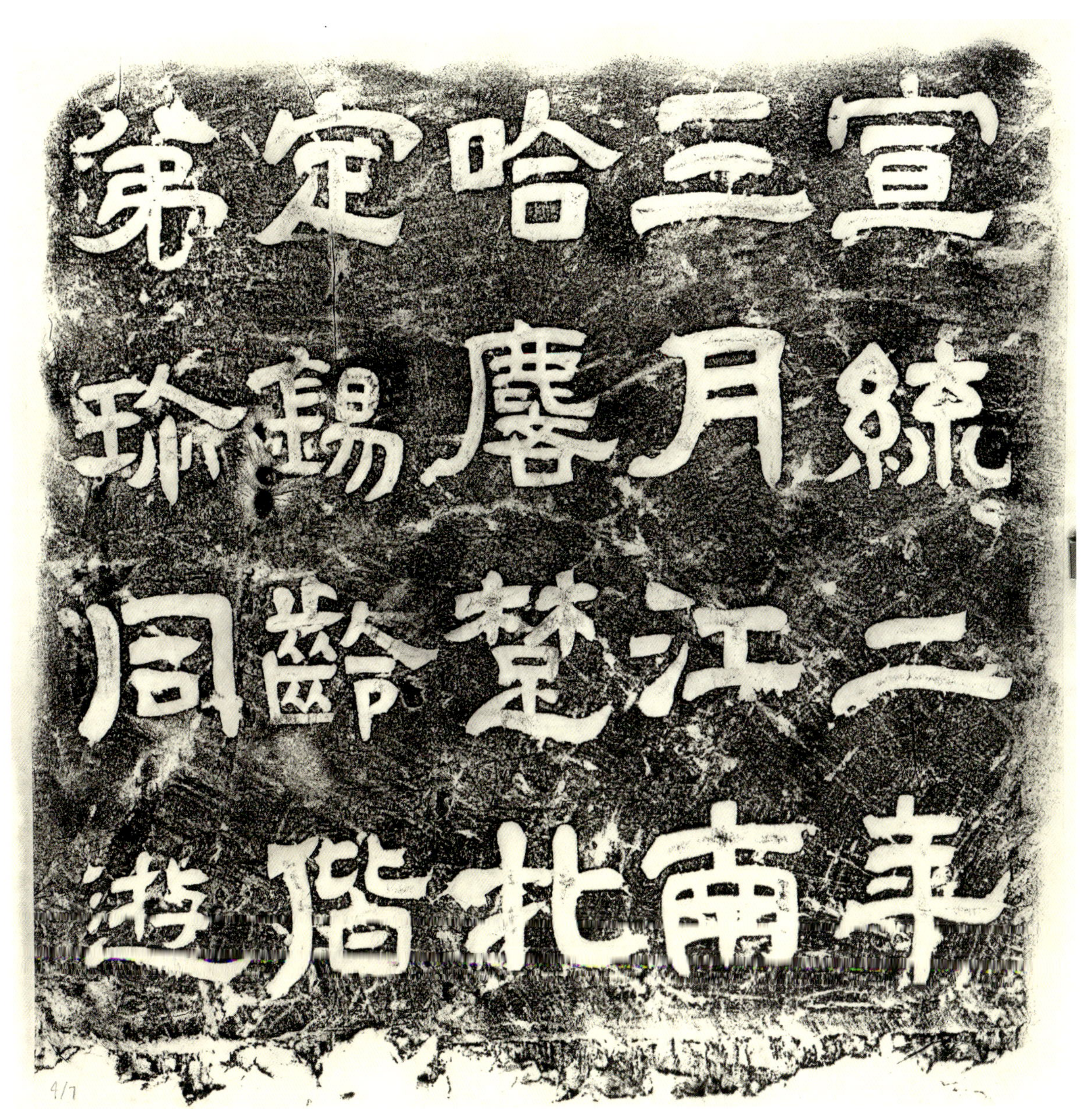

释文：

宣統二年/三月江南/哈麐、楚北/定錫齡偕/弟珍同遊。

述略：

在龙泓洞。隶书，5行，字径6厘米。

宣统二年，公元1910年。

哈少甫（1856—1934），名哈麟，字少甫，号观叟，晚号观津老人，斋号宝铁砚斋。江苏南京人。弃儒经商，曾两度赴日本，为20世纪初上海工商界巨子。在画坛非常活跃，工书画。

清 冯春阁等题名

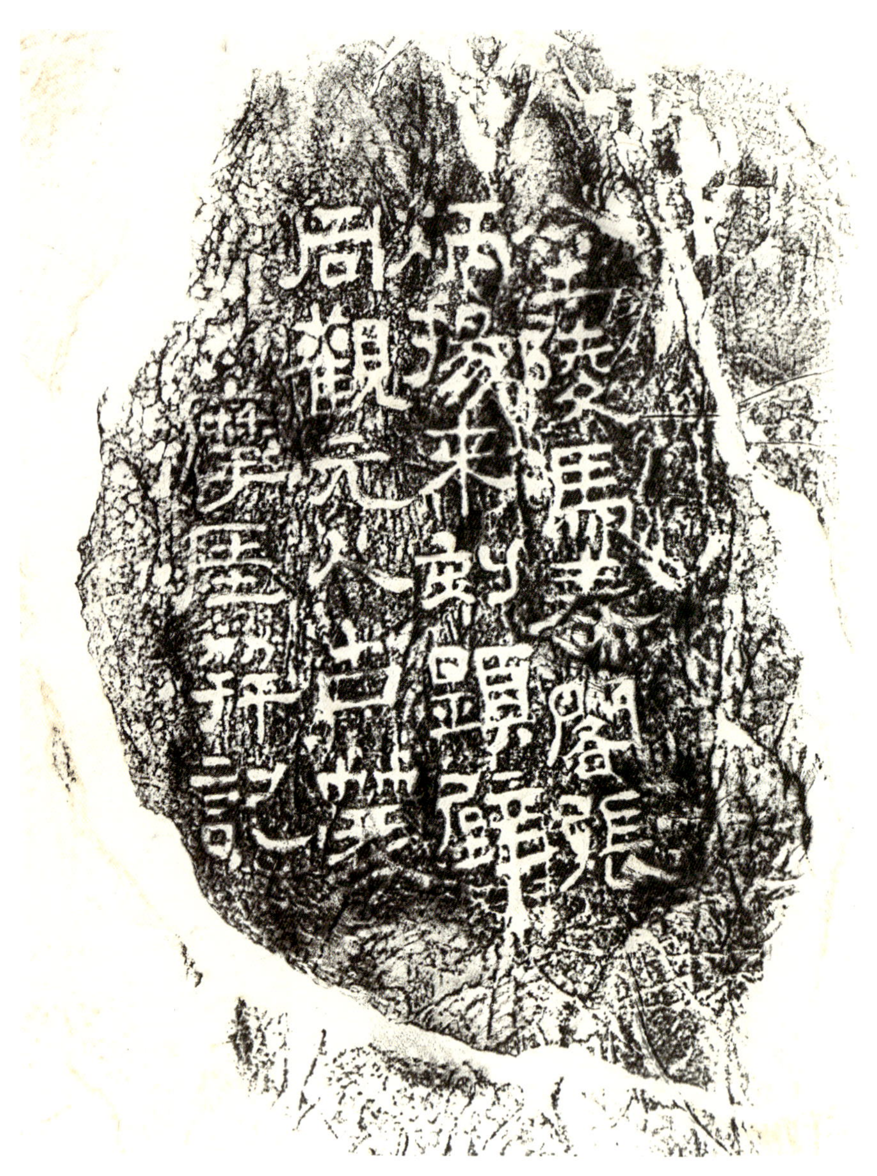

释文：

金陵馮春閣、張/炳揚來刻題壁，/同觀元人古篆/摩厓並記。

述略：

在青林洞。隶书，4行，字径4.5厘米。

此为刻工留题，隶法汉人，线条齐整，布局工整，点画自如，为摩崖中刻工之精者。

清 方云万等题名

释文：

甲午二月，方雲萬/游，子府良，孙月山、/月岩、月泉侍。

述略：

在冷泉溪侧。篆书，3行，字径5厘米。

篆书题名笔法瘦劲挺拔，形体均匀齐整，饶有古意。

清 卓梵诗刻

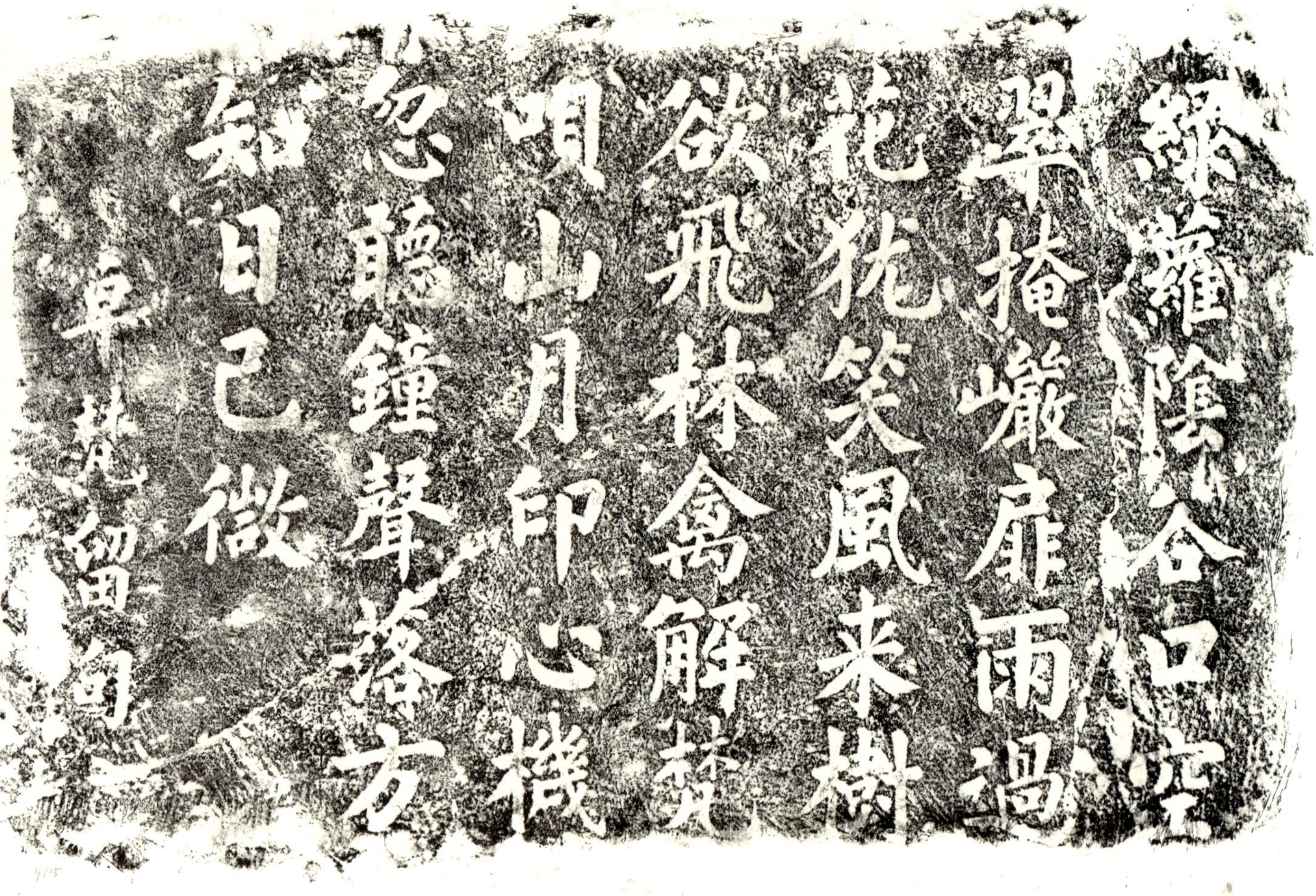

释文：

绿蘿陰谷口，空/翠掩巖扉。雨過/花猶笑，風來樹/欲飛。林禽解梵/唄，山月印心機。/忽聽鐘聲落，方/知日已微。卓梵留句。

述略：

在龙泓洞。8行，字径6厘米，龛横纵62厘米×43厘米。

卓梵法师，字破斋，俗姓卓，浙江奉化人。民国时任鄞县金峨寺住持。撰《金峨十景》诗等。

清 钱塘县告示碑

释文：

略。

述略：

在龙泓洞外。横纵88厘米×154厘米，字径2厘米。有残存署衔可知，是碑为一何姓钱塘知县所立。

泐损太甚，正文无法卒读。大意为飞来峰周边名胜众多，山林土地为舍田，供养寺院之习俗悠久，旁人不得侵扰。有纠纷者，可与官府交涉。

清 释道行题刻

释文:

佛國。/釋子道行書刻。

述略:

在龙泓洞口。草书，2行，正文字径约50厘米，款字字径10厘米。

道行，上天竺僧人。据《灵隐小志》，道行练字三年方敢刻“佛国”二字。

草书榜字气势博大恢宏，用笔沉着又不失灵动，僧家飞白书，牵丝自如，别具一格。

清 西泠印社创社四英题名

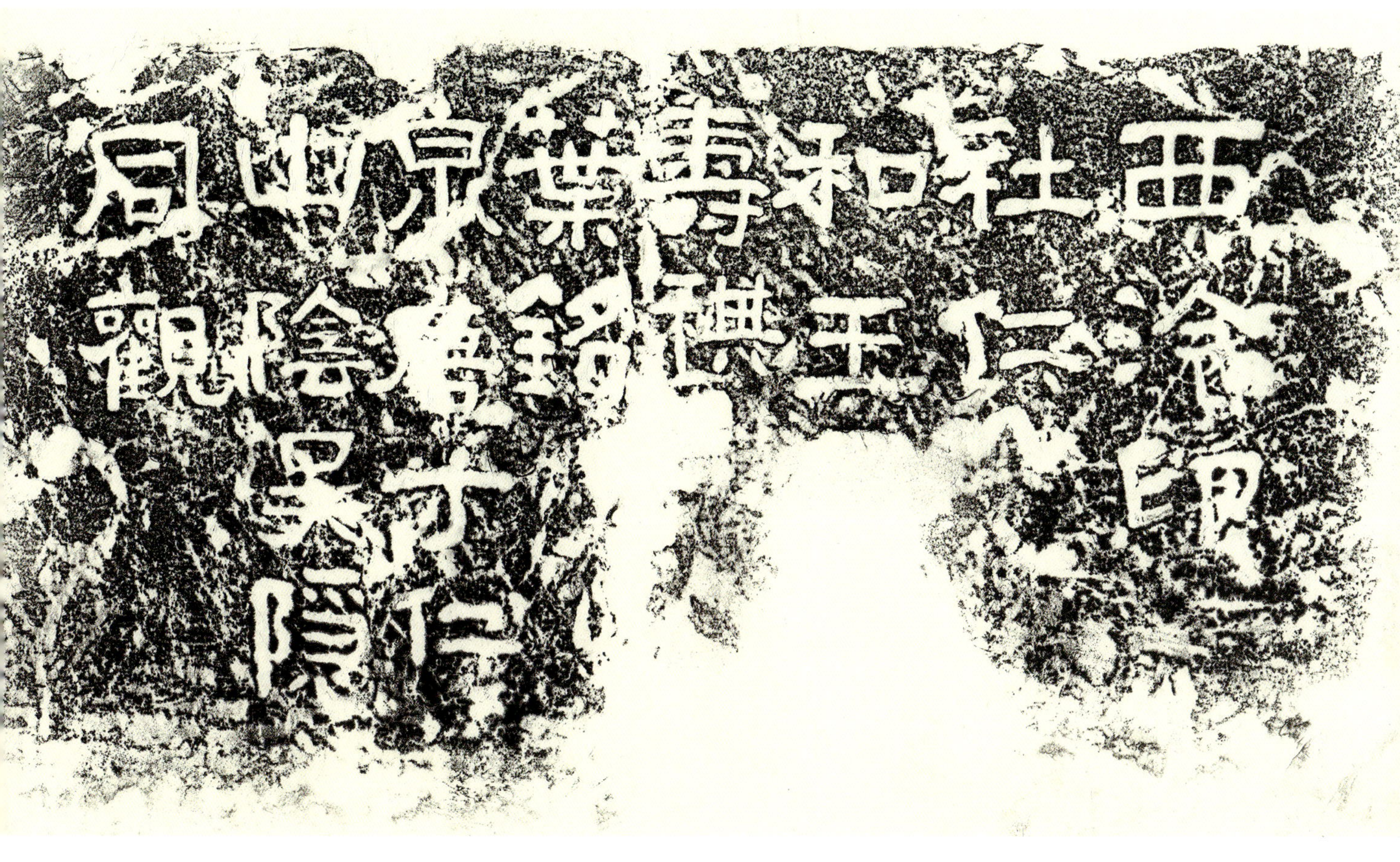

释文:

西泠印/社仁/和王/壽祺、/葉銘，/泉唐丁仁，/山陰吴隱/同觀。

述略:

在青林洞口。隶书，8行，字径4厘米。

“创社四英”指的是丁辅之、王福庵、吴隐、叶为铭。

王福庵（1887—1960），原名寿祺，字维季，号屈瓠，浙江杭州人。工书法、篆刻。

丁仁（1879—1949），原名仁友，字辅之，号鹤庐，浙江杭州人，后居上海。杭州“八千卷楼”丁氏后人。精鉴别、富收藏，能书善画，工篆刻。

四老题刻，以东汉隶书为之，格调高古，圆厚雄劲。

石角
遊湖十七度
山水有知音
聊以契吾素
民國丁卯冬闓潘伊銘撰
命男十齡童壽書
逍搖物外一吟身到此
根無點塵眼看舊題重聽
水山靈笑我來頻
民國二十五年十月

民国

民国 鲁坚等题名

释文：

壬子大雪節，/餘杭魯堅，縉雲樓/邨，紹興胡宗成、吴/隱，海寧周承德，鄞/縣馬衡，海鹽沈光/瑩，杭州郄建侯、丁/上左、丁仁、王同烈、/葉希明、王壽祺、葉/銘，安吉吴倉碩同/游題記。兒子涵、邁侍。

述略：

在龙泓洞。10行，字径8厘米，横纵95厘米×80厘米。

壬子，即民国元年，公元1912年。

鲁坚，初名宝清，字澄伯，号縢北，西泠印社早期社员。

楼邨（1881—1950），名虚，字辛壶，浙江缙云人。清贡生，善山水。篆刻受吴昌硕影响。著有《楼辛壶印存》等。

胡宗成，字梦庄，号止安，会稽（今浙江绍兴）人。工文辞及金石之学，收藏汉、魏、六朝碑版墓志极精。旧拓甚富。善弈棋，能书八分，刻印以秦、汉为宗。

周承德（1877—1935），字逸舜，亦作佚生、轶生、轶翁，号观无居士，浙江海宁人。考入早稻田大学博物科。清光绪二十六年（1900）前后回国，受聘为杭州求是书院教习。曾参加文学团体南社，并为西泠印社创始人之一。

马衡（1881—1955），字叔平，别署无咎、凡将斋，浙江鄞县（今宁波市鄞州区）人。西泠印社第二任社长，金石学家、书法篆刻家，故宫博物院第二任院长。

丁上左（1878—1929），字宜元，一字竹孙，号白丁。浙江杭县（今杭州）人。丁三在兄，南社社员。

吴昌硕（1844—1927），初名俊，又名俊卿，字昌硕，又署仓石、苍石，多别号，常见者有仓硕、老苍等，浙江安吉人。晚清民国时期著名画家、书法家、篆刻家，"后海派"代表，杭州西泠印社首任社长。

此题名全以《石鼓》为根本，融入楷隶等字势，结体舒展，用笔方劲，线条金石趣味具足。通篇布白气势如虹，有苍茫古厚之趣。体现吴昌硕晚年书风。

民国 唐圆泽和尚三生石记碑

释文：

唐圓澤和尚三生石跡。/師名圓澤，居慧林，與洛京守李源爲友，約往蜀峨嵋禮普賢大/士。師欲行斜谷道，源欲沂[泝]峽。師不可，源强之，乃行。舟次南浦，見/婦人錦襠負甖汲水，師見而泣曰："吾始不欲行此道者，爲是也，/彼孕我已三年，今見之不可逃矣。三日浴兒時，願公臨門，我以/一笑爲信。十二年後，錢唐天竺寺外，當與公相見。"言訖而化。/婦既乳兒，源往視之，果笑，尋即回舟。如期至天竺，當中秋月下，聞/葛洪井畔有牧兒扣角而歌曰："三生石上舊精魂，賞月吟風不/用論。慚愧情人遠相訪，此身雖異性常存。"源知是師，乃趨前曰：/"澤公健否？"兒曰："李公真信士也，我與君殊途，切勿相近，唯以勤/修勉之。"又歌曰："身前身後事茫茫，欲話因緣恐斷腸。吴越江山/尋已遍，却回煙棹上瞿塘。"遂去，莫知所之。/民國二年夏四月日立。嘉興金庭芬書。/本寺住持繼祖仝徒月濤重刊。

述略：

在三生石。楷书，14行，字径3厘米，字龛横纵59厘米×95厘米。

民国二年，公元1913年。

圆泽和尚，唐代高僧，相传三生石典故即源于圆泽和尚和名士李源的情谊。

金庭芬，字梅先，别号红柿村逸史，浙江嘉兴人。金之骏子。擅刻竹，传其家学。书法似沈寒柯，渊雅入古。偶画梅花，颇有清趣。

唐圓澤和尚三生石蹟

[illegible]名圓澤居慧林與洛京李源為友約往蜀峨嵋禮普賢大
士師欲行斜谷道源欲荊峽師不可源強之乃行舟次南浦見
婦人錦襠負瓮汲水師見而泣曰吾始不欲行此道者為是也
彼孕我已三年今見之不可逃矣三日浴兒時願公臨門我以
一笑為信十三年後錢唐天竺寺外當與公相見言訖而化婦
既死兒源往視之果笑尋即回舟如期至天竺三當中秋月下聞
葛洪井畔有牧兒叩角而歌曰三生石上舊精魂賞月吟風不
要論慚愧情人遠相訪此身雖異性常存源知是公乃趨前曰
公健否兒曰李公真信士也我與君殊途切勿相近唯以勤
修勉之又歌曰身前身後事茫茫欲話因緣恐斷腸吳越山
尋已遍卻回煙棹上瞿塘遂去不知所之
民國二十六年夏四月[illegible]立　嘉興金挺汾書
本寺住持繼祖公徒月壽重刊

民国 吕祖百字碑

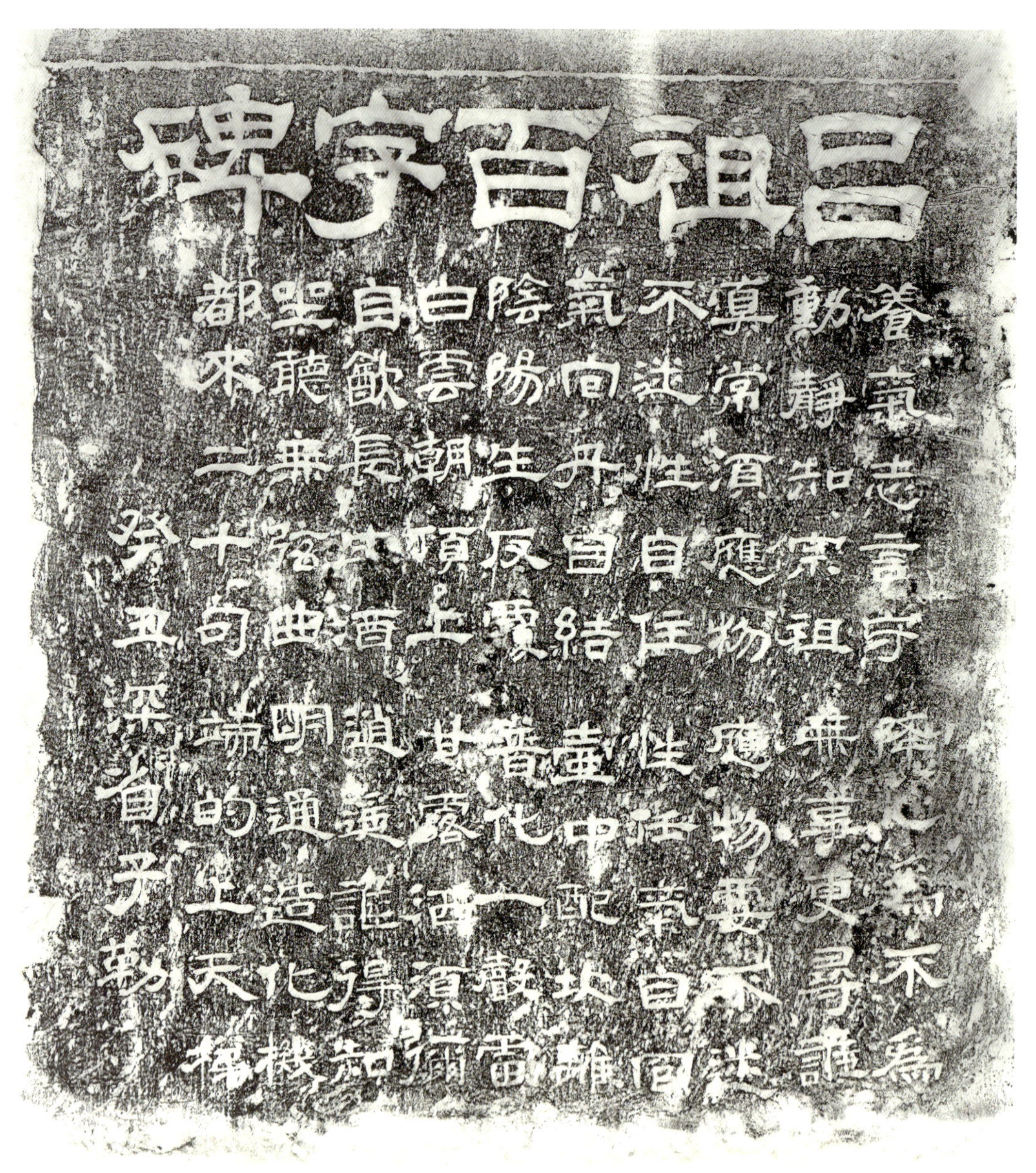

释文：

吕祖百字碑。/養氣志［忘］言守，降心爲不爲。/動静知宗祖，無事更尋誰？/真常須應物，應物要不迷。/不迷性自住，性任氣自回。/氣回丹自結，壺中配坎離。/陰陽生反覆，普化一聲雷。/白雲朝頂上，甘露灑須彌。/自飲長生酒，逍遥誰得知。/坐聽無弦曲，明通造化機。/都來二十句，端的上天梯。/癸丑深省子勒。

述略：

在龙泓洞。隶书，大字1行，径10厘米；小字11行，径4厘米；字龛横纵52厘米×54厘米。

癸丑，即民国二年，公元1913年。

民国　康有为等题名

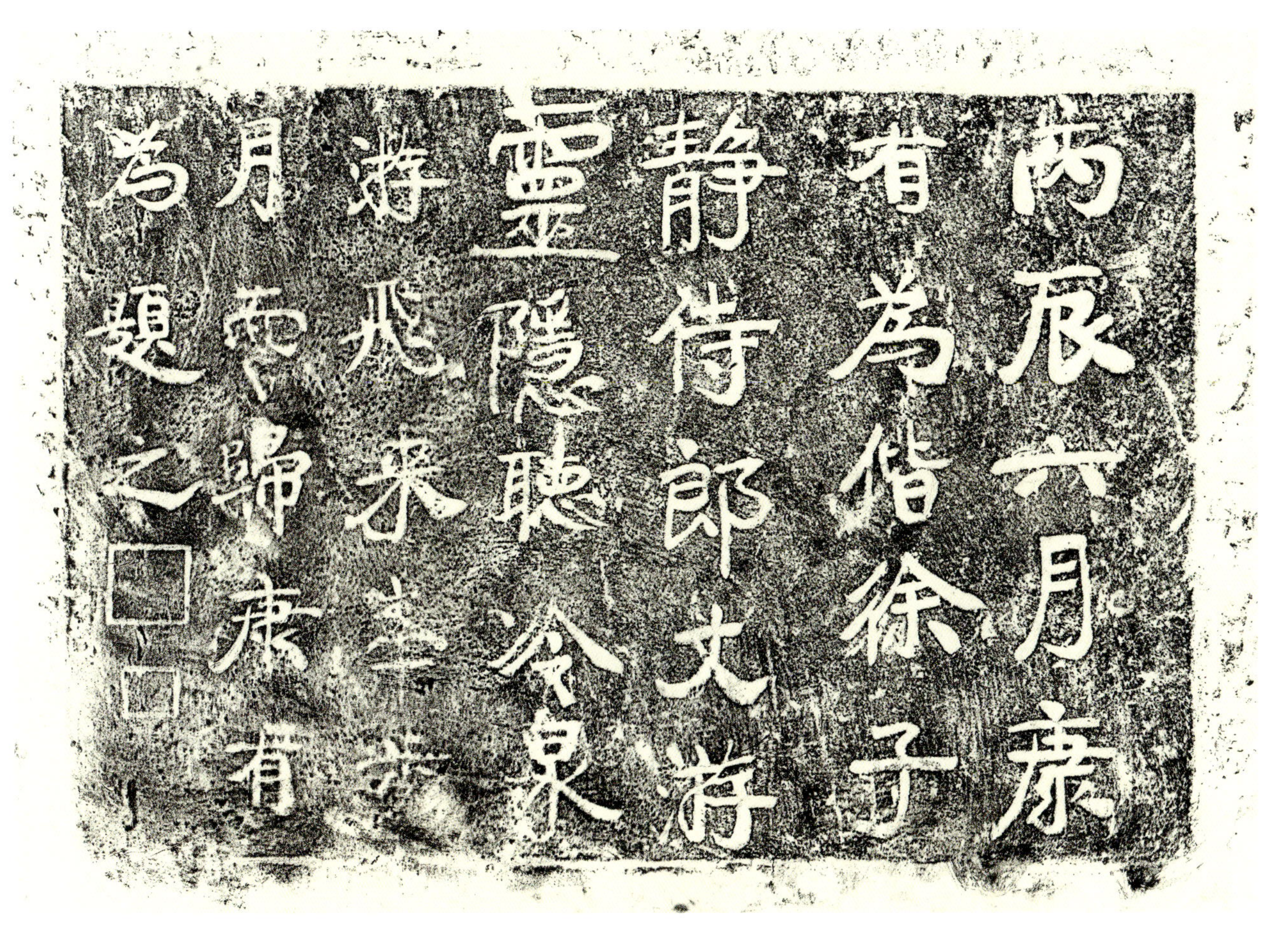

释文：

丙辰六月，康/有爲偕徐子/静侍郎丈，游/靈隱，聽冷泉，/游飛來峰。步/月而歸。康有/爲題之。

述略：

在龙泓洞口。行书，7行，字径5厘米，横纵54厘米×37厘米。钤印磨泐未释。

丙辰，即民国五年，公元1916年。

康有为（1858—1927），原名祖诒，字广厦，号长素，南海（今广东佛山）人。近代思想家，维新派领袖，“戊戌变法”中的重要人物。

徐致靖（1826—1918），字子静，江苏宜兴人。思想开明，拥护革新，曾给光绪帝上过《人才保荐折》，保荐过康有为、梁启超、谭嗣同、张元济等维新人士。

此为康氏典型书风，线条浑厚粗旷，运笔晦涩，气势开张，有圆融雄健之气，为康氏书作中之佳品。

民国 盛庆蕃题刻

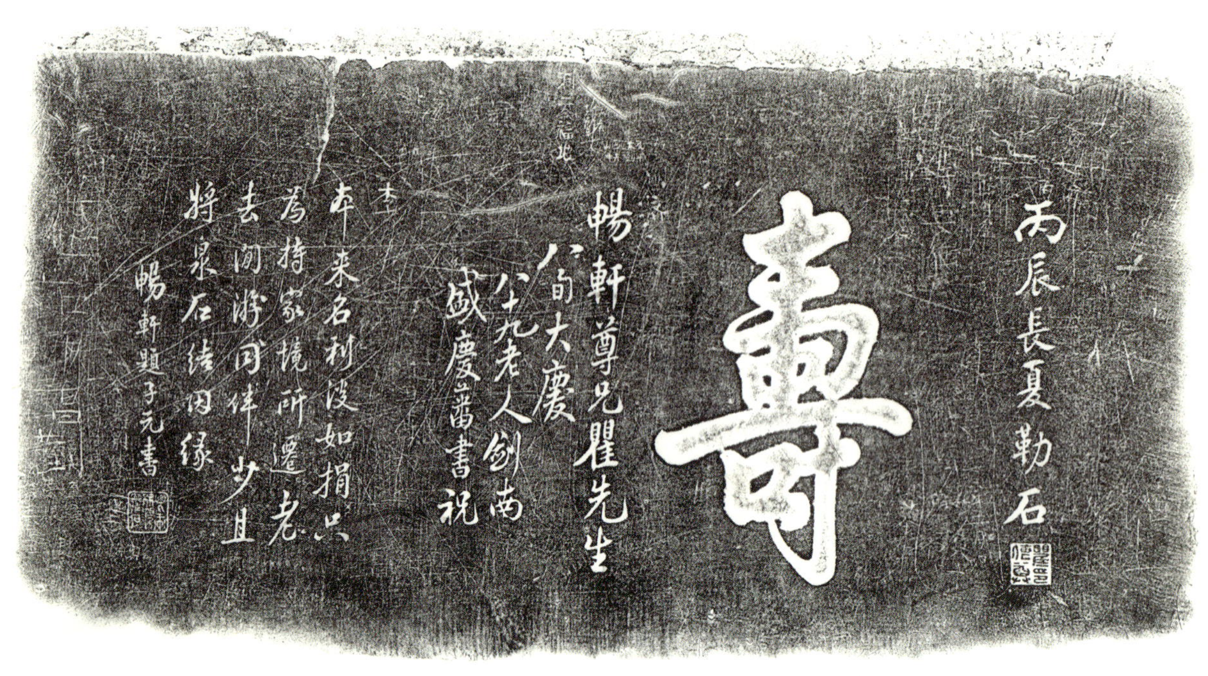

释文：

壽。/暢軒尊兄瞿先生/八旬大慶，/八十九老人劍南/盛慶蕃書祝。/本來名利淡如捐，只/爲持家境所遷。老/去閒游同伴少，且/將泉石結因緣/。丙辰長夏勒石。暢軒題，子元書。

述略：

在龙泓洞口。大字径15厘米，小字径2厘米，龛横纵66厘米×34厘米。钤印：瞿传尊印（朱文印）、鬯轩□□□石（白文印）。

丙辰，公元1916年。

盛庆蕃（1828？—1918），字剑南。余杭（今浙江杭州）人。清末廪贡生。丁仁岳父。善行、草，尤善榜书。

瞿传尊（1837—？），生平不详，冷泉亭有其所撰联。

民国 叶之孙题刻

释文：

來救/衆生。/時在丁巳仲夏，/葉之孫題。

述略：

在龙泓洞口。楷书，4行，字径3—10厘米。

丁巳，即民国六年，公元1917年。

该题刻书法随徐三庚等时风，流丽妍美，点画夸张。

民国 张春荣等题名

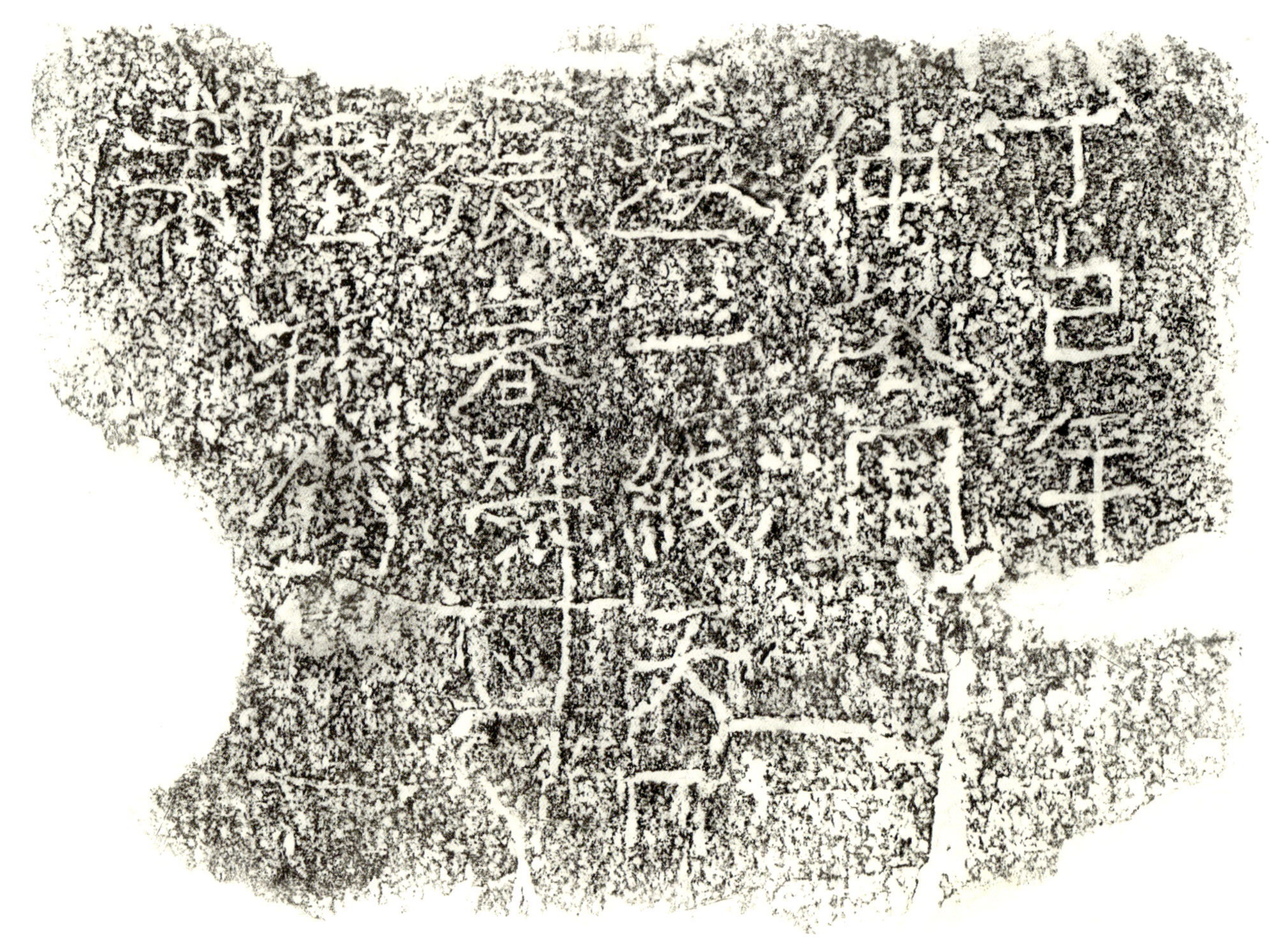

释文：

丁巳年/仲冬，同/遊一綫天，/張春榮。/陸林□/來。

述略：

在龙泓洞口。隶书，6行，字径5厘米。

丁巳，即民国六年，公元1917年。

民国 赵甫臣题刻

释文:

靈山佛境。/民國八年季春，偕李君少彬遊此，爰勒/四字以作紀念。趙甫臣題，嶺南公□書。

述略:

在龙泓洞。行草书，3行，正文字径20厘米，落款字径4厘米。

民国八年，公元1919年。

赵甫臣，民国时期沪上金融家。

民国 张钧衡题名一

释文：

己未仲春/吴興張鈞衡/來遊。

述略：

在青林洞口。3行，字径10厘米，横纵42厘米×64厘米。

己未，公元1919年。

张钧衡（1872—1927），字石铭，号适园主人，吴兴（今属浙江湖州）南浔人。光绪二十年（1894）中甲午科乡试举人，后从商，之后以其资财，大量收藏图书。编有《适园藏书志》。

民国 张钧衡题名二

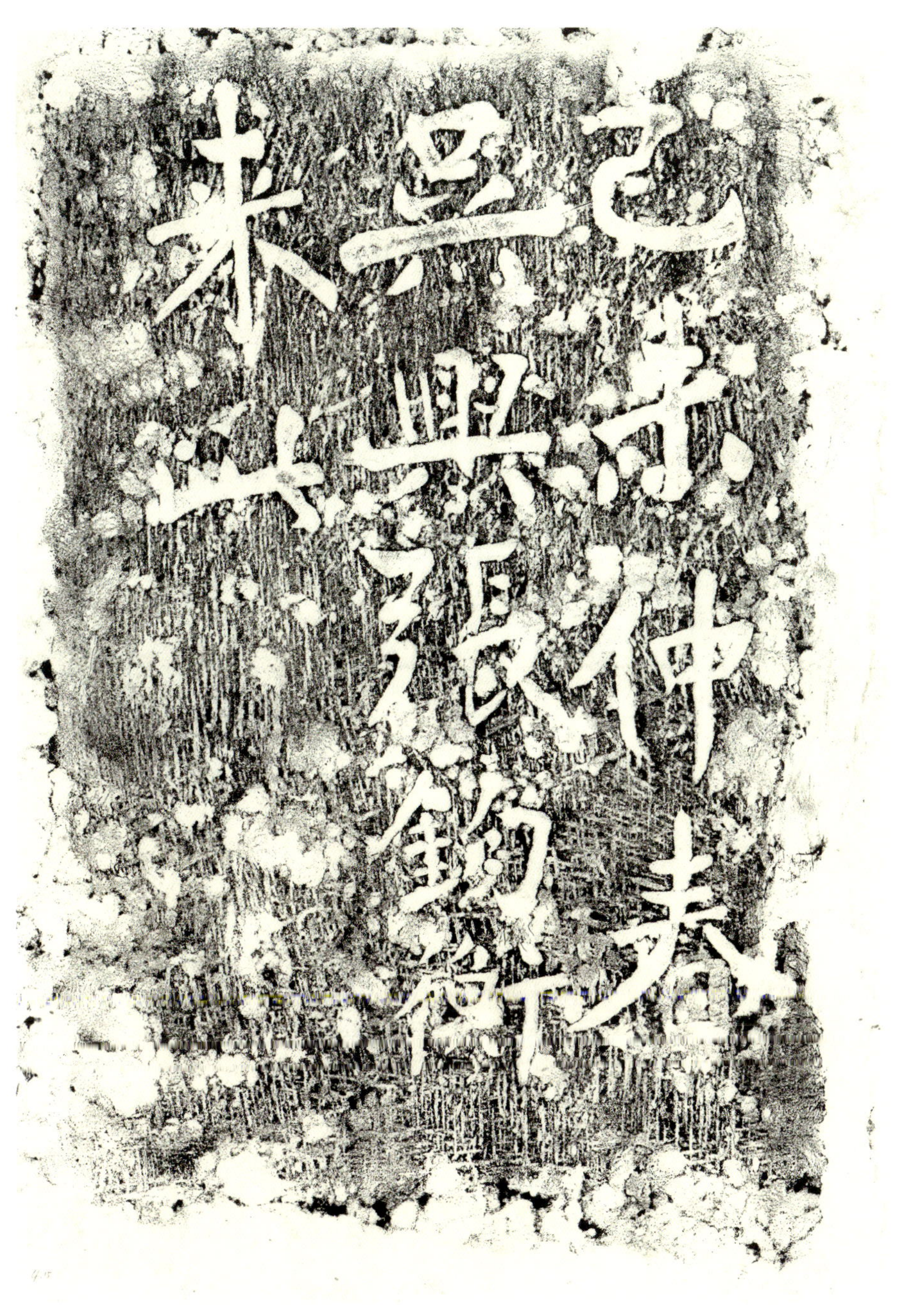

释文

己未仲春/吴興張鈞衡/來此。

述略：

在青林洞外。楷书，3行，字径10厘米。

己未，公元1919年。

题名有唐宋人气格，用笔自如洒脱。

民国 顾景炎等题名

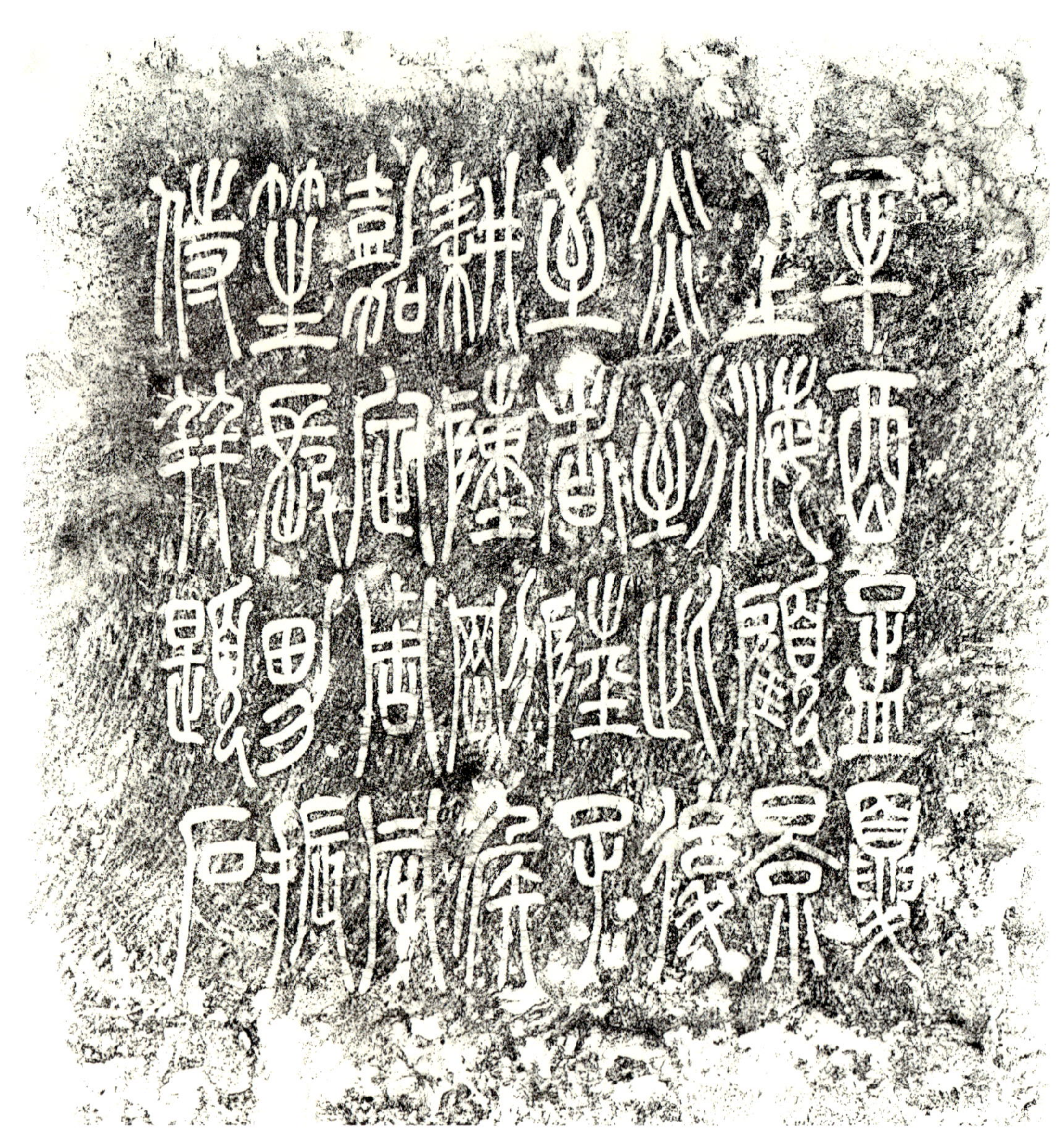

释文：

辛酉孟夏，/上海顧景/炎到此，後/至者，陸子/耕、陳剛侯，/嘉定周同/笙，長男振/侍并題石。

述略：

在龙泓洞。篆书，8行，字径约8厘米，龛横纵57厘米×60厘米。

辛酉，即民国十年，公元1921年。

顾景炎（1895—1970），字树炘，世居上海。收藏文物甚丰。1955年，参加上海历史与建设博物馆筹建工作。1958年调上海市文物保管委员会，任地方历史研究部副主任，编有《上海乡贤文物过眼录》，著有《冈身考》《乌泥泾考》。

周同笙，上海嘉定人，民国士绅。

篆法得石鼓文真意。

民国 石角题刻

释文:

石角。/十二年十一□。

述略:

在冷泉溪南岸。2行，大字字径17厘米，款字字径2厘米。

十二年，公元1923年。

隶书“石角”二字兼具篆法，有古拙天真之意。

民国 周梅谷等题名

释文

中元甲子六/月，吴縣周梅/谷、金潤蒸同/游刻此。

述略：

在龙泓洞。篆书，4行，字径10厘米。

甲子，民国十三年，公元1924年。

周梅谷（1881—1951），原名周容，别号百匋室主，江苏苏州人。从吴昌硕问业，擅仿古印，为一代名家。曾随容庚先生考察各地商周铜器，于苏州之仿古铜器制作尤为精妙。

以行书笔意作篆字，结字朴拙。

民国 广东山氏诗刻

释文:

中原日屠城，國士維/清纓。濟世須取義，寂/寞壯心聲。/民國十四年八月八日，/廣東山氏誌。

述略:

在龙泓洞。楷书，5行，字径2—3厘米。

民国十四年，公元1925年。

民国 徐子为等题记

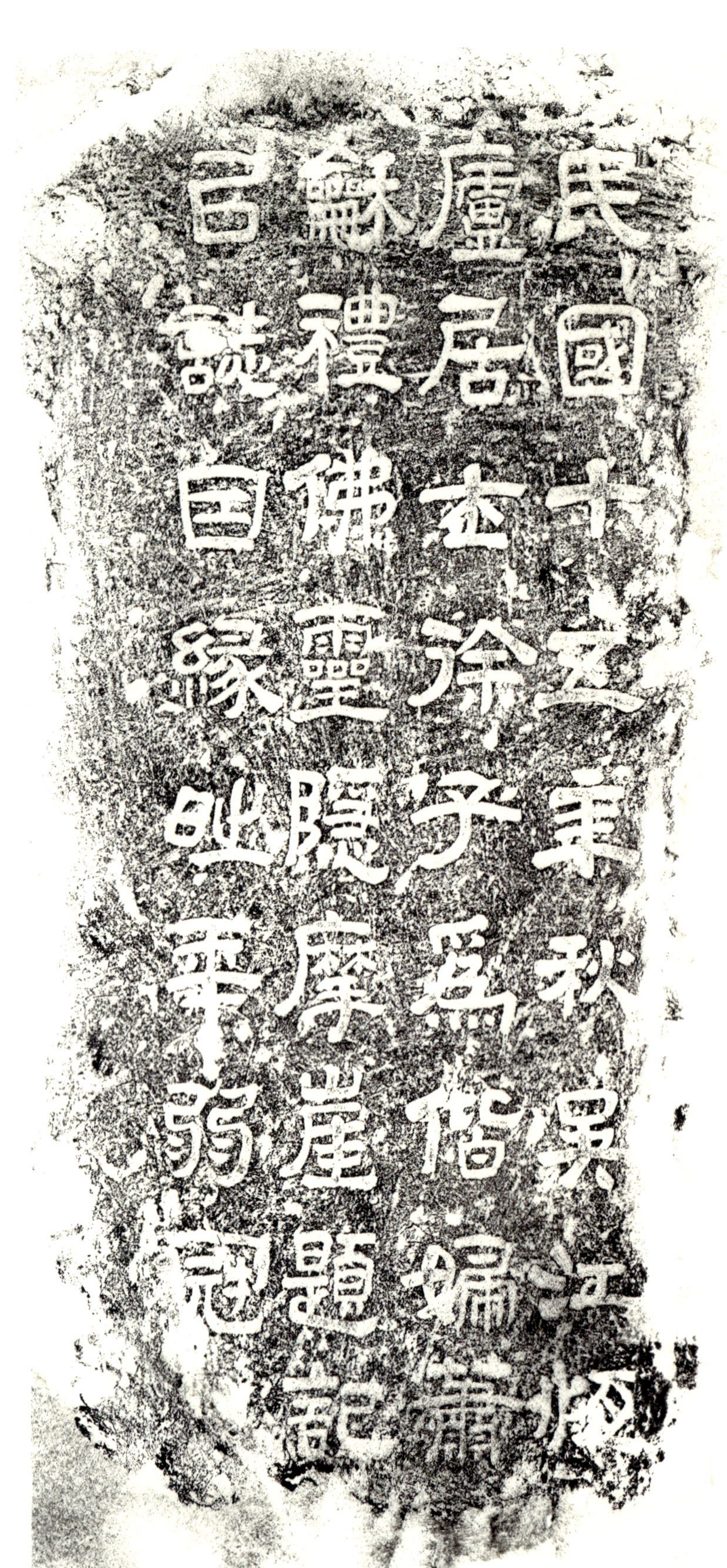

释文:

民國十五年秋，吴江恒/盧居士徐子爲，偕婦蕭/龢禮佛靈隱，摩崖題記/以誌因緣，時年弱冠。

述略:

在冷泉溪南岸。隶书，4行，字径6—8厘米。

民国十五年，公元1926年。

徐子为（1906—1958），别号恒庐，震泽镇（在今苏州吴江区）人。擅诗文，南社社员，与柳亚子交谊亦深。曾任吴江商会会长。协助施肇曾创办有英高中，资助学校建造藏经阁。创办頔塘医院，创建苏嘉湖长途汽车公司。

隶法自《乙瑛》出，兼得邓石如风格，庄重凝练。

民国 陈慧航题刻

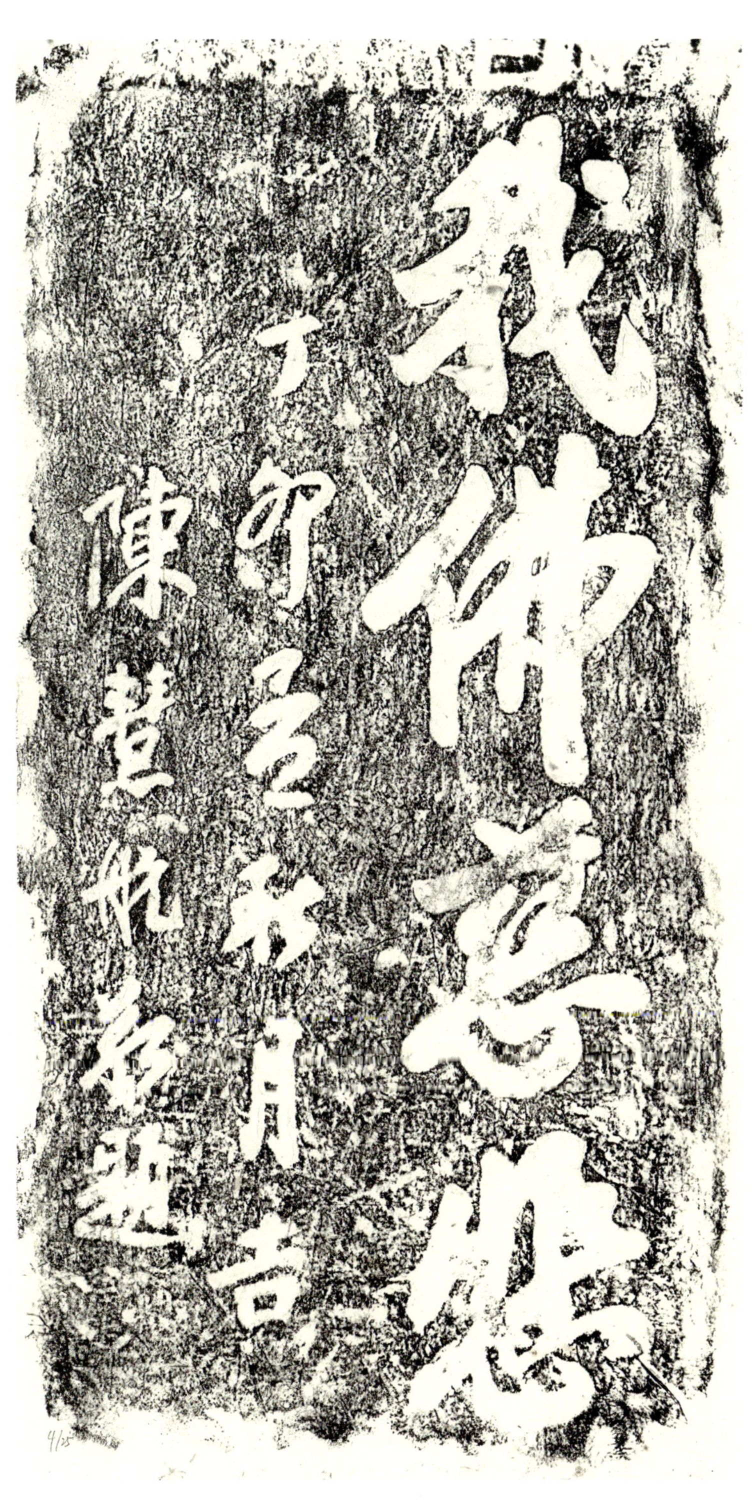

释文：

我佛慈悲。/丁卯孟秋月吉，/陳慧航敬題。

述略：

在龙泓洞口。行书，3行，字径6—13厘米，字龛横纵32厘米×63厘米。

丁卯，即民国十六年，公元1927年。

民国 太虚诗刻

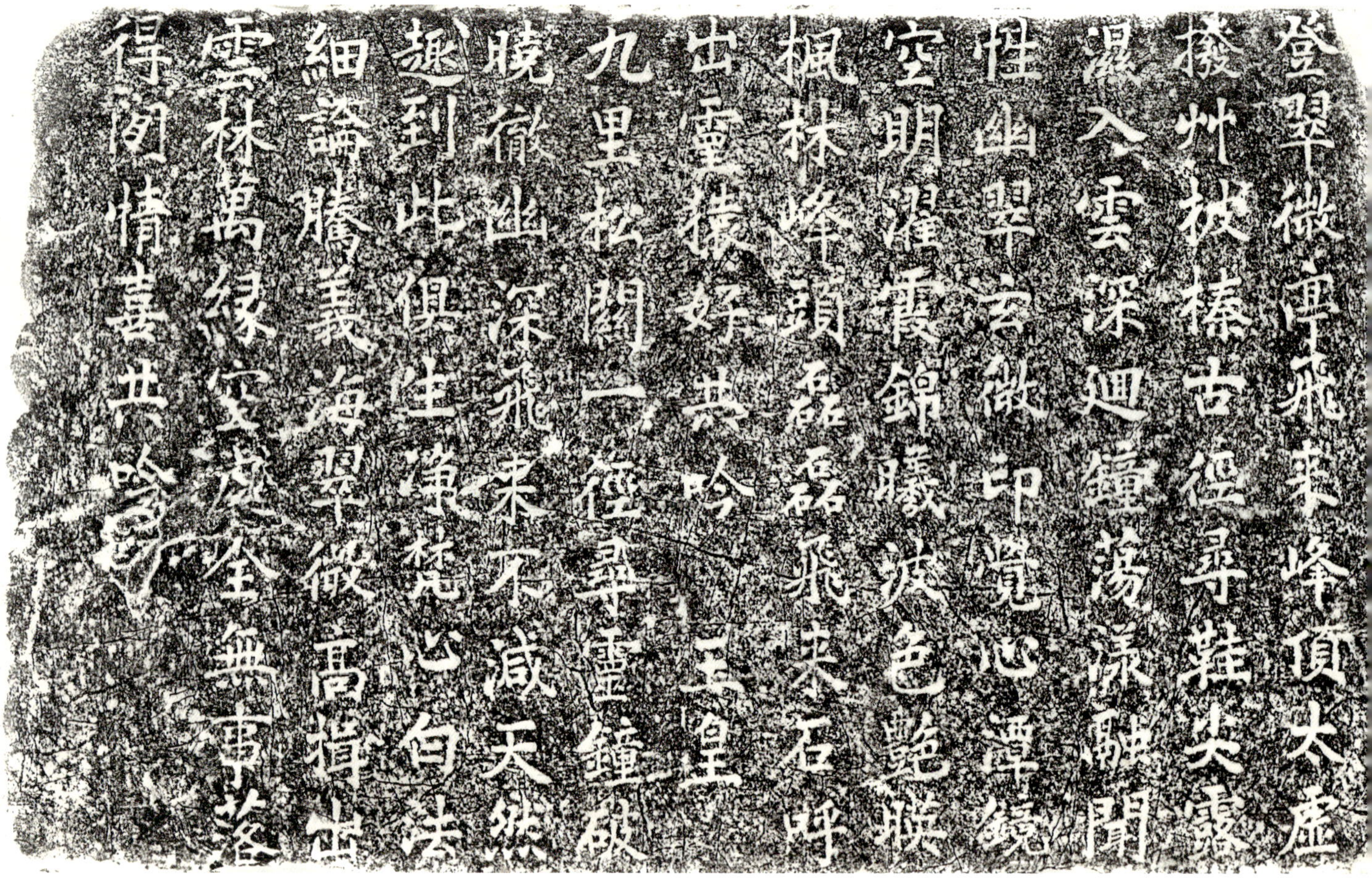

释文：

登翠微亭飛來峰頂。太虛。/撥草披榛古徑尋，鞋尖露/濕入雲深。迴鐘蕩漾融閒/性，幽翠玄微印覺心。潭鏡/空明濯霞錦，曦波色豔暎/楓林。峰頭磊磊飛來石，呼/出靈猿好共吟。玉皇。/九里松關一徑尋，靈鐘破/曉徹幽深。飛來不減天然/趣，到此俱生浄梵心。白法/細論勝義海，翠微高揖出/雲林。萬緣空處全無事，落/得閒情喜共吟。

述略：

在冷泉溪侧。楷书，13行，字径4厘米。

太虚（1890—1947），俗姓吕，本名淦森，法名唯心，别号悲华。崇德（今浙江桐乡）人。光绪三十年（1904）于苏州平望小九华寺出家，同年依宁波天童寺寄禅和尚受具足戒。抗战胜利后，任中国佛教整理委员会主任。著有《真现实论》《法相唯识学》《起信论研究》等。

民国　太虚题刻

释文：

藏六洞。/丁卯秋始/释太虚题。

述略：

在冷泉溪侧。草书，3行，大字字径14厘米，落款字径4厘米，字龛横纵34厘米×53厘米。

丁卯，公元1927年。

此为飞来峰民国高僧书迹仅见者，行笔洒脱，结字流畅，别具禅意。

民国 郑霭佚题记

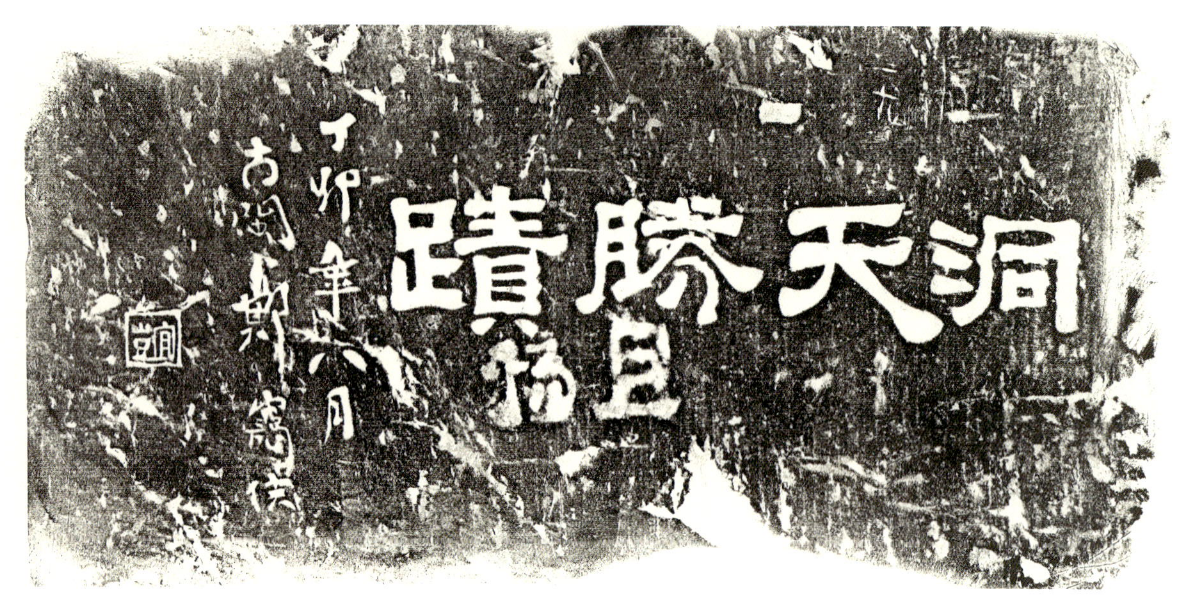

释文

洞天勝蹟。/丁卯年八月，/古閩鄭靄佚。

述略：

在龙泓洞口。大字字径8厘米，小字字径2厘米，横纵52厘米×26厘米。钤印：宜岂。

丁卯，公元1927年。

该隶书题记取法汉石经，兼具《史晨》笔意，字体工整，气息古朴，结构方正严谨。

民国 潘伊铭题名

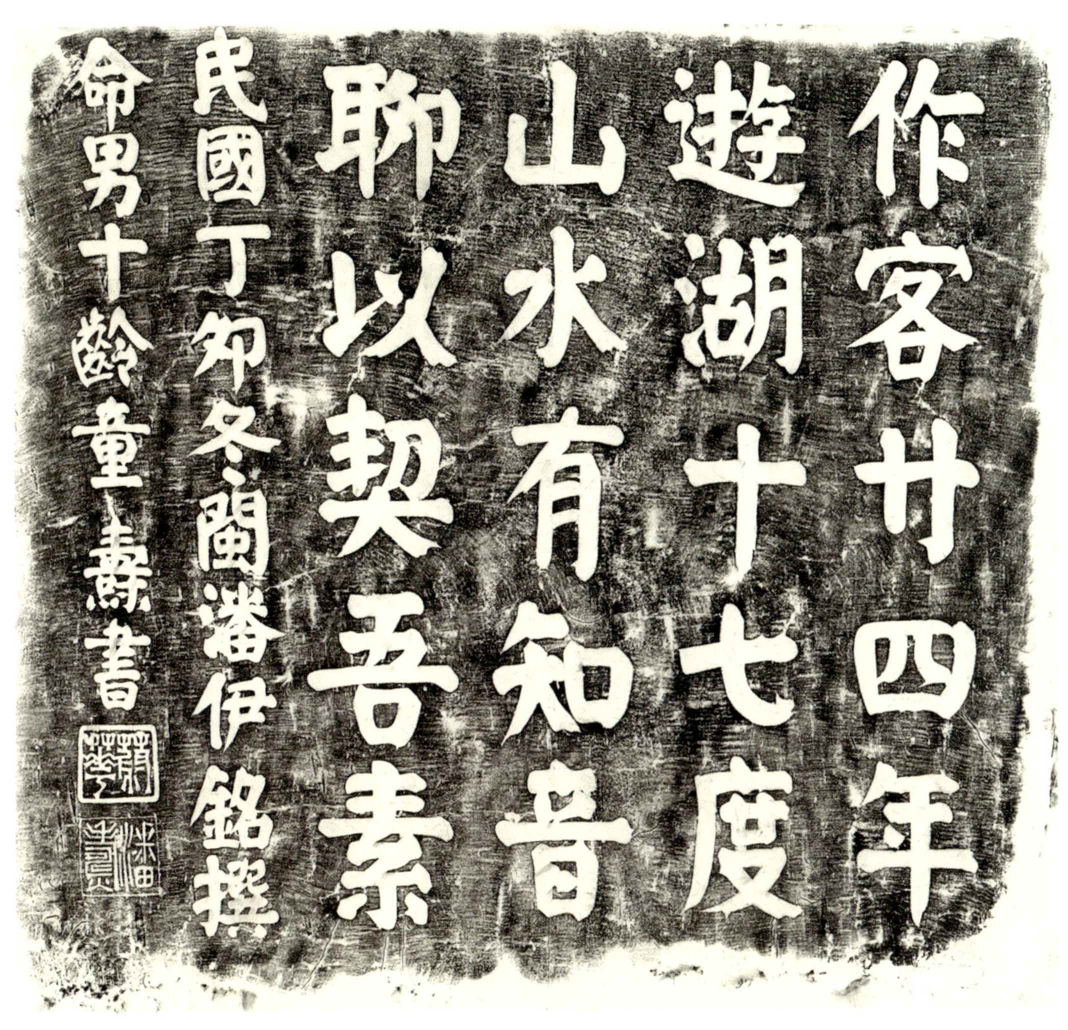

释文：

作客廿四年，/遊湖十七度。/山水有知音，/聊以契吾素。/民國丁卯冬閩潘伊銘撰，/命男十齡童燾書。

述略：

在龙泓洞。楷书，6行，大字字径14厘米，落款字径8厘米。钤印：蔚华、潘燾。

丁卯，公元1927年。

潘伊铭（1873—1951），字立勋，人称铭发，小名阿奴。福建沙县人。潘伊铭曾任沙县商会会长，并担任过全国商会联合会执行委员等。

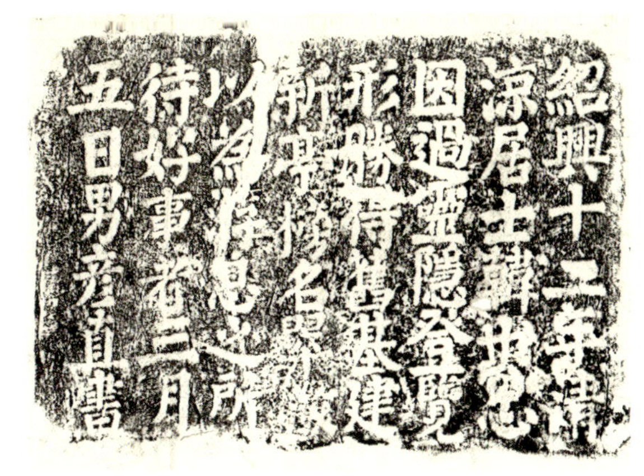

韩彦直书《翠微亭记》 浙江省博物馆藏

此刻为潘氏十岁子所书，书法颜鲁公，厚重凝练，与宋代韩世忠之子所书《翠微亭记》榜题相得益彰。

民国 李根源等题名

释文:

民國十九年九/月，腾衝李根源/弟五次來游。

述略:

在龙泓洞口。隶书，3行，字径8厘米，字龛横纵32厘米×54厘米。

民国十九年，公元1930年。

李根源（1879—1965），字雪生，又字养溪、印泉，云南腾冲人。清光绪二十九年（1903）秀才，后留学日本，归国后任云南讲武堂教官等。1923年后，李根源居于苏州，专心史籍和金石的购藏，曾到江南搜集碑刻356种，为此写有《吴郡西山访古记》。

此题名骨力非凡，刚直险峻，有《史晨》《张迁》二碑笔意。

民国 吴迈等诗刻题记

释文:

靈崖多珍禽，翔集在林表。知否/巢將覆，奮飛須及早。餘江吴邁題。/民國二十年六月，邁蒞杭出席全國律師協會第三屆/代表大會並赴各校及娱乐場所宣傳收回法權。/公暇承同鄉萬國藩、宋化南、鄒新民、陳二華、朱瞻魚、/陳克善導遊歡宴於此，感賦誌念。南昌萬國藩書。

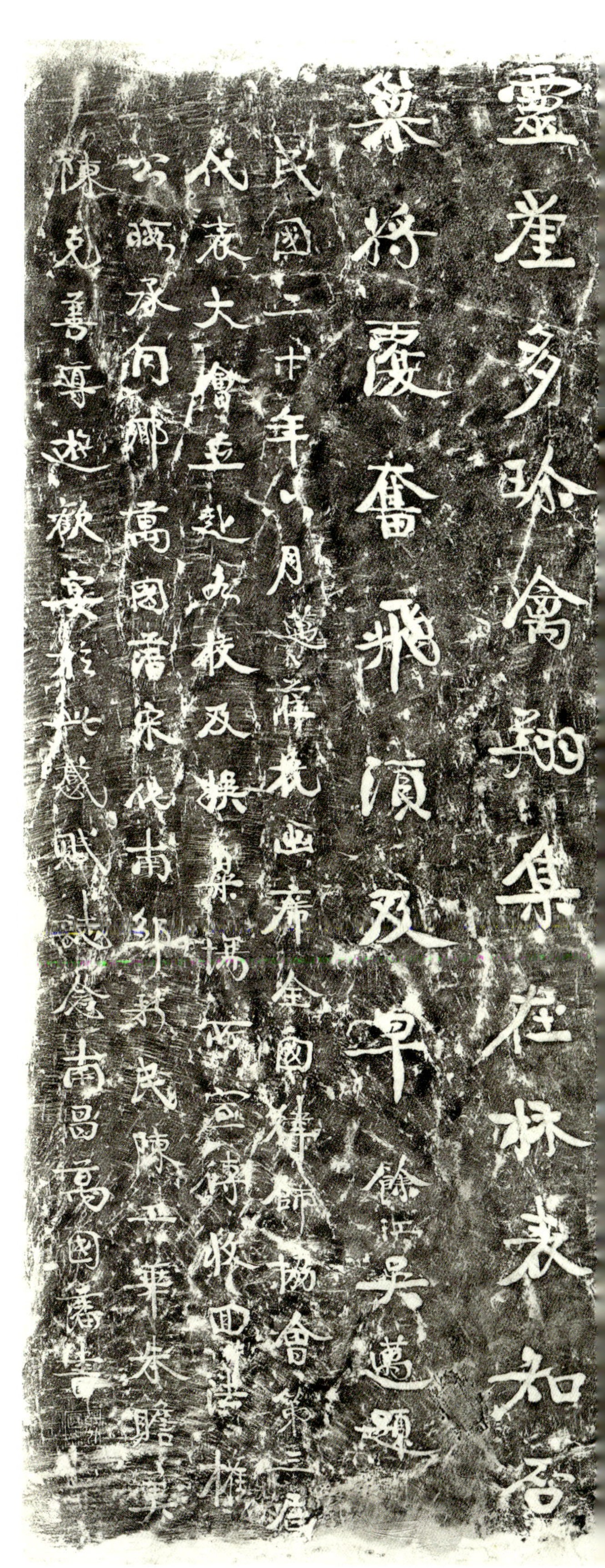

述略:

在龙泓洞口。行书，6行，诗刻字径11厘米，落款字径6厘米。钤印：万国藩。

民国二十年，公元1931年。

吴迈（1885—1936），江西余江（今属鹰潭）人。15岁考中秀才，16岁开始研究各国律法，后在南京、上海等地正式挂牌做律师。

万国藩，江西南昌人。黄埔军校第一期学员。

行草气息奔放，笔触流畅，北碑意味浓厚，极似康南海。

民国 林尔嘉题刻

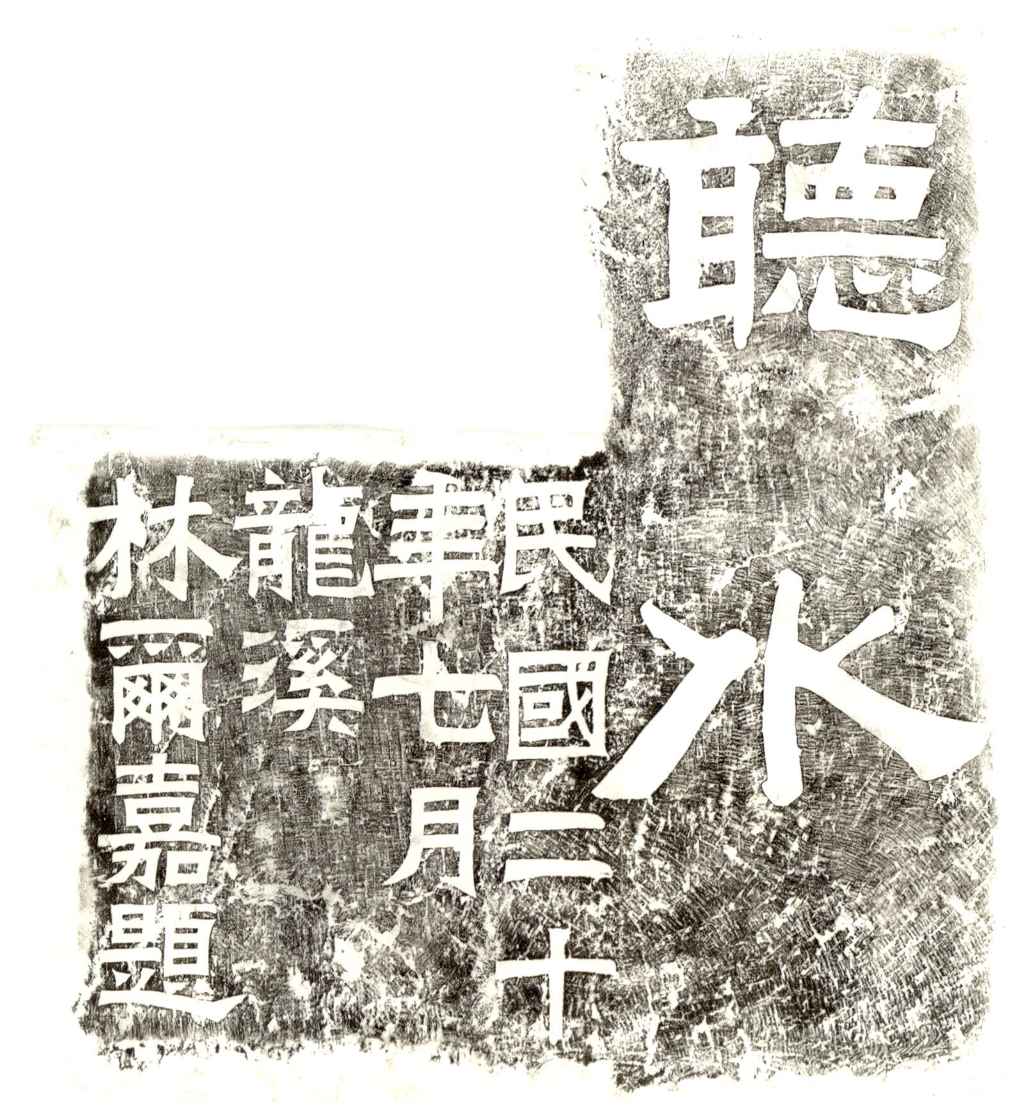

释文

聽水。/民國二十/年七月/龍溪/林爾嘉題。

述略:

在龙泓洞外。楷书，5行，正文字径43厘米，款字径12厘米，横纵94厘米×110厘米。

民国二十年，公元1931年。

林尔嘉，字菽庄、叔臧，别名眉寿，晚年号百忍老人。原名陈石子，是厦门抗英名将陈胜元五子陈宗美长子，6岁时过继给台湾板桥林家。自幼聪敏好学，是民国年间在闽台两地负有声望的人物之一。

林尔嘉两处题刻，皆用北碑法，字法凝练，行笔犀利，锋芒外露，颇得金石之风。

民国 萧止因题刻

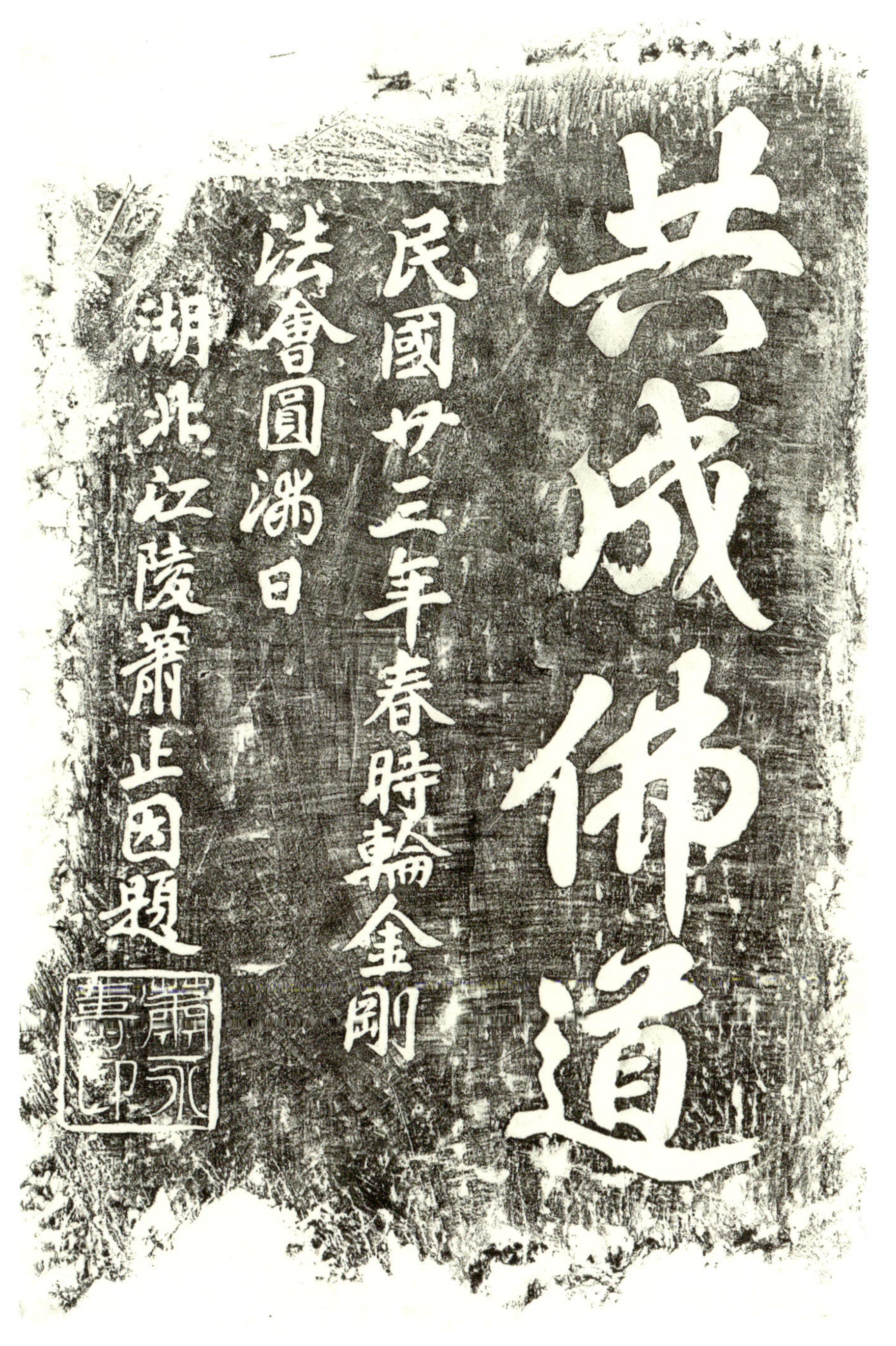

释文：

共成佛道。/民國廿三年春，時輪金剛/法會圓满日，/湖北江陵萧止因題。

述略：

在龙泓洞口。行书，4行，大字字径15厘米，款字径6厘米，字龛横纵45厘米×70厘米。钤印：萧永寿印。

民国廿三年，公元1934年。

萧止因，沙市（今湖北荆州）人，曾为沙市英商邓禄普橡皮公司买办。佛教居士，参与创立武昌佛学院。

民国 蒋翼乔等题刻一

释文：

名山。/嶺南三水/蒋玉衡、/蒋翼喬、/蒋公魯/題。/民廿三五月。

述略：

在龙泓洞口。大字字径21厘米，小字字径13厘米，字龛横纵53厘米×93厘米。

民廿三，公元1934年。

民国 邓勋题刻

释文：

名山勝境。/乙亥仲春/粤省大埔鄧勛題。

述略：

在龙泓洞口。4行，字径17—22厘米。

乙亥，即民国二十四年，公元1935年。

邓勋，民国三十六年（1947）任阳新县银行董事长，常驻银行视事。

民国　李宝春题刻

释文：

北峰梵趣。/丙子孟秋李寶椿题。

述略：

在龙泓洞口。左行，2行，大字字径15厘米，款字字径3厘米，字龛横纵31厘米×72厘米。钤印：宝椿。

隶书有《石门颂》笔意，字体开张，飘逸空灵。

丙子，即民国二十五年，公元1936年。

民国 林尔嘉诗刻

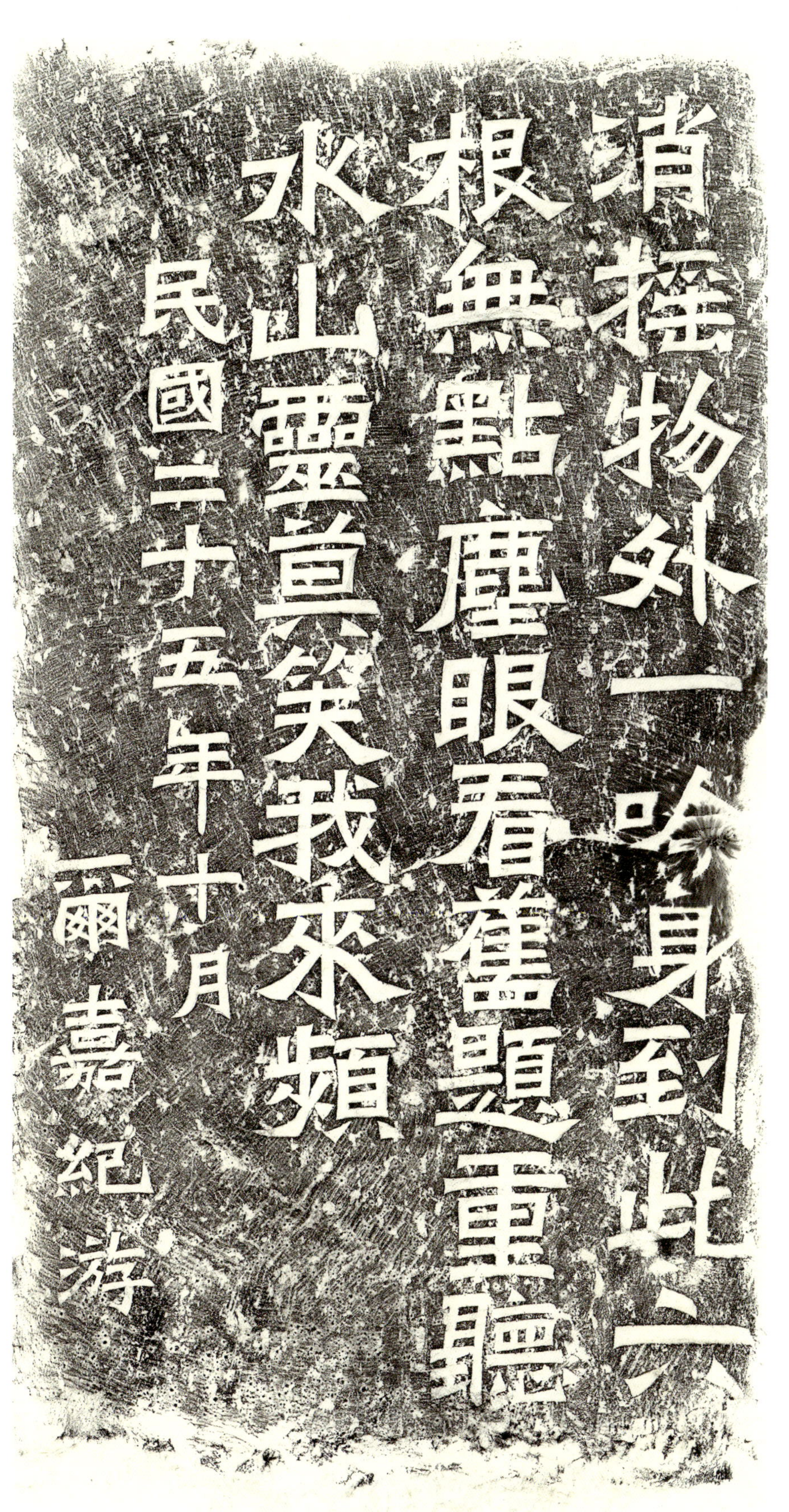

释文：

消摇物外一吟身，到此六/根無點塵。眼看舊題重聽/水，山靈莫笑我來頻。/民國二十五年十月/爾嘉紀游。

述略：

在龙泓洞口。楷书，5行，字径8—12厘米。

民国二十五年，公元1936年。

民国 胡瑞甫等题刻

释文：

佛。/萬缘放下，/一心念佛。/民國二十六年嘉平十五日，/慈航弟子/胡瑞甫敬勒於靈隱。/丁丑冬日，京江劉雲叔敬書。

述略：

在龙泓洞口。7行，“佛”字径14厘米，小字字径2.4—5厘米不等，字龛横纵65厘米×30厘米。

民国二十六年，公元1937年。

胡瑞甫，清末民国时期杭州佛教徒，杭州英国公平保险公司代理人。编有《杭州灵隐寺联》。

刘云叔，字锦仁，丹徒（今属江苏镇江）人，清末民初画家。

民国 蒋翼乔等题刻二

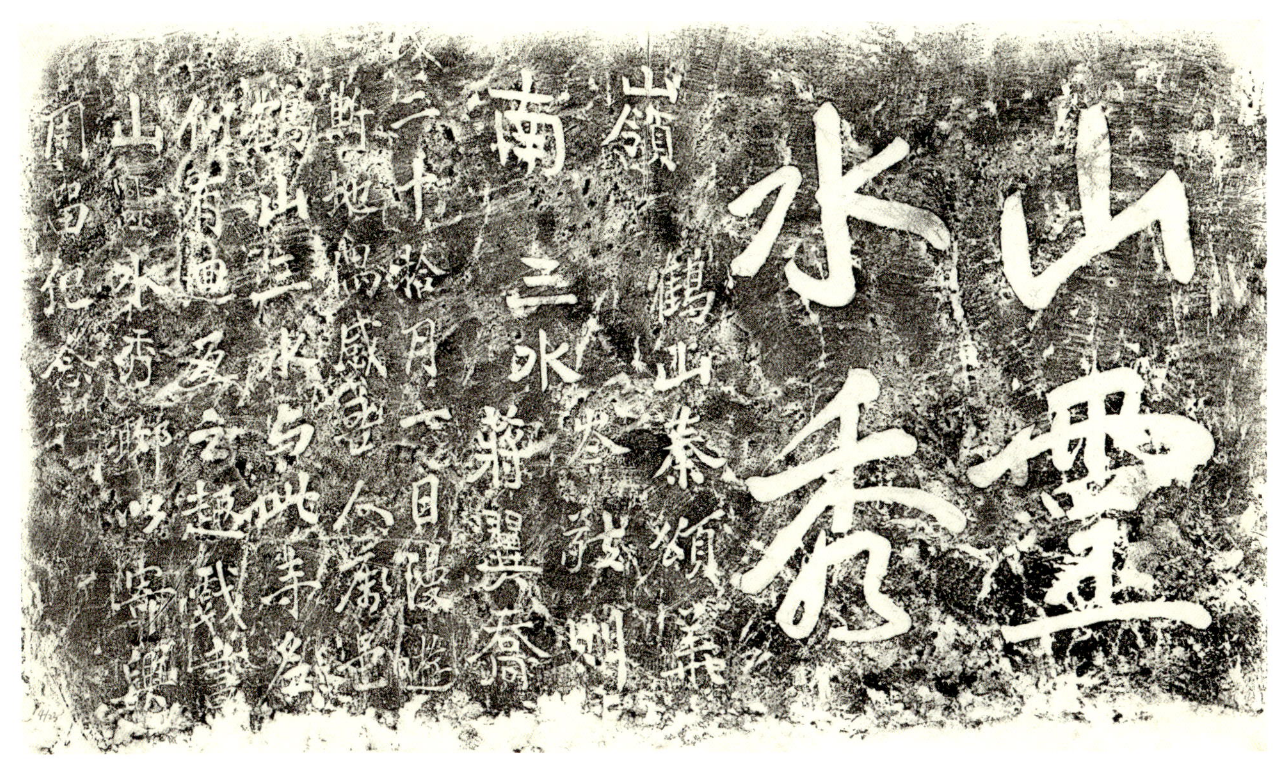

释文:

山靈水秀。/嶺南/鶴山秦頌華，/三水/岑敬則、/蔣翼喬/三十拾月一日，漫遊/斯地，偶感吾人屬邑/鶴山、三水與此寺名/似有廻互之趣，戲書/“山靈水秀”聊以寄興，/用留紀念。

述略:

在龙泓洞。楷书，11行，字径5—15厘米不等。

三十，公元1941年。

行书中兼容北碑笔意，如于右任公草书之法。线条朴拙雄浑，结体大气连贯。

民国 叶慕庭诗刻

释文：

雲隱千山佛，峰奇/一綫天。問師何處/去，爲道已逃禪。/癸未秋，訪却非師不值，留/呈一粲。雲間葉慕庭題，/李時霖書。

述略：

在龙泓洞。行草书，6行，字径3—5厘米。

癸未，即民国三十二年，公元1943年。

叶慕庭，上海枫泾人。开明绅士，创办了私立澄志初级中学。

却非禅师（1873—1948），俗名萧来德，字木旺，福建泰宁人。在杭州灵隐寺修行，后任灵隐寺监院，主持修建翠微亭、春淙亭。

民国 魏乐唐题刻

释文:

枕流。/癸未魏樂唐题。

“枕流”资料照片　魏表唐供图

述略:

在冷泉溪南岸。2行，大字字径30厘米，小字字径5厘米。

据载，该题刻刻于民国三十二年，公元1943年。

魏乐唐（1921—2012），浙江余姚人，生于上海。书法家、篆刻家、画家。10岁从李仲生学习书法。1937年在上海大新画廊举行个展，1957年于麻省理工学院专研艺术，是旅美华人中第一代抽象画家。

该榜题为民国时风，有行书笔意，兼具北碑宽博之气。书法得李瑞清、张大千诸家风范，属后学之佳者。有幸得镌于名山，书者之大幸也。

民国　袁照夫妇题刻

释文：

合山水樂，/成君子心。/民建國歲在丙戌十一月十日，/邊成袁照夫婦同游飛來峰題。

述略：

在龙泓洞口。楷书，4行，字径3—9厘米不等。

丙戌，即民国三十五年，公元1946年。

此题刻以褚字为底，有隶书笔意，清隽高古。

民国 张元济等题名

释文：

諸暨邊叟啟昌，行年八十，厥配許氏花燭重光，/積善長世。合辭贊揚，刊於貞石，子子毋忘。時在/丙戌十二月二十八日。民建國三十六年一月/十九日。/海鹽張元濟、如皋冒廣生、杭縣孫智敏、/古杭王有宗、會稽顧燮光、杭縣邵裴子、/杭縣陳漢第、桐城葉玉麟、富陽朱天存、/杭縣葉景葵、杭縣王禔、鎮江鮑鼎。

述略：

在龙泓洞口。楷书，8行，字径7厘米，字龛横纵50厘米×110厘米。

民国三十六年，公元1947年。

张元济（1867—1959），字筱斋，号菊生，浙江海盐人。近现代出版家、教育家、爱国实业家、版本目录学家、藏书家。清光绪十八年（1892）进士。曾任总理各国事务衙门章京等。1949年后任上海市文史馆馆长、公私合营商务印书馆董事长。著有《涵芬楼烬余书录》等。

此题名兼具北碑斧凿之趣，结字古拙，恐为张元济所书，也未可知。

民国 佑永谷题刻

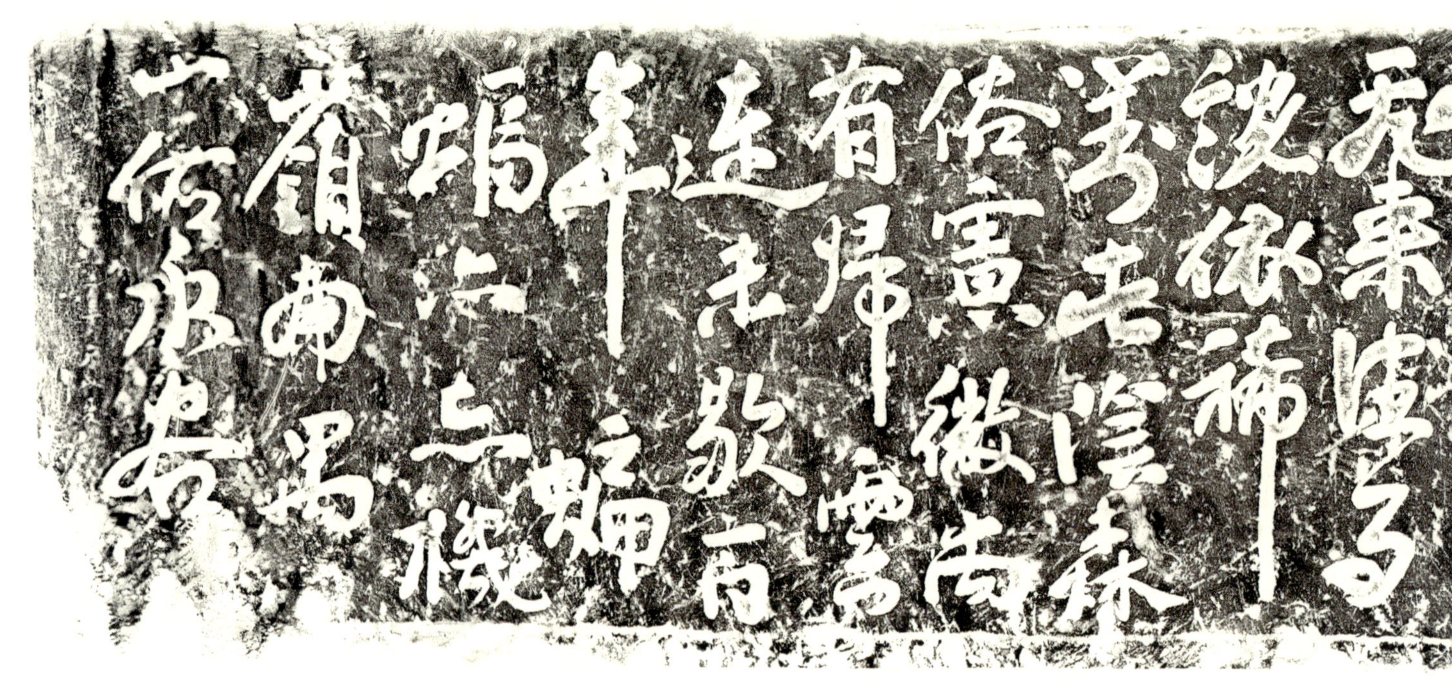

释文：

飛來往事/談依稀，/對此陰森/俗慮微。尚/有歸雲/連未歇，百/年蝙/蝠亦忘機。/嶺南禺/山佑永谷。

述略：

在龙泓洞。草书，10行，字径12厘米，字龛横纵132厘米×54厘米。此诗刻覆凿于康熙年题名之上。

此通篇行草榜刻，气势恢宏，布白雄浑，用笔圆润，以唐宋笔法为底，兼融时风。

民国 王岚峰诗刻

释文:

浙江上虞縣/王嵐峰先生題。/踏破鐵鞋十二洲，/滄桑人世幾經秋。/箇中消息憑誰問，/夜夜蟾光射斗牛。悟道子勒。

述略:

在龙泓洞。隶书，7行，字径3—4厘米。

王岚峰，浙江上虞人，热衷于金石，在江南各地游历如杭州飞来峰、苏州虎丘拥翠山庄，留下诸多题刻。

民国　龙艷农题刻

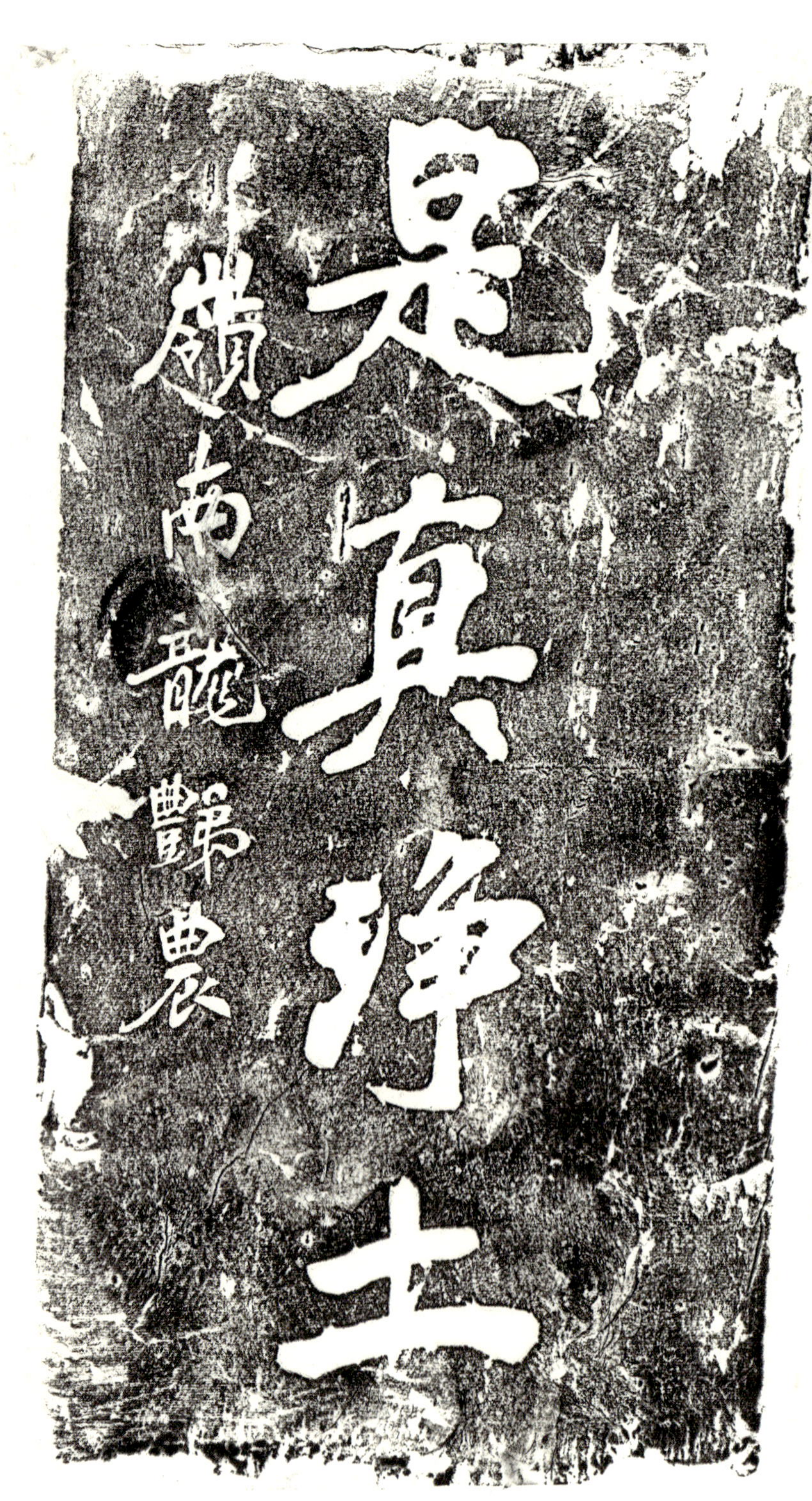

释文：

是真净土。/嶺南龍艷農。

述略：

在龙泓洞。大字字径12厘米，小字字径4厘米。

此题刻有东坡先生遗意，又结合北碑用笔，宽博凝练，有岭南书风之特点。

民国　呼猿洞题刻

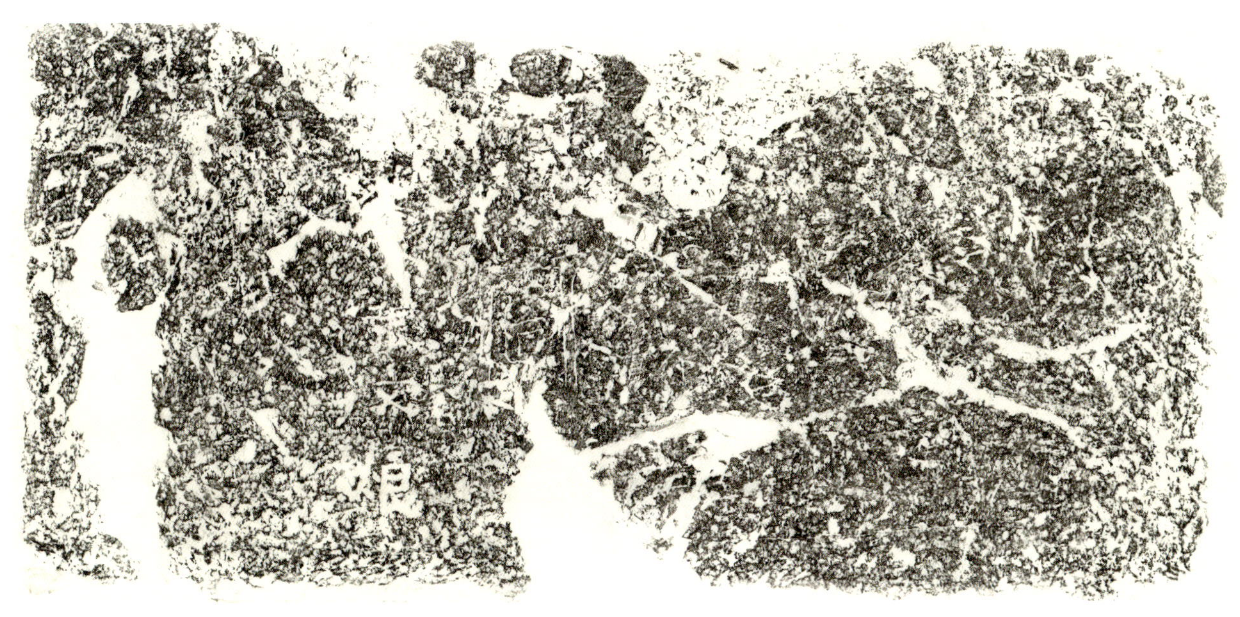

释文:

呼猿洞。

述略:

在呼猿洞。楷书横列1行，字径14厘米。题刻侧有“张文娘”题名，不似落款，故未收入释文。

民国 张瑞诗刻

释文：

吟屐一雙千里，/洞天萬幾億/年。蒼龍偃蹇/鱗砑，紅日隱映/光寒。白玉坐看/如化，天風吹出/行仙。/臨海張瑞。

述略：

在玉乳洞外。楷书，8行，字径4厘米，字龛横纵40厘米×25厘米。

民国 飞山子题刻

释文:

不有地仙福，/不到此洞中。/飛山子。

述略:

在青林洞理公床。楷书，3行，字径8厘米。

书法有赵孟頫笔意。

民国 陈思退题名

释文：

陳思退來。

述略：

在青林洞。楷书，1行，字径3厘米。

民国 吾到福地诗刻

释文：

吾到福地。/花朝遊此，□佛/景□□□□□/留句□□寫/刻四圍□覓，/拾得雞毛二根，/大毛釘一支，二/人興興然一書/一刻，書云：嗇夫許揖淑、/鄞縣柳義鎬。

述略：

在龙泓洞，草书，10行，字径3—6厘米不等。

民国　许□模等题刻

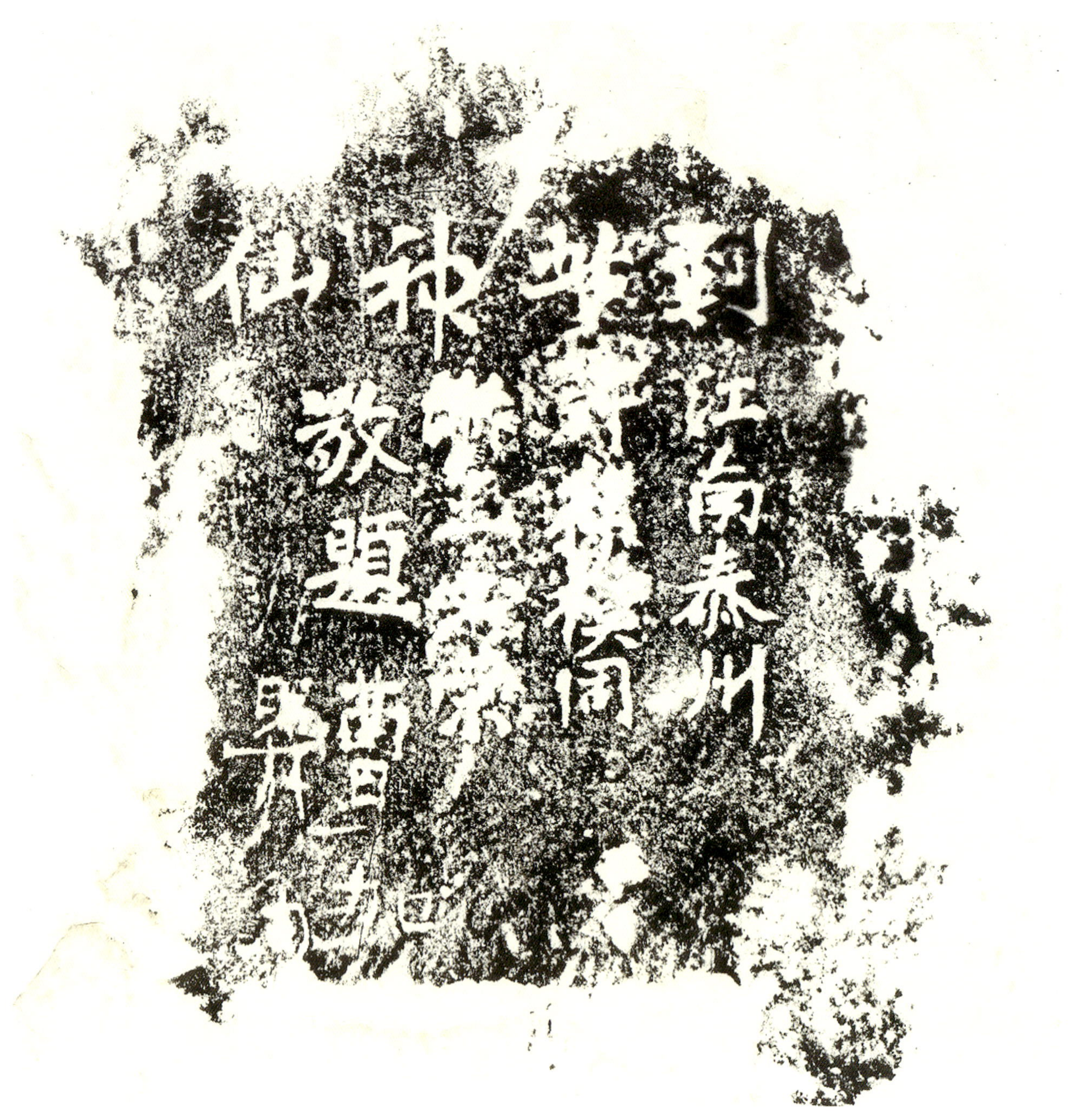

释文：

到此神仙。/江南泰州/許□模同/遊。王玉荣/敬題。

述略：

在龙泓洞口。行书，4行，字径2厘米。

民国 佛教经文题刻一

释文：

訶般/若波羅蜜多佛/婆訶……

述略：

在青林洞外。楷书，字径约15厘米。摩崖剥泐太甚，仅见数字。

民国 佛教经文题刻二

释文：

般若/蜜多/訶……

述略：

在青林洞外。楷书，字径约15厘米。摩崖剥泐太甚，仅见数字。

民国 五云石题刻

释文：

五雲石。

述略：

在玉乳洞。楷书，字径12厘米。

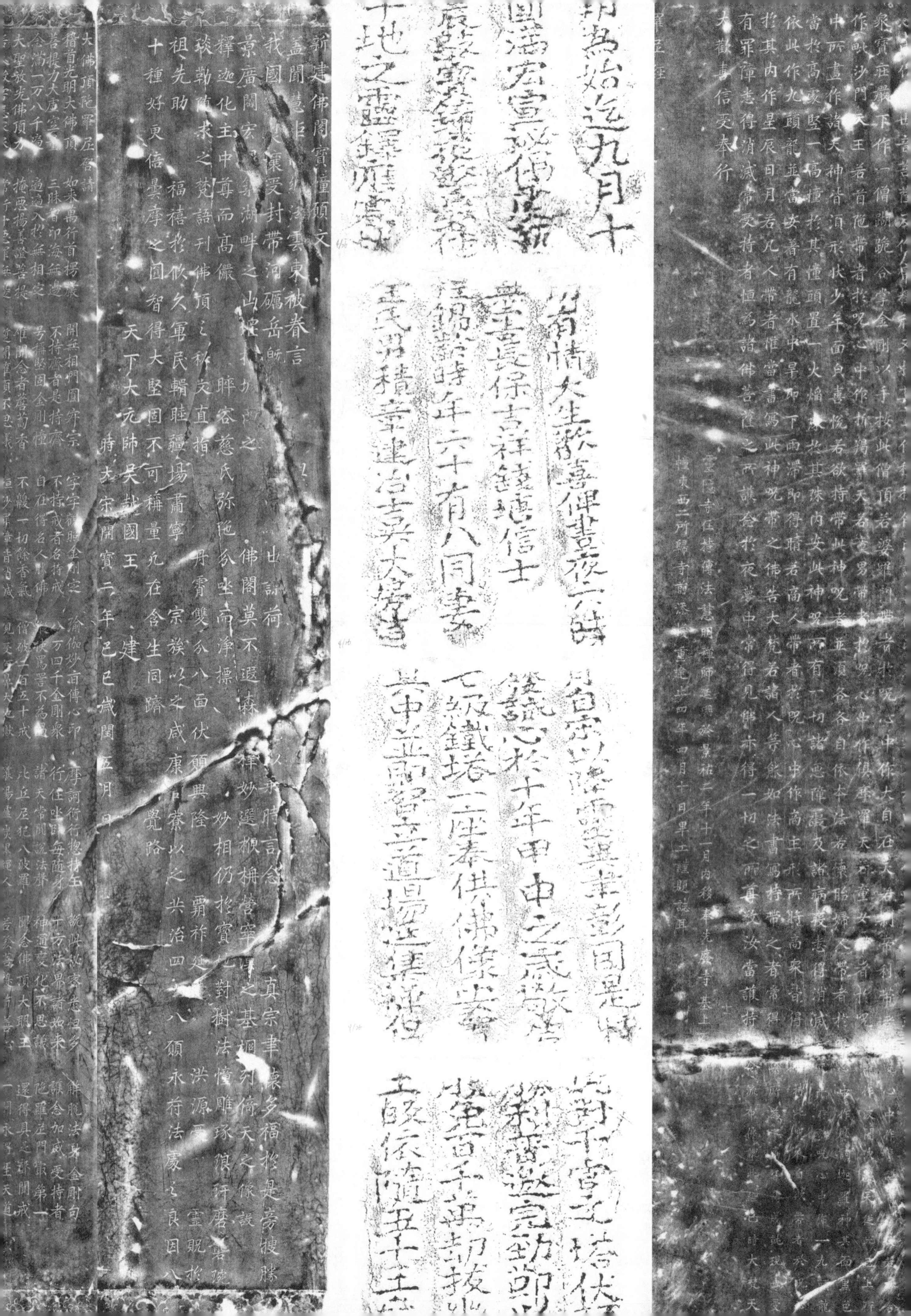

新建佛閣寶幢頌文
天下大元帥吳越國王 建
時大宋開寶二年己巳歲閏五月
大佛頂陀羅尼啓請

附录

宋 新建佛阁宝幢题刻

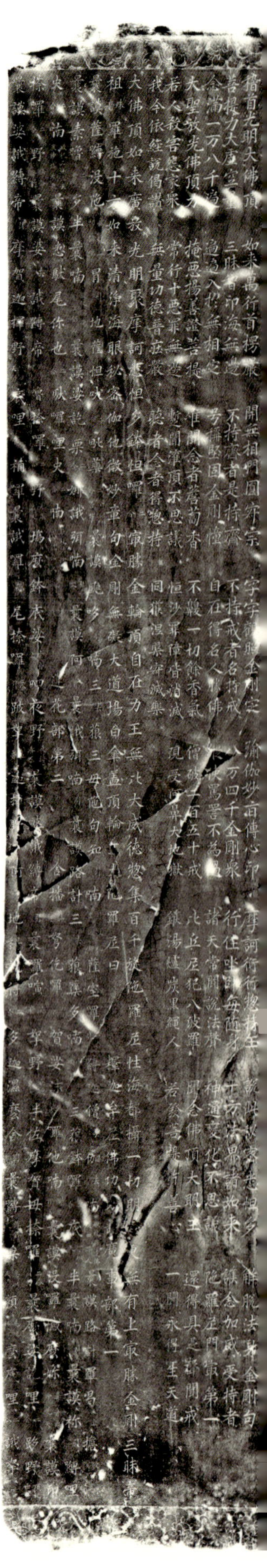

释文：

新建佛閣寶幢願文。/蓋聞慧炬西然，法雲東被。眷言興建，實煥簡編。我國家裂壤受封，帶河礪嶽，既覲王而繼世，諒荷寵以乘時。言念真宗，聿懷多福。於是旁搜勝/景，廣闢宏規；築湖畔之山堤，構城西之佛閣。莫不遐森杞梓，妙選楩柟。營窣漢之基垌，列倚天之像設。/釋迦化主，中尊而高儼睟容；慈氏彌陀，分坐而净標妙相。仍於寶地，對樹法幢，雕琢琅玕，磨礱琬/琰，勒隨求之梵語，刊佛頂之秘文。直指丹霄，雙分八面。伏願興隆霸祚，延遠洪源，受靈貺於/祖先，助福禧於攸久。軍民輯睦，疆埸肅寧；宗族以之咸康，官寮以之共治。四十八願，永符法處之良因；八/十種好，更倍曇摩之圓智。得大堅固，不可稱量。凡在含生，同躋覺路。/天下大元帥吴越國王錢俶建。時大宋開寶二年己巳歲閏五月日。

述略：

在灵隐寺天王殿前两侧。初建于北宋开宝二年（969），东西对称，两幢相距74米，皆由湖石雕凿。结构基本相同，为多层，八面，风格古朴秀丽。西经幢八面形幢身南面刻“新建佛阁宝幢愿文”，西南面刻“随求即得大自在陀罗尼神咒”。东南面末尾刻“大随求陀罗尼经”七字，右下方有二行提志：“灵隐寺住持传法慧明禅师延珊，于景祐二年十一月内，移奉先废寺基上石幢东西二所归寺前，添换重建，止四年四月十日毕工，谨题志耳。”由此推断两经幢始建于城西钱氏家庙奉先寺，后吴越国纳土，奉先寺遂废。至景祐二年（1035）灵隐寺住持僧延珊添换重建于今址。

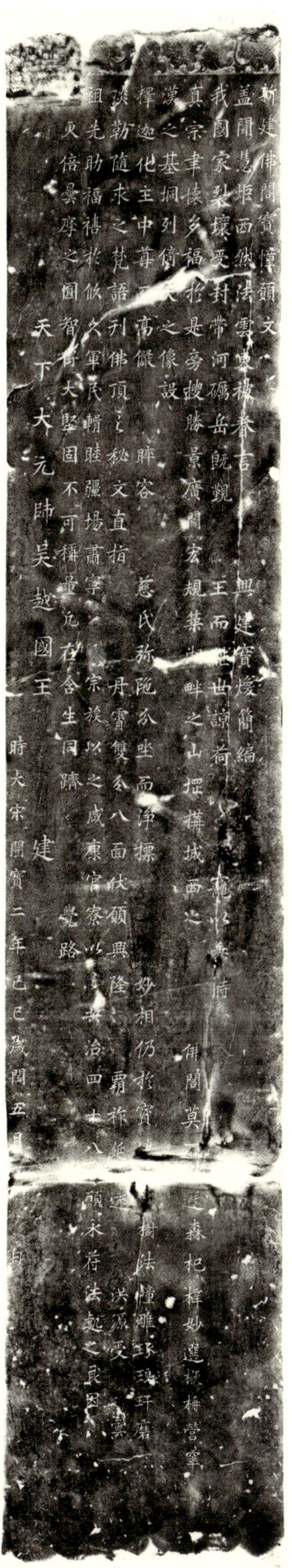

宋 灵隐寺陀罗尼经石塔题刻

释文：

略。

述略：

在灵隐寺大雄宝殿前广场两侧，东西塔对称，相距42米，建于北宋建隆元年（960）。双塔皆为八面九层，石制仿木结构楼阁式塔，实心体，从底层开始至塔顶，逐层递减，收分明显。由于塔刹的残坏，现存塔的通高为11米余。西塔保存相对较好，塔身雕刻佛教造像140余尊，有佛、菩萨、角神等，有一铺三尊、一铺七尊的组合形式，雕刻精细，线条古朴、流畅，有浓厚的唐代遗风。《武林灵隐寺志》卷二记载："丹墀二石塔，高可五七丈，九层，上有石扁书'吴兴广济普恩真身宝塔'十字，二塔所题皆同。"

张淮题记

释文：

信士张淮捨。

述略：

在龙泓洞。楷书，1行，字径4厘米。

按字体刻工论，颇似明代所刊。张淮抑或是明人。然张淮重名太多，正德间即有两名张淮游宦浙江，故难断定归属。

清 程锡龄造塔记

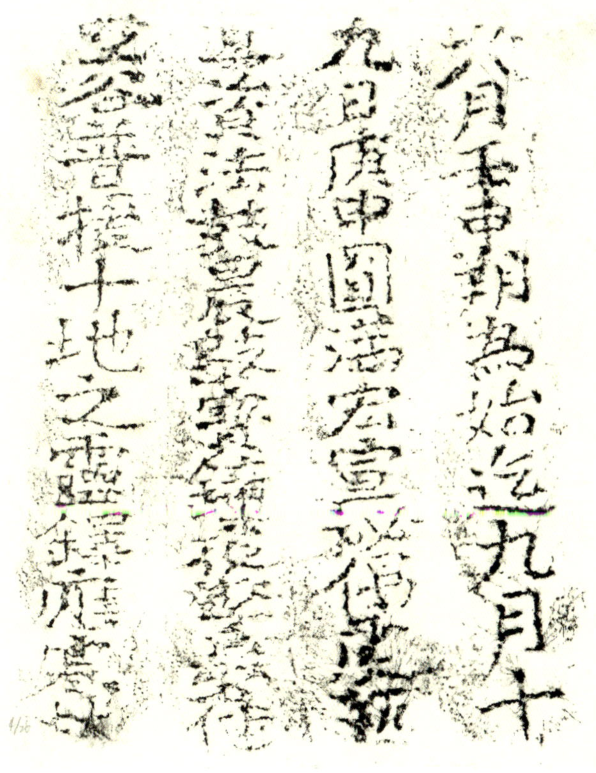

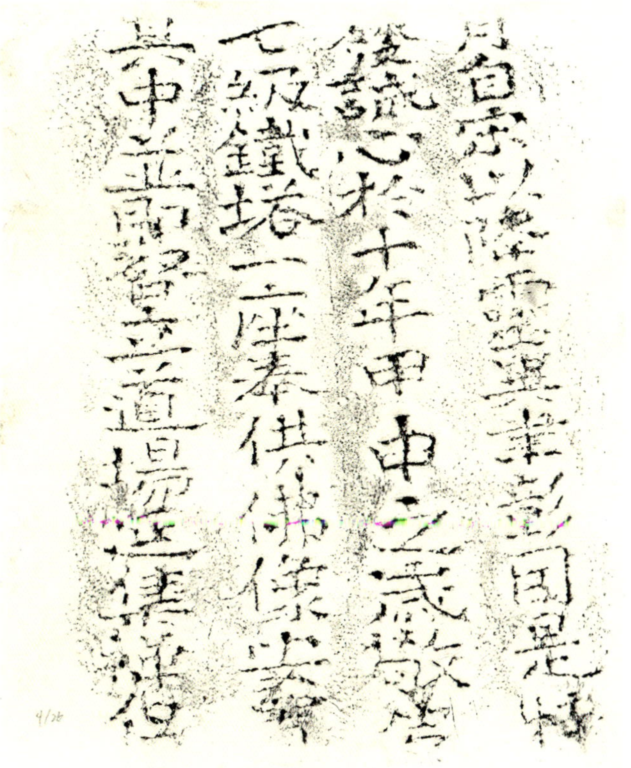

释文：

多宝佛塔。/月自宋以降，靈異聿彰。因是持/發誠心，於十年甲申之歲，敬造/七級鐵塔一座，奉供佛像安置/其中，並即啟立道場，延集禪侣。/六月壬申朔爲始，迄九月十/九日庚申，圓满宏宣，秘偈/宣資。法鼓晨敲，寶鐘夜返。磬傳/空谷，普援十地之靈；鐸應寒林，/屹對千官之塔。伏願靈慈應被，/勝利普邀。完勁節以證菩提，解/脱免百千萬劫；拔幽靈而超净/土，皈依隨五十三参。並天人一/切有情，大生歡喜；俾晝夜六時/無害，長保吉祥。錢塘信士/程錫齡，時年六十有八，同妻/金氏、男積章建。冶士吴大房造。

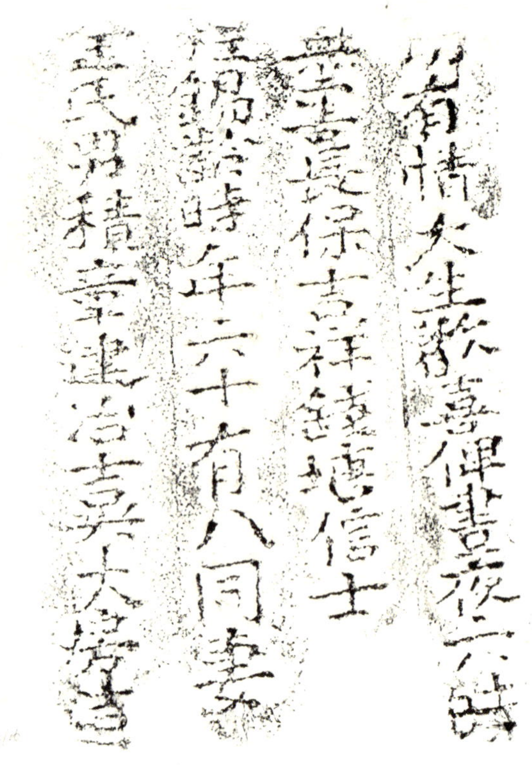
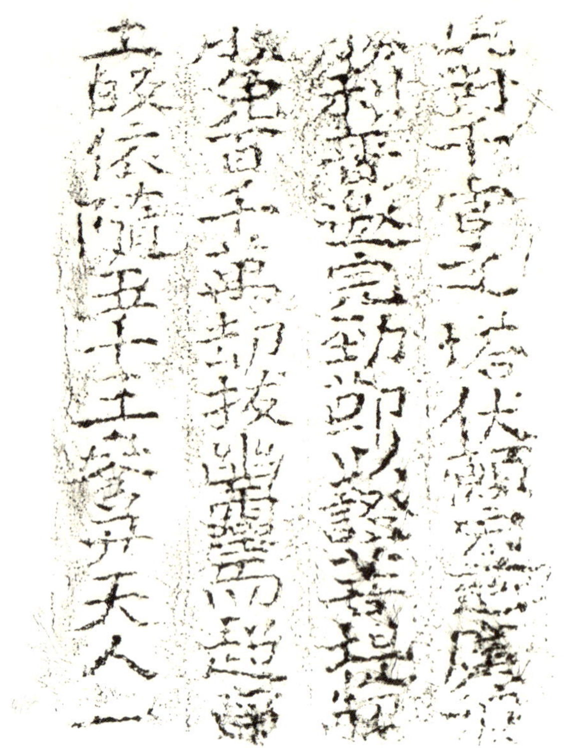

述略：

在冷泉溪南岸密理瓦巴造像旁，铁塔第一层。楷书，阳刻。共16列188字，满列12字，字径3厘米。

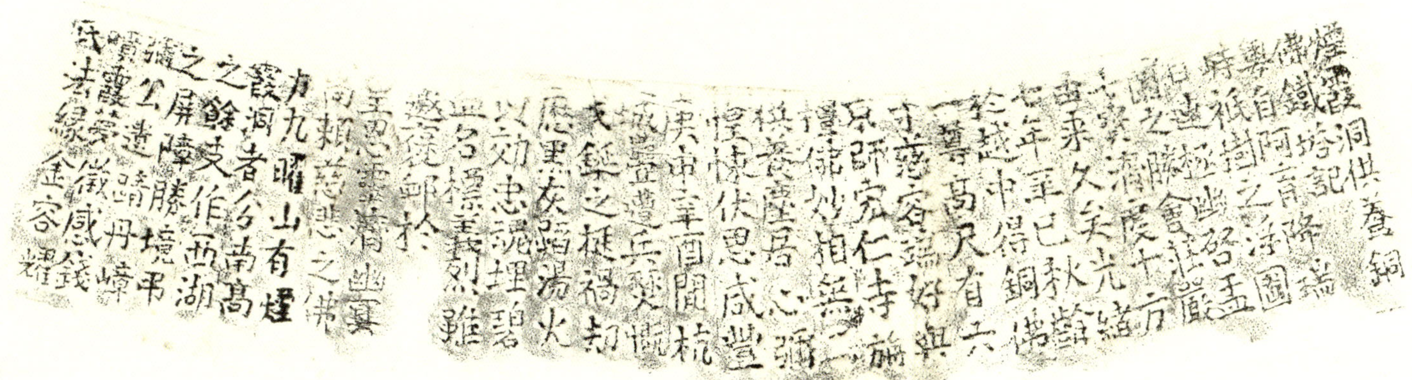

释文:

煙霞洞供養銅/佛鐵塔記。粤自阿育降瑞，/峙祇樹之浮圖；/目連拯幽，啟盂/蘭之勝會。莊嚴/七寶，濟度十方，/由來久矣。光緒/七年辛巳，秋齡/於越中得銅佛/一尊，高尺有六/寸，慈容端好，與/京師宏仁寺旃/檀佛妙相無二。/供養塵君，心彌/惶悚。伏思咸豐/庚申辛酉間，杭/城疊遭兵燹，慨/戈鋋之挺禍劫；/歷黑灰蹈湯火/以効忠魂。埋碧/血，名標義烈，雖/邀褒邺於/皇恩，靈濟幽冥，/尚賴慈悲之佛/力。九曜山有煙/霞洞者，分南高/之餘支，作西湖/之屏障。勝境弔彌公遺蹟，丹嶂/噴霞夢徵感。錢/氏法緣金容耀……

述略:

在冷泉溪南岸密理瓦巴造像旁，多宝佛塔第二层。楷书，阳刻。共32列188字，满列6字，字径3.2厘米。

清 重修謦雷亭记并碑头

释文：

重建謦雷亭記。/予既集諸同志修瀑來亭，復徧攷諸志，而知爲謦雷亭之舊也。《靈隱寺志》謂瀑雷橋在/冷泉亭上，而《續脩雲林寺志》謂道光間荷［菏］澤何斌書瀑來亭，舊名瀑雷亭，然則亭以橋/得名矣。《靈隱志》又云趙與𥲅爲京尹，建謦雷亭於靈隱。翟灝攷亭阯在冷泉閘畔，孫治/宇謂在石門澗上。方回《冷泉亭詩》云“萬衆驚聞噴謦雷”，又貝瓊《古澗窪泉記》云：“西山之靈鷲有泉流幽澗中，曲折而下赴，其激石有聲，如琴筑交奏，珩璜相觸。及憩春淙亭外，/西合流注大壑，琅然如驟雨之至，雷霆之薄，此殆皆敷陳謦雷之義而瀑雷實即謦雷/矣。”幻隱禪師語云：“冷泉亭吞却謦雷亭。”意是亭迭經宄圮，/國初時尚存舊名，至道光乙酉，郡倅何斌規復故基，更名瀑來，後並瀑來而無之也。冷/泉亭外尚有虛白、見山、觀風、候僊四亭，皆唐時官斯土者相繼營創，白樂天所謂“五亭/相望如指之列”，今皆無可攷。候僊廢後，趙與𥲅更造而竟不與謦雷並傳。物之傳不傳，/固有數與？余嘗自號“大江南北東西弟九度遊客”。溯自弱冠出遊，逮乙酉承宣來浙，凡/九度矣。每以公讌至湖上見所謂冷泉者，輒已涸塞，乃爲疏濬，其源清淺犇涌，使復舊/觀，復約同官醵資建復玆亭，不特以誌興廢之感，且使後之游者有所攷鏡云。/光緒十五年太歲在己丑重九日記。/浙江布政使番禺許應鑅撰，/浙江學政左春坊左庶子南海潘衍桐書丹。

述略：

在灵隐寺山门外，碑通高240厘米，碑身高162厘米，宽85.5厘米，隶书17行，字径3厘米，篆额“重修謦雷亭记”。许应鑅撰，潘衍桐书，光绪十五年（1889）立。

许应鑅（1820—1891），广东番禺（在今广州）人，字星台，先世居潮州，室名晋砖吟馆。咸丰三年（1853）进士，光绪十二年（1886）以浙江布政护抚。

潘衍桐（1841—1899），原名汝桐，字孝则，南海（今广东佛山）人。清同治七年（1868）进士，改庶吉士，授翰林院编修，官至翰林院侍读学士。

重建聲雷亭記

予既集諸同志修瀑來亭，復徧攷諸志，而知為聲雷亭之舊也。靈隱寺志謂瀑雷橋在冷泉亭上，而續脩雲林寺志謂道光間茍澤何斌書瀑來亭舊名瀑雷亭，然則亭以橋得名矣。靈隱志又云趙與蔥為京尹，建聲雷亭於靈隱。翟灝攷亭阯在冷泉閘畔，孫治宇謂在石門澗上。方回冷泉亭詩云：萬泉驚聞噴聲雷。又貝瓊古澗寒泉記云：西山之靈鷲有泉，流幽澗中，曲折而下，赴其激石有聲，如琴筑交奏，珩璜相觸，及憩春淙亭東面，合流注大壑，琅然如驟雨之至，雷霆之薄。此殆皆敷陳聲雷之義，而瀑來實即聲矣。旬隱禪師語云：冷泉亭吞卻聲雷亭。意是亭迭經完圮，

國初時尚存舊名，至道光乙酉郡倅何煃規復故基，更名瀑來，後並瀑來而無之也。冷泉亭外尚有壑、白見山、觀風、候僊四亭，皆唐時官斯土者相繼營創，白樂天所謂五亭相望如指之列，今皆無可攷。候僊廢後，趙與蔥更造，而竟不與聲[illegible]並傳，物之傳不傳固有數與。予嘗自號大江南北東西第九度遊客，𤓰自弱冠出遊，迄乙酉承宣來浙，凡九度矣。每以公讌至湖上，見所謂冷泉者，輒已湮塞，乃為疏濬其源，清漾特涌，使復舊觀。復約同官醵資建復茲亭，不特以誌興廢之感，且使後之游者有所攷鏡云。

光緒十五年太歲在己丑重九日記

浙江布政使番禺許應鑅撰

浙江學政左春坊左庶子南海潘衍桐書丹

民国 景晖亭记

释文：

景暉亭記。/夏正乙卯正月十八日，余七十初度。時偕女夫王曉籟客武林。曉籟/醵胡君濟生、高君雪卿、施君載春、任君爾康、韓君志嘉、毛君浩甄等/觴余於西湖北高峰之靈順殿。是日也，積雨初霽，春鳥弄晴，相與穿/靈隱，過韜光，徒步而登山。余雖老，亦扶杖以從行。未及山之半，有地/平曠堪駐足焉，同人謀暫憩，乃藉草以坐。舉目遠眺，覺湖光山色直/如圖畫。余顧謂曉籟曰："此地惜無一亭以資遊人憩息。"曉籟曰："然。雖/然，當有以成公志也。"同人皆應聲曰善。八月，亭落成，曉籟謀其名於/同人，同人議以余名名。名既定，曉籟索記於余，余曰："爾將以亭壽余/壽乎？將以亭之名壽余名乎？夫余之壽固不能壽亭之壽，即余之名/亦烏足以壽亭之壽？以是壽余皆無當也。"曉籟曰："否否，壽公志云爾。"/余曰："善。是可以告後之憩斯亭者，俾恍然於斯亭之所由來，與以余/名名斯亭之所由來矣。夫然而余志以壽，而曉籟壽余志之意以壽，/而同人贊成曉籟壽余志之意以壽，復何壽余壽、壽余名之足云哉？"/語竟筆而付諸石。/民國四年乙卯八月剡溪樓景暉暎齋甫誌，汀州伊立勳書。

述略：

在北高峰山腰。正文隶书，碑额篆书，16行，字径4—7厘米，横纵80厘米×150厘米，

民国四年，公元1915年。

楼映斋（1846—1923），又名景晖，浙江嵊县（今嵊州）人。清末在宁波开纸行，后至上海创办丝厂、茶栈，产丝锦、珠茶外销。与人合资在萧山创办通惠公纱厂、合义和丝厂，任总经理，并任清廷农工商部顾问，后又创办钱江、乍浦商轮公司，出资万元修嵊县南桥。

王晓籁（1887—1967），浙江嵊县（今嵊州）人，1907年开始商事活动。创办闸北商团，开办闸北商场和闸北工程局。开设大来、又来等缫丝厂，筹组开来兴业公司。

伊立勋（1856—1940），字熙绩，号石琴。伊秉绶后人，清时任无锡知县，民国时在上海卖字为生。

景暉亭記

景暉亭記

夏正乙卯正月十八日余七十初度時偕女夫□□□客孟林暉賴醵胡君濟生高君雲卿施君載春任君爾康韓君志嘉毛君浩甄等觴余於西湖北高峰之靈順殿是日也積雨初霽春鳥弄姓相與穿靈隱過韜光徒步而登山余雖老亦挂杖以從行未及山之半有地平曠堪駐足爲同人謀暫憩乃籍艸以坐舉目遠眺覺湖光山色直如圖畫余顧謂□賴曰此地恰霖一亭以資遊人憩息□賴曰然雖然當有以成公志也同人皆應聲曰譱八月亭落成□賴謀異名於同人同人議以余名名名既定□賴索記於余余曰爾將以亭壽余壽兮將以亭之名壽余名兮夫余之壽固不能壽亭之壽即余之名亦爲足以壽亭之壽以顯壽余皆霖當也暇籍曰吾吾壽公志云爾余曰譱是可以告後之憩斯亭者俾忱然於斯亭之所由來與以余名名斯亭之所由來其夫然而余志以壽而暇賴壽余志之意以壽而同人贊成□賴壽余志之意以壽復何壽余壽壽余名之足云哉語覓筆而付諸石

民國四年乙卯八月剡溪樓景暉暎齋甫誌　汀州伊立勳書

后记

文物是中华文明的不朽见证。文物承载灿烂文明，传承历史文化，维系民族精神。每一件文物都是历史的见证者，它们以静默而坚定的姿态，讲述着中华民族从远古走来的壮阔历程。

杭州飞来峰是文人笔下的“武林第一峰”，不仅是东南佛国的轴心，是中国古典园林叠山理水的师范对象，更是中华文脉赓续不断、各民族文化融合的实物佐证。千百年来，无数的文人墨客在此吟诗作赋，镌石留题。唐代杭州刺史卢元辅刻下了西湖摩崖之冠的《游天竺寺》诗，白居易写下了为飞来峰作文化封印的《冷泉亭记》。苏轼、王安石、周伯琦、张岱、阮元等一代又一代文人，追寻着先贤们的脚步，在“溪山处处皆可庐，最爱灵隐飞来孤”中抒发极致的热爱，在“不畏浮云遮望眼，自缘身在最高层”中传递坚韧与豪迈，在飞来峰书写着文化长河的生生不息。

作为全国5900个石窟寺文物中仅有的10处世界文化遗产之一，飞来峰造像是杭州西湖文化景观遗产的重要组成部分，在中国石窟艺术史上占有着举足轻重的地位。新中国成立以来，以朱家济、王仕伦、劳伯敏、高念华、常青、赖天兵为代表的学者们对飞来峰的造像已经有了深入研究和阐释，出版了诸多著作。但是对于隐藏于崖壁石缝间的摩崖题刻，却始终未作过详细、系统的调查和研究。在各级文物主管部门的关心支持和西湖风景名胜区管委会的领导下，属地管理单位杭州西湖风景名胜区灵隐管理处专门成立调查组，经过五年的不懈努力，通过日复一日的寻访、记录、捶拓、识读和研究，终于完成了这本系统、全面、专业记录飞来峰摩崖题刻的书籍——《杭州飞来峰摩崖萃珍》。

本书的顺利出版，得到了各方的大力支持。中国美术学院现代书法研究中心研究员许力，中国美术学院书法系讲师、西泠印社社员、中国书法家协会会员冯立，中国美术学院书法博士、浙江省书法家协会会员石连坤，担任本书的学术顾问，为本书提升了学术性和专业性。浙江广播电视集团《飞来峰·隐秘的微笑》纪录片导演团队焦征远、骆琳，杭州灵隐寺薛宁刚、袁杰及浙江省博物馆魏祝挺等人，提供和拍摄了精美的图片和资料，为本书增色添彩，还有冷含章为日文题刻做释文，在此一并表示谢意。此外，还要特别感谢浙江省文物局原副局长陈文锦先生和杭州市政协文史委原副主任王其煌先生，正是他们一直以来对飞来峰长期的关注关心关爱，为本书的出版打下了坚实的基础。

《杭州飞来峰摩崖萃珍》汇集了所有守山人的智慧和心血，从开题到付梓，调查组的同志们一边在飞来峰全山的田野调查中不顾风吹日晒，不放过任何一处疑似摩崖石刻的排摸，捶下一幅幅拓片；一边又在浩瀚无垠的古籍文献中，不分白天黑夜，沉浸式地查阅每一个字眼，撰写出与之相关的文字。他们在不断的寻访中积累能量，发现意外，意外发现，获得惊喜。调查组的工作填补了摩崖石刻领域中缺少全面系统介绍飞来峰的空白，为人们提供了一个全面了解飞来峰摩崖石刻的窗口，让更多人领略到这一文化瑰宝的魅力。同时，也为摩崖石刻的研究和保护提供了宝贵的资料，推动了文化遗产保护事业的发展。

“十四五”规划中，着重强调要强化石窟寺保护机构以及人才队伍的建设。而编者团队也不负众望，历经五年的执着坚守与不懈努力，成功打造出一支既专业又充满活力的文物保护专业队伍。这支队伍在本书的编纂过程中，不仅获得了丰富的专业知识，更提升了技能水准，对文物保护工作产生了强烈的责任感。他们的存在，为飞来峰的事业注入了源源不断的活力与强劲动力。

感谢浙江省文物局、杭州市园文局一直以来对飞来峰文物保护、文化遗产传承的关心支持。感谢浙江大学文化遗产研究院李志荣教授团队，浙江大学汉藏佛教艺术研究中心主任谢继胜教授，浙江大学城市学院杨程、杜正贤教授团队的学术支持。感谢灵隐寺光泉、韬光寺月真、永福寺念顺、净慈寺戒清等高僧大德的鼎力支持。感谢从古至今所有关心支持热爱灵隐飞来峰者，往来观瞻，同生净土。

《杭州飞来峰摩崖萃珍》必将成为杭州西湖景观发展史以及中华文脉传承的有力实物佐证。我们由衷地期望，通过这本书，能够唤起更多人对传统文化的高度关注与深沉热爱，让更多的人深切感受飞来峰摩崖石刻那独特的魅力与深厚的底蕴。

邵　群

2024年仲秋